ROBERT DE CRÈVECŒUR

SAINT JOHN DE CRÈVECOEUR

SA VIE ET SES OUVRAGES

(1735-1813)

AVEC LES PORTRAITS

DE CRÈVECŒUR ET DE LA COMTESSE D'HOUDETOT

Gravés d'après des miniatures du temps

PARIS
LIBRAIRIE DES BIBLIOPHILES
Rue Saint-Honoré, 338

1883

SAINT JOHN DE CRÈVECŒUR

A M. Pierre MARGRY

Vous avez bien voulu prendre à mon travail un intérêt dont je ne saurai jamais assez vous remercier.

Non content de m'encourager, de m'aider de vos conseils, vous m'avez libéralement fait profiter de documents recueillis pour vos études personnelles.

Permettez-moi donc de placer votre nom en tête de ce livre, si imparfait qu'il soit.

C'est un faible mais bien sincère témoignage de mes sentiments de reconnaissance et d'attachement.

R. de Crèvecœur.

INTRODUCTION

Saint John de Crèvecœur, il faut presque le rappeler maintenant, a été un auteur fort connu à la fin du siècle dernier. Ses ouvrages obtinrent alors un succès réel et durable, qu'attestent de nombreuses éditions publiées en France, en Angleterre, aux États-Unis, en Allemagne et en Hollande. Bien oubliés du public de nos jours, ils n'ont cependant pas cessé d'être appréciés des érudits, et l'on ne saurait leur contester le charme et l'originalité, un ton frappant de bonne foi, et souvent une véritable poésie d'expression.

Ces livres, dont la scène est placée dans l'Amérique du Nord, sont bien loin d'être des œuvres de pure imagination.

Parti pour le nouveau monde avant d'avoir atteint l'âge d'homme, Crèvecœur y avait passé plus de vingt-cinq ans: au Canada d'abord, où il servit durant sa première jeunesse; puis dans les colonies anglaises, qu'il habita jusqu'à la guerre de l'Indépendance. Rentré dans son pays natal, il sut bientôt se faire une place dans le monde des lettres et devint l'ami et le protégé de la comtesse d'Houdetot. Sa nomination au consulat de New-York le ramenait peu après aux États-Unis. Destitué à la Révolution, il retournait à Paris, et, après avoir assisté au drame sanglant de la Terreur, il faisait, au début de l'Empire, un séjour assez long en Bavière, d'où il revint en France, pour y mourir quelques années plus tard, à la veille de la première invasion.

On voit quel champ d'observations tant de contrées, d'événements, de personnages divers ont offert pendant plus de soixante ans à un esprit intelligent et curieux. Ajoutons que, sans être un savant, Crèvecœur eut toujours un goût très prononcé pour la propagation des inventions utiles. Il fut le disciple de Franklin, le collaborateur de Parmentier; à New-York, il a cherché avec une persistance méritoire à encourager les premiers essais de navigation à vapeur. Ses honorables efforts furent appréciés en France comme en Amérique : il a été membre de la Société royale d'agriculture, correspondant de l'Académie des sciences, puis de la deuxième classe de l'Institut; aux États-Unis, il a fait partie de la Société philosophique américaine.

L'homme par lui-même, on le voit, a des titres réels à l'attention; sa vie surtout est loin d'être une vie ordinaire, et il nous a paru qu'elle méritait d'être retracée avec quelque développement.

Crèvecœur n'a malheureusement pas écrit ses mémoires; il a laissé seulement des manuscrits, des notes, des correspondances. Nous avons essayé de suppléer par nos recherches aux lacunes que présentaient ces matériaux, et nous sommes parvenu à reconstituer sa biographie d'une manière à peu près complète.

Le lecteur, nous l'espérons, ne la trouvera pas sans intérêt ; il reconnaîtra tout au moins qu'il a sous les yeux un travail consciencieux, des documents authentiques, des données recueillies aux meilleures sources.

Les notes et les pièces justificatives, ces dernières surtout, tiennent à la fin du volume une place qui peut sembler exagérée ; mais presque toutes les pièces qui composent cet appendice ont, à un titre ou à un autre, une valeur réelle et elles ajoutent beaucoup, croyons-nous, à l'intérêt de l'ouvrage.

Deux portraits accompagnent ce livre, ceux de Crèvecœur et de la comtesse d'Houdetot. Ils sont inédits et ont été reproduits d'après des miniatures conservées dans notre famille [1]. Ce sont les seuls portraits gravés qui existent de ces deux personnages ; celui de Mme d'Houdetot a donc, à ce point de vue, une valeur toute particulière, et nous sommes heureux de pouvoir, le premier, offrir au public l'image de cette femme célèbre qui a joué dans la vie de notre aïeul un rôle considérable, et sur laquelle nous aurons à donner de nombreux détails.

Nous avons, dans le cours de nos recherches, contracté plus d'une dette de reconnaissance.

Après M. Margry, dont les encouragements nous

---

[1]. Voir *Correspondance* : Lettre du 3 avril 1786.

ont été si précieux, nous tenons à nommer M. Dussieux, l'auteur de l'*Histoire du Canada sous la domination française*, auquel nous devons des documents d'une grande valeur.

Un érudit américain, M. O.-H. Marshall, de Buffalo, nous a aussi montré une obligeance et une courtoisie que nous nous plaisons à rappeler.

Bien d'autres encore auraient droit à nos remerciements. Si leurs noms ne figurent pas ici, nous gardons, ils peuvent en être assurés, un souvenir plein de gratitude du concours bienveillant qu'ils nous ont prêté.

SAINT-JOHN DE CRÈVECŒUR

CHAPITRE PREMIER

La famille. Souvenirs d'enfance. Le collège du Mont. Premiers essais littéraires. Voyage en Angleterre. Départ pour le Canada. Excursion dans l'intérieur. Services militaires et travaux topographiques. Bougainville présente au roi une carte dressée par Crèvecœur. La perte du Canada.

On reproche souvent aux biographes de se complaire dans des détails trop minutieux sur l'enfance et la première jeunesse de ceux dont ils écrivent l'histoire. C'est une faute dans laquelle nous ne tomberons pas; l'insuccès relatif de nos recherches nous en a épargné même la tentation. Aussi ce premier chapitre, qui comprend pourtant une période de plus de vingt-cinq ans, sera-t-il un des plus courts du volume.

Michel-Guillaume-Jean de Crèvecœur, qui s'est fait connaître sous le nom de Saint-John ou

Saint-Jean de Crèvecœur [1] naquit à Caen le 31 janvier 1735.

Cet homme aux goûts aventureux, à l'esprit curieux et novateur, cet écrivain enthousiaste, dont les descriptions naïvement poétiques ont charmé toute une génération, vit le jour dans le milieu le plus calme et le plus patriarcal, parmi de graves magistrats ou des gentilshommes de province assez peu soucieux des aventures, et moins encore de l'idéal [2].

On citait bien avec quelque orgueil un aïeul qui

---

1. Voir la note : État civil et famille.
2. Mentionnons cependant ici une alliance qui a pu avoir son influence sur les aptitudes scientifiques de Crèvecœur. Son aïeule Jeanne Malouin, femme de François de Crèvecœur, appartenait à une famille de Caen dont plusieurs membres se sont distingués comme magistrats, lettrés, ecclésiastiques et surtout médecins. Nous connaissons trois médecins de ce nom, dont le plus célèbre est Paul-Jacques Malouin (1701-1777), professeur au Collège de France et au Jardin du Roi, membre de l'Académie des sciences et médecin de la Reine. Il était, croyons-nous, le neveu, et en tout cas le très proche parent de Jeanne Malouin. Quoique les mémoires du temps (Marmontel, Grimm, Mme d'Épinay, etc.) se soient un peu égayés sur son compte, à cause de sa confiance imperturbable dans la médecine et de ses allures solennelles, il a laissé des titres scientifiques très sérieux, notamment comme collaborateur de Parmentier. L'année même de la naissance de Crèvecœur, il publiait un traité fort estimé de chimie médicale (1735, in-12).

avait rempli une petite charge à la cour de Marguerite de Valois, un grand-oncle qui s'était fait bravement tuer dans la Valteline sous le maréchal de Rohan; mais cela remontait à plus d'un siècle, et depuis on avait vécu paisiblement et sans éclat à Caen, berceau de la famille.

Le grand-père et les deux oncles du jeune Michel avaient successivement occupé un siège de conseiller au bailliage de Caen. Son père, Guillaume-Augustin, le dernier né, était le seul qui n'eût pas suivi la carrière de la magistrature. C'était du reste le plus mondain de la famille et le vrai type du gentilhomme de son temps et de son pays.

Bien élevé, mais sans grande instruction, bon père avec une nuance de rigidité, soigneux de ses intérêts et cependant aimant à paraître, il vivait à la campagne une grande partie de l'année et habitait Caen pendant les mois d'hiver. Fort aisé pour l'époque, il se plaisait à faire de temps à autre un séjour de quelques semaines à Paris et à cultiver la connaissance de plusieurs personnages de la cour, dont le crédit eut plus tard son influence sur la carrière de son fils.

Mme de Crèvecœur, née Blouet, d'une bonne famille de finance très bien apparentée dans la province, était une personne distinguée, plus instruite que les femmes ne l'étaient alors généralement, en même temps pleine de sens et fort occupée de son intérieur.

Le jeune Michel fut placé de bonne heure chez les jésuites de Caen, au collège du Mont, et ses souvenirs, il faut le dire, ne lui représentaient pas sous des couleurs bien riantes ce début dans l'existence sérieuse.

« Si vous saviez, écrivait-il en 1785 à ses enfants, dans quelle sordide pension, dans quel obscur et froid galetas j'étais enfermé à votre âge et avec quelle sévérité j'étais traité, comment j'étais nourri et vêtu ! » Il se rappelait qu'à travers les vitres du dortoir, lorsque le froid le tenait éveillé sous sa mince couverture, il avait remarqué pour la première fois l'étoile polaire qui devait, quelques années plus tard, lui servir si souvent de guide dans ses aventureuses excursions.

L'enseignement, on aime à le croire, valait mieux que le régime. Crèvecœur a laissé ce point dans l'ombre ; tout ce qu'on peut affirmer, c'est qu'il manifesta des dispositions précoces pour l'étude des mathématiques. Aussi, fort jeune encore, il avait acquis dans cette science des connaissances pratiques assez étendues.

L'esprit d'observation s'éveillait en même temps

chez lui, et bientôt il essayait de décrire ce qui avait frappé son attention.

Dès ma première jeunesse (écrit-il en 1803), j'aimais passionnément à considérer tout ce que je rencontrais d'antique... les meubles vermoulus, les tapisseries, les vieux tableaux de famille, les gothiques parchemins des XVe et XVIe siècles, dont j'avais appris à déchiffrer l'écriture, avaient pour moi des charmes indéfinissables. Plus avancé en âge, j'aimais à me promener dans la solitude des cimetières, à examiner les tombes, à en deviner les mousseuses épitaphes... Je connaissais la plupart des églises de notre canton, l'époque de leur fondation, ce qu'elles contenaient de plus intéressant en tableaux et en sculptures... Sur l'entablement du clocher de Caisnet[1] (il m'en souvient bien encore), à la naissance de la flèche croissait un bouleau dont la situation aérienne fut pendant longtemps l'objet de mon étonnement et de mes petites observations... quelques-unes, que j'osai rédiger, plurent à ma mère.

Ne voit-on pas déjà se dessiner dans ces aptitudes, dans ces goûts de l'enfant, le caractère complexe qui distinguera plus tard l'esprit de l'homme fait, ce mélange de sens pratique et de poésie naturelle si frappant dans ses ouvrages?

---

1. Village du canton de Creully (Calvados), non loin de Pierrepont, où demeurait le père de Michel.

Michel approchait du terme de ses études, lorsque survint dans sa vie un incident qui exerça sur sa carrière future une influence décisive.

Il avait une tante [1] dont la sœur habitait Salisbury. Nous ignorons dans quelles circonstances il fut envoyé chez cette sœur; ce qui est certain, c'est qu'il fit en Angleterre un séjour d'assez longue durée, qu'il y perfectionna son éducation et que, d'après son témoignage, ce fut à la suite de ce voyage qu'il se détermina à partir pour le Canada.

Ce départ eut lieu en 1754 ou 1755, à la fin de cette dernière année, s'il faut en croire une tradition de famille [2]; — nous regardons comme plus

---

[1]. « Ma tante de Courseules », dit-il dans une lettre. Il désignait ainsi, croyons-nous, la femme de Jacques de Crèvecœur, frère de son père, qui habitait en effet Courseules. C'était une demoiselle Mutel.

[2]. Nous avons entendu raconter dans notre enfance que, dans sa traversée, Crèvecœur avait relâché à Lisbonne et visité les ruines de la malheureuse cité qui venait d'être presque entièrement détruite par le tremblement de terre du 1er novembre 1755. — On trouve bien dans le manuscrit anglais des *Lettres d'un cultivateur*, un récit intitulé : Le Roc de Lisbonne, dans lequel l'auteur parle d'un séjour d'une certaine durée qu'il aurait fait en Portugal, séjour incontestablement postérieur au tremblement de terre, mais dont la date est indécise. Cette lettre a été fondue plus tard dans un épisode romanesque du *Voyage en Pensylvanie* (II, 275).

vraisemblable la date de 1754. Le fait a trop peu d'importance, du reste, pour que la question mérite d'être discutée, et notre incertitude à cet égard ne peut exciter beaucoup de regrets ; mais ce que nous ne nous lasserons pas de déplorer, c'est que notre aïeul ne nous ait laissé aucune note précise sur son arrivée au Canada et sur les quelques années qu'il y a passées. C'était l'époque la plus triste, mais aussi la plus curieuse de l'histoire de notre colonie, le moment de cette lutte héroïque, trop longtemps oubliée, que les travaux modernes ont si justement remise en lumière.

Malheureusement, au lieu d'un récit circonstancié, nous n'avons que des extraits de correspondances, quelques passages des livres de Crèvecœur et aussi certains documents retrouvés par nous, qui ont une valeur réelle au point de vue biographique, mais ne présentent pas un intérêt historique bien sérieux.

Tels qu'ils sont, nous les mettons sous les yeux du lecteur.

Crèvecœur est débarqué en Canada, nous ignorons en quelle qualité, mais il sait bientôt se faire une place. Dans une lettre de 1813, il parle du séjour qu'il fit à Québec à l'âge de vingt ans, « utilement et agréablement employé à la levée des grandes cartes du pays » et d' « un certain degré de considération et d'importance que lui avaient valu ses petits talents ». Entré au service comme cadet dans les troupes de la colonie, il avait eu en effet l'occasion d'appliquer ses connaissances mathématiques à d'importants travaux de topographie. Ces travaux, sur lesquels on aura à revenir un peu plus loin, l'amenèrent dès le commencement de son séjour en Canada à entreprendre dans l'intérieur du pays de nombreuses excursions, et c'est à ce moment qu'il faut fixer la date d'un très grand voyage sur lequel nous n'avons que des données assez succinctes [1].

D'après les indications du *Voyage en Pensylvanie* [2] confirmées par plusieurs passages de sa

---

1. Ce voyage n'a pu avoir lieu que de 1755 à 1757. Crèvecœur était à l'attaque du fort Georges en 1757; il a fait les campagnes de 1758 et 1759 comme officier au régiment de la Sarre; 1760 était le moment de la lutte suprême, et pendant les années qui suivirent notre défaite, il se produisit chez les sauvages, surtout dans la vallée de l'Ohio, une fermentation qui aurait rendu impossible toute excursion de ce genre. S'il fallait la reporter au delà de 1765, il en serait question dans les *Lettres d'un cultivateur américain*.

2. Tome II, 105. Un exemplaire corrigé par l'auteur est en notre possession et donne des renseignements nouveaux que nous avons utilisés. Nous avions ici des documents qui nous permettaient de contrôler la véracité du livre; mais nous pouvons affirmer en outre, d'après l'étude approfondie que nous

correspondance, il traversa le lac Ontario et le lac Érié dans toute leur longueur jusqu'à Détroit ; de là, descendant au sud par la rivière des Miamis, il gagna le grand portage du Wabash et le pays des Ouïatanons pour se rendre ensuite à Kiskopo, sur le Scioto, chez les Shavanèses et aux fourches du Muskinghum chez les Delawares. — C'était, pour toute la première partie du voyage, la route de Québec au Mississipi et à la Louisiane ; seulement, à partir des Miamis, au lieu d'incliner à l'ouest dans la direction des postes militaires de Saint-Joseph et de Chicago et de descendre la rivière des Illinois (ce qui l'aurait conduit au fort de Chartres, sur le Mississipi), il avait remonté la rivière des Miamis, descendu un moment le Wabash, puis, probablement par un sentier indiqué sur une des grandes cartes anglaises des *Lettres d'un cultivateur* (2ᵉ vol.), il aurait, coupant à travers les terres, dirigé sa marche vers le Scioto, franchi cette rivière dans la partie moyenne de son cours, et ensuite gagné l'endroit où le

---

avons faite des ouvrages de Crèvecœur, que lorsqu'il se met en scène, il raconte réellement un souvenir personnel ; quant à ce qu'il ne connaît que par ouï-dire, il a toujours le soin le plus scrupuleux de le faire raconter ou décrire par un autre personnage.

Muskinghum se partage en deux branches. Nous ignorons par quelle voie s'effectua son retour, probablement par le lac Érié.

La carte du Canada dont il est l'auteur et dont nous parlerons bientôt, montre qu'en dehors de cette lointaine excursion, il avait dû parcourir les régions beaucoup plus rapprochées, quoique presque aussi sauvages, avoisinant le lac Champlain et le haut de la rivière d'Hudson.

Dans ses dernières années, il eut un moment la pensée de rédiger une relation de ces voyages. « Je n'ai plus en réserve, écrivait-il en 1806, que quelques souvenirs de ma vie active en Amérique lorsque j'étais parmi les indigènes dans l'intérieur du continent. » Combien il est regrettable qu'il n'ait pas donné suite à ce projet! Ses rares qualités d'observateur, la connaissance approfondie qu'il avait acquise des mœurs des peuplades sauvages, soit au Canada, soit dans les colonies anglaises, n'auraient pu manquer de donner un intérêt sérieux à ce récit de ses aventures de jeunesse [1].

---

1. S'il n'a pas écrit une relation suivie de ses voyages, il a su du moins utiliser avec beaucoup de succès, dans les *Lettres d'un cultivateur* et dans le *Voyage en Pensylvanie*, les obser-

Mais le temps des excursions allait passer pour les Canadiens; la lutte qui avait commencé en 1754, dans la vallée de l'Ohio, et qui tout d'abord n'était qu'une querelle entre colonies, avait amené bientôt une guerre acharnée entre les deux nations. Tout le monde dut alors prendre les armes, et Crèvecœur, absorbé jusque-là par ses études spéciales, eut à servir d'une façon plus active et plus régulière.

Il prit part, en août 1757, à l'attaque du fort George par Montcalm, et dans une note de son *Voyage en Pensylvanie* [1], il parle du fameux massacre d'un certain nombre de soldats anglais par les sauvages nos alliés, déplorable événement dont les Anglais et les Américains ont cherché si longtemps à rejeter la responsabilité sur Montcalm, mais que les historiens

---

vations qu'il avait recueillies : ce dernier ouvrage, notamment, contient des particularités très curieuses sur les coutumes des Indiens, et spécialement sur les grandes réunions où ils discutaient leurs intérêts.

1. Tome I, p. 337. Sur l'exemplaire corrigé dont il a été question, Crèvecœur se substitue à l'officier français témoin du massacre et parle à la première personne. Cette note n'ajoute rien du reste aux détails déjà connus et relate seulement des fait d'anthropophagie comme il ne s'en passait que trop dans ces tristes guerres.

apprécient maintenant avec plus d'impartialité [1].

En 1758, il était nommé lieutenant au second bataillon du régiment de la Sarre, compagnie de Rumigny. L'état de proposition, présenté par le ministre de la guerre [2], contenait la note suivante :

Ce jeune homme est cadet dans les troupes de la colonie. Il m'est très recommandé par M. le baron de Breteuil [3] et par M. le marquis d'Houde-

---

1. Voyez notamment G. Bancroft, *Histoire des États-Unis* (traduction), tome VI, p. 119.

2. *Travail du roi, 25 juillet 1758. Dépôt de la guerre.* Ce document donne des indications erronées sur l'âge et le lieu de naissance de Crèvecœur. Il porte Michel Jean de Crèvecœur comme étant né à Paris, paroisse Saint-Eustache, le 6 janvier 1738. La destruction des registres paroissiaux de Paris ne permettant plus de vérifier si l'acte de baptême existait réellement, nous avions, après bien des recherches, renoncé à élucider le fait, lorsque le hasard nous a fait découvrir une lettre d'un officier qui avait servi en Canada en même temps que Crèvecœur, le marquis de Lotbinière (V. note du chap. II). Cette lettre, datée de New-York, le 7 juin 1790, et adressée à un ancien officier canadien établi en Erance, M. des Méloizes, démontre d'une manière irréfragable, ce dont nous avions la conviction sans en avoir une preuve certaine, que le lieutenant du régiment de la Sarre et le consul de New-York sont bien le même personnage, malgré les fausses indications de l'état de propositions. M. des Méloizes (Nicolas Renaud d'Avène) était l'aïeul paternel de la mère de celui qui écrit ces lignes.

3. Le baron de Breteuil, qui fut plus tard ministre sous Louis XVI. Il était déjà fort bien en cour en 1758. C'est

tot¹. Il a des connaissances spéciales pour l'artillerie et le génie. Il sert avec distinction dans ces deux parties-là depuis qu'il est en Canada. J'ai l'agrément de M. le marquis de Vaudreuil pour le faire passer dans un bataillon où ce sera une bonne acquisition.

C'était, on le voit, un heureux début dans la carrière militaire; l'année suivante lui ménageait un succès plus flatteur encore.

Bougainville ², premier aide de camp de Montcalm, s'était rendu en France pour réclamer des secours que le gouvernement, tout occupé de la guerre d'Allemagne, mesurait parcimonieuse-

---

l'année où il fut nommé ministre plénipotentiaire près de l'électeur de Cologne. Il avait beaucoup de relations en Normandie par la famille de sa mère, Marie-Françoise de Goujon de Gasville, fille du marquis de Gasville, intendant à Rouen, et aussi par son oncle, l'abbé de Breteuil, chancelier du duc d'Orléans. On sait que la famille d'Orléans possédait le vicomté d'Auge, et l'abbé de Breteuil avait dû avoir des relations avec la famille de Crèvecœur, dont la terre était située dans le vicomté. Ce qui est certain, c'est que le baron était lié d'ancienne date avec le père du jeune officier.

1. Charles-Louis-Marie marquis d'Houdetot (1718-1786). C'était le frère aîné du comte d'Houdetot, mari de la célèbre comtesse. Des relations d'amitié existaient entre les deux familles. Les d'Houdetot avaient une terre à Etrehan, près de Pierrepont.

2. Louis-Antoine de Bougainville (1729-1814). C'est le célèbre navigateur. Il était alors capitaine de dragons et servait au Canada depuis 1756. Ce fut seulement quatre ans plus tard qu'il embrassa la carrière maritime.

ment à la vaillante colonie. Avant de regagner son poste, il eut une audience du roi, et *la Gazette de France,* dans son numéro du 10 mars 1759, rendait compte de cette réception dans les termes suivants [1] :

De Versailles le 8 mars 1759.

... Le sieur de Bougainville, premier aide de camp du marquis de Montcalm, lieutenant général commandant les troupes françaises en Canada sous les ordres du marquis de Vaudreuil, gouverneur et lieutenant général de la colonie, a rendu compte au Roi de l'état général de la colonie et a eu l'honneur de présenter à Sa Majesté le plan des forts et la carte des lieux qui sont le théâtre de la guerre dans ce pays. Ces plans ont été levés par le sieur de Crèvecœur, officier au régiment de la Sarre employé dans le génie et qui s'est fait beaucoup de réputation par sa bravoure et ses talents [2].

---

[1]. C'est l'intéressant ouvrage de M. Dussieux : *le Canada sous la domination française,* 2e édit., p. 210, qui nous a fait connaître ce curieux épisode. Grâce aux bienveillantes indications de l'auteur, nous avons pu retrouver l'article de la *Gazette de France* qu'il avait analysé sans le citer. Les notes et les papiers de Crèvecœur offrent si peu de renseignements sur cette époque de sa vie que, sans M. Dussieux, ce fait serait resté pour nous complètement inconnu.

[2]. Il existe au dépôt des cartes de la guerre une grande carte manuscrite de 1758, avec la désignation suivante : *Carte des limites du Canada avec les colonies anglaises, depuis les*

Il faut remarquer qu'en France tous les yeux étaient alors fixés sur les péripéties de la guerre de Sept ans, et que la poignée de braves qui soutenait en Amérique la gloire de nos armes occupait fort peu l'attention publique. C'était donc, pour un obscur officier de l'armée du Canada, une véritable bonne fortune que ces quelques lignes de la *Gazette*.

Cette carrière si brillamment commencée allait pourtant se terminer brusquement. Les états du régiment de la Sarre témoignent que Crèvecœur prit part aux glorieuses campagnes de 1758 et de 1759, mais à partir de 1760 son nom disparaît,

---

montagnes de la Virginie jusqu'à la ville des Trois-Rivières sur le fleuve Saint-Laurent. Échelle de 4 lignes 1/2 pour une lieue (7 B. 59). Les plans en élévation des forts sont placés au bas de la carte, qui ne porte ni signature ni indication d'auteur. Le savant directeur du dépôt des cartes, M. Maunoir, qui a bien voulu nous aider de ses lumières, en a fait avec nous un examen approfondi. Plusieurs des légendes paraissent de la main de Crèvecœur, sans qu'on puisse toutefois l'affirmer d'une façon absolue; mais il est à peu près impossible d'admettre que, la même année, deux personnes différentes se soient rencontrées pour terminer un travail de cette importance dans des conditions complètement identiques. Un érudit américain fort connu, M. O. Marshall, de Buffalo, qui a vu la carte à Paris en 1877, et l'a trouvée fort intéressante, a publié tout récemment dans le *Magazine of American History* (juin 1880), un article où il reconnaît qu'elle ne saurait être attribuée qu'à Crèvecœur.

et rien dans les notes qu'il nous a laissées ne permet d'indiquer à quel moment précis et dans quelles circonstances il quitta le service. Ce qui est certain, c'est qu'il ne retourna pas en France en 1760 avec les débris de notre armée [1].

---

[1]. On trouve dans les *Lettres d'un cultivateur américain*, 2e édit., tome II, une description du Canada et des contrées adjacentes; l'auteur s'y met en scène de temps à autre et donne le résultat de ses observations personnelles, mais sans aucune allusion à la lutte désespérée à laquelle il avait pris part.

CHAPITRE II

Crèvecœur passe dans les colonies anglaises. Ses travaux d'arpentage. Le nom de Saint John. Il se rapproche des habitations. Shippenburg. Apprentissage agricole. Sa naturalisation. Son mariage. Le révérend Tétard. Greycourt et Pine-hill. Naissance des enfants. Vie du cultivateur américain. L'établissement. La Frolick. Tableaux divers : la chute de neige, l'hiver, l'hospitalité.

On a vu que Crèvecœur, après la défaite des Français, n'avait pas quitté l'Amérique avec ses compagnons d'armes. Il ne resta cependant pas en Canada; d'après une lettre de M. de Lotbinière[1] déjà citée au chapitre précédent, il gagna

---

1. Chartier marquis de Lotbinière. Dans la note du chap. Ier, nous n'avons pu donner de détails sur ce personnage au sujet duquel la correspondance diplomatique nous a fourni quelques renseignements. C'était un Canadien qui avait passé en Angleterre à la suite de la perte de notre colonie; il y jouissait d'une pension de 12,000 livres qui lui avait été accordée par le gouvernement anglais comme compensation de plusieurs seigneuries dont il avait été dépossédé. Lors de la guerre de l'indépendance américaine, il quitta l'Angleterre et vint offrir ses services au gouvernement français. Nous ne savons quelle fut la nature de ces services; nous pouvons dire seulement qu'il reçut en récompense le titre de marquis et une pension

le haut de la rivière d'Hudson, dans la colonie de New-York. C'est alors qu'il commença à se faire appeler Saint-John. Ce nom de physionomie anglaise (qui n'était que la traduction amplifiée de son nom patronymique) ainsi que sa connaissance de la langue lui permirent de cacher sa nationalité et la part qu'il avait prise à la dernière guerre. On comprend que pour un jeune homme de vingt-cinq ans qui cherchait à utiliser ses talents et son intelligence, il était tout au moins inutile et eût peut-être été dangereux de se dire Français, officier et noble.

Dans ce pays nouveau, couvert encore d'immenses forêts, où la propriété commençait à peine à s'établir, une occupation honorable s'offrait à tout homme actif, sachant se servir d'un niveau et d'une chaîne. Crèvecœur, déjà rompu aux grands travaux topographiques, jeune, robuste et habitué

---

de 1,200 livres. Depuis la paix, il ne cessa de réclamer l'intervention du gouvernement pour lui faire obtenir la restitution de ses terres d'Amérique qui, par suite de la fixation des frontières, se trouvaient faire partie du territoire des États-Unis. Il se rendit à New-York en 1787, pour suivre cette affaire qui, croyons-nous, ne reçut pas une solution favorable. Sa pension de 1,200 livres fut supprimée en 1789. (Archives des Affaires étrangères, *Correspondance diplomatique des États-Unis,* 23 mai et 9 juillet 1783, 1er janvier 1785, 21 juillet 1787, 17 novembre 1789.)

à la vie des bois, songea naturellement tout d'abord à une profession qui n'exigeait de lui aucun apprentissage et qui pouvait lui fournir sur-le-champ le moyen de subsister[1], mais cette existence aventureuse ne pouvait être que tout à fait temporaire. Si elle donnait satisfaction à la curiosité et à l'esprit d'observation, elle avait un côté assez pénible pour un homme de mœurs douces et d'intelligence cultivée ; elle le condamnait à vivre sur les confins de la civilisation, au milieu d'hommes grossiers à peine plus instruits et souvent moins honnêtes que les sauvages leurs voisins[2].

Aussi chercha-t-il bientôt à se rapprocher des cantons plus anciennement peuplés et, peu désireux de continuer l'existence nomade, il voulut s'initier à la vie rude mais paisible de l'agriculteur. Il n'abandonna pas toutefois complètement la profession d'arpenteur et plusieurs passages de ses écrits nous attestent qu'il continua à l'exercer,

---

[1]. M. de Lotbinière, lettre citée.

[2]. Dans un chapitre des *Lettres d'un cultivateur*, intitulé : *Esquisse*, tome II, p. 276, il dépeint les habitants des frontières comme « une espèce de cohorte d'enfants perdus, réduits à une industrie précaire, privés de l'appui des idées et des lois morales, de la force des bons exemples, du salutaire effet de la honte ».

sinon d'une façon suivie, au moins dans les intervalles de loisir que lui laissait le soin de ses terres[1].

C'est en Pensylvanie, croyons-nous, qu'il vint habiter d'abord. On peut remarquer que beaucoup de ses lettres sont datées de cette colonie, de Carlisle, de Lancastre, etc.; ce qui est plus concluant, c'est le passage suivant que l'on trouve dans une des notes du *Voyage en Pensylvanie*[2]. Il parle de la petite ville de Shippenburg, située dans le comté de Cumberland, non loin de Carlisle.

« J'ai connu, dit-il, cette ville dans sa première enfance; j'ai vu les forêts du voisinage devenir des champs fertiles et les bas-fonds de belles prairies. Jamais les regards de ma pensée ne se porteront vers ce lieu sans ressentir les émotions de la plus vive reconnaissance, » reconnaissance qui s'adressait aux « respectables fondateurs » de cette petite ville. — Ne serait-ce pas dans cette heu-

---

1. Dans le récit d'une grande excursion faite en 1774, il dit que, l'année précédente, il avait traversé les montagnes Bleues le graphomètre à la main, depuis Monbakus jusqu'au verger de Powpackton sur la Delaware. (*Cultivateur américain*, t. III, p. 177.)
2. Tome I, p. 363.

reuse contrée, auprès des personnes vénérables qui avaient sans doute donné leur nom à l'établissement de leur création [1], qu'il aurait trouvé les conseils et les leçons si nécessaires à son inexpérience?

C'est, d'après son témoignage, en 1762 qu'il fit sa première récolte sur la terre d'Amérique [2]; son établissement proprement dit n'eut lieu toutefois que deux ans plus tard. Au commencement de l'année 1764, il se faisait naturaliser dans la colonie de New-York [3] et, quelques mois après, s'installait sur une plantation nommée Greycourt [4]. Peut-être faut-il rattacher à la création de cette

---

1. C'était et c'est encore, on le sait, fort en usage aux États-Unis. Il y a en Pensylvanie, outre Shippenburg (comté de Cumberland), Shippensville (Clarion) et Shippen (Mac-Kean). A la fin du siècle dernier et au commencement de celui-ci, vivait à Philadelphie un célèbre médecin du nom de W. Shippen. Il fit le premier des cours d'anatomie dans cette ville et fut l'un des fondateurs de l'école de médecine. Chastellux et Brissot en parlent tous les deux. Un Edw. Shippen était « Chief Justice » de l'État de Pensylvanie en 1805.

2. Dans le *Mémoire sur la culture... du faux acacia* (voir chap. VII), il dit à deux reprises avoir eu en Amérique dix-sept récoltes. Comme il quitta sa plantation au commencement de 1779, la première doit remonter à 1762.

3. Le 18 avril 1764.

4. Le vieux Greycourt, dit-il, dans une lettre adressée à son fils aîné en 1796; il donne le 2 mai 1764 comme date exacte de cet établissement.

ferme un travail considérable, le desséchement d'un marais de 2,000 acres, dont il parle dans une lettre du 4 juin 1783, mais sans préciser la date [1].

Cependant l'âge de la maturité est venu. Crèvecœur s'est fait à la vie de colon; il a des terres, une maison, mais son foyer est solitaire. S'il veut continuer cette existence qui lui plaît et pour laquelle il se croit né, il lui faut un intérieur, une famille. La détermination est importante et demande de sérieuses réflexions. Garçon, rien ne l'attache à ce pays; au premier dégoût, il vend sa ferme et va retrouver en France sa place parmi les siens. Marié, il devient un véritable Américain, il se crée une famille étrangère, des intérêts nouveaux; il se ferme, pour ainsi dire, la porte de son pays natal.

Si la résolution était grave, la délibération fut longue; il ne se décida qu'à trente-quatre ans, un âge où les Américains d'alors étaient établis de-

---

[1]. Dans cette lettre qu'il écrivait au maire et aux aldermen d'Hartford, pour les remercier de lui avoir donné le droit de cité, il s'exprime ainsi : « J'ai été naturalisé en 1764, j'ai desséché un marais de 2,000 acres après avoir sollicité et obtenu une loi de l'État; je me suis marié dans ce pays, j'ai eu trois enfants, j'ai bâti une maison, planté un verger, défriché beaucoup d'acres de terre (*the true characteristics of an American*). »

puis longtemps. Comment et où rencontra-t-il la femme de son choix? quelle était la situation de famille de la jeune fille? nous l'ignorons absolument. L'acte de célébration du mariage, seul document qui nous soit parvenu, mentionne uniquement le nom des époux et des deux témoins. Il n'y est pas plus question des parents de la future que de ceux du marié [1]. Mehetable Tippet, tel était le nom de la jeune fille; née dans le précinct de Younkers, comté de Westchester, province de New-York, elle habitait avec ses parents le comté de Duchesse, situé un peu plus haut sur la rivière d'Hudson [2]. Le mariage fut célébré à Westchester par un ministre protestant, le révérend Tétard [3], le 20 septembre 1769.

Devenu chef de famille, Crèvecœur se con-

---

1. Voir cet acte à la note : État civil et famille.
2. D'après la biographie Michaut, Crèvecœur aurait épousé la fille d'un négociant. Cela est possible, mais nous ignorons sur quels documents s'est fondé l'auteur de l'article, M. Weiss. Son travail, quoique bien fait et intéressant, renferme tant d'erreurs qu'*à priori* nous sommes forcé de regarder comme non avenues celles de ses assertions que nous n'avons pu contrôler.
3. Voir les notes à la suite de l'acte (État civil). Crèvecœur était catholique, plus que tiède, il est vrai, mais il n'a jamais abjuré sa religion. Sa fille fut élevée dans le protestantisme et épousa un protestant; ses deux fils étaient catholiques.

sacre avec plus d'ardeur encore aux travaux du colon. En 1770, il abat le premier arbre d'une nouvelle plantation. Nous avons sous les yeux un petit médaillon à l'aquarelle que nous croyons peint par lui. Au revers du cadre, il a écrit les lignes suivantes :

Plantation of Pine-hill [1], *the first tree of which was cut down in the year of our Lord 1770. County of Orange, colony of New-York.*

Nous ajouterons : précinct de Cornwall. C'est un vrai paysage américain. L'habitation, précédée d'un portique, n'a qu'un étage et cinq fenêtres de façade ; elle domine des prairies ondu-

---

1. Il la nomme aussi quelquefois Greycourt. Il serait probablement fort difficile aujourd'hui de retrouver l'emplacement de cette ferme, qui fut vendue plus tard à un nommé Thomas Moffat, clerc du comté, demeurant à Blooming-grove. Deux chapitres entiers du *Voyage en Pensylvanie* (t. I, p. 262 et suiv.) sont consacrés à la description de la contrée, et nous donnent le nom de plusieurs des anciens voisins de Pine-hill, tels que John Alisson, meunier et grand propriétaire ; J. Thorn, aussi meunier à Blooming-green ; Jessé Woodhull, grand shérif du comté dans la vallée du Skomononk, etc., etc. Nous pouvons ajouter à ces noms ceux de Daniel Everett, juge de paix ; Samuel Gale, qui fut aussi juge de paix, et membre de l'Assemblée législative de l'État ; Ezechias Howell, major de la milice ; Verdine Elsworth, beau-frère de Samuel Gale ; Roger Townsend, un des meilleurs amis de Crèvecœur, massacré par les sauvages à la solde des Anglais.

leuses arrosées par un ruisseau. A gauche, un jardin[1]; à droite, une grande cour verte, où sont les bâtiments d'exploitation et une dizaine de cases de nègres; plus loin, un très grand verger et des champs entourés de palissades. Dans la prairie, le colon se tient près de sa femme, assise sous un bouquet d'arbres. Au premier plan, un nègre guide une charrue qui porte un petit siège léger où se trouve un enfant[2]. Le fond du paysage est occupé par des collines boisées dont la plus élevée montre à son sommet une sorte de belvédère rustique au milieu des sapins qui ont donné leur nom à la plantation.

Ce dessin est certainement postérieur de beaucoup à 1770. Crèvecœur, au début de son établissement, n'eut probablement pour abri qu'un

---

1. On y remarque le sassafras qui fait le sujet d'une des plus jolies lettres du *Cultivateur américain* (t. I, p. 249). V. lettre du 1ᵉʳ janvier 1807 (*Correspondance*).

2. « Un jour, dit Crèvecœur, en labourant les terres basses devant ma porte, je m'amusai à placer notre enfant dans un petit siège de mon invention fixé par quatre écrous sur la haie de ma charrue; le mouvement de la machine, ainsi que celui des chevaux, le rendit heureux. Ce fut là, je me le rappelle encore, qu'il articula ses premiers mots. » (*Cultivateur américain*, t. I, p. 63.) Nous avons entendu plus d'une fois notre aïeul Louis de Crèvecœur parler de cette promenade en charrue, un des premiers souvenirs de son enfance.

modeste *logg-house,* et ce fut sous le toit d'écorces de cette habitation rustique que dut naître son premier enfant, une fille qui reçut les prénoms un peu ambitieux d'America Francès (14 décembre 1770)[1]. Deux garçons suivirent de près : Guillaume-Alexandre (5 août 1772) et Philippe-Louis (22 octobre 1774).

Notons, en passant, une circonstance qui montre quel était, à cette époque, l'état d'isolement des nouveaux colons. Crèvecœur, à la naissance de sa fille, avait écrit au ministre Têtard pour le prier de venir la baptiser. Le ministre lui répondait de Westchester, le 6 janvier 1771 :

> Je suis fâché de vous dire que la saison est trop dure, les routes impraticables à cause de la neige et les rivières trop dangereuses à traverser pour entreprendre un si long voyage. Tout ce que je peux faire, c'est de vous promettre de remplir cet office aussitôt que la saison le permettra.

D'autres empêchements survinrent, paraît-il, car la petite fille ne reçut le baptême qu'au mois de décembre 1776, en même temps que ses deux frères.

C'est dans les *Lettres d'un cultivateur* qu'il faut

---

1. Elle épousa M. Otto.

chercher la peinture de la vie que menait alors Crèvecœur. Le lecteur, croyons-nous, ne nous saura pas mauvais gré de donner ici quelques extraits qui dépeignent l'existence d'un colon aisé et instruit. Dépourvus de tout artifice de style, ces tableaux rustiques ont un charme de naturel, un caractère de vérité réellement frappants.

On peut suivre le cultivateur pour ainsi dire pas à pas, depuis le choix de son futur établissement jusqu'au jour où, après des années de labeur opiniâtre, il jouit paisiblement du fruit de ses travaux. Franklin [1] disait à bon droit que ce livre était le manuel complet du colon en Amérique; c'est seulement un manuel un peu poétique, mais les détails y abondent.

Voici d'abord le colon cherchant l'emplacement d'une nouvelle plantation. Il recueille ses renseignements, consulte les cartes, interroge les chasseurs. Quand sa décision est à peu près fixée, il prend un guide, et, s'orientant dans les forêts comme un marin sur l'Océan, il parvient au canton qu'il croit lui convenir. Il examine alors le sol, juge de sa qualité par la grandeur et la beauté

---

[1]. Lettre au comte de Buchan du 17 mai 1783. V. Bibliographie.

des arbres, par la nature des buissons et des plantes sauvages.

Il observe les sources, l'humidité de la terre et ses différentes couches; il suit les sinuosités des montagnes qui règlent la direction des vallées et des ruisseaux; il cherche une chute où il pourra un jour bâtir un moulin; il examine, il pèse tout et revient. Son dessein est formé; l'invention d'une grande machine ne pourrait faire plus d'honneur à un artiste habile que n'en fait à ce colon la combinaison de toutes ces idées nouvelles; il est, il va devenir l'origine des choses; il va mériter le titre de créateur [1].

Il ne s'agit plus que d'acquérir la terre qu'il a choisie, d'examiner les titres, de convenir des termes de paiement.

Enfin il se transporte sur son nouveau domaine, se fraye un sentier et construit une cabane d'écorces; c'est le moment pénible, le moment du travail sans relâche et presque sans résultat apparent. Au milieu de cette végétation luxuriante, les premiers efforts de l'homme produisent dès l'abord des effets si peu visibles qu'il faut, pour ne pas perdre courage, une patience et une énergie à toute épreuve.

---

1. *Cultivateur américain*, t. I, p. 125.

Quelques acres de marais sont d'abord assainis ; ils fourniront l'année suivante le fourrage nécessaire pour nourrir les bestiaux l'hiver; puis le rude travail du défrichement occupe tous les bras. Il faut couper les arbustes et les buissons pour les brûler plus tard; il faut pratiquer sur l'écorce des gros arbres l'entaille circulaire qui amène leur mort. Le terrain une fois un peu nettoyé, on sème du grain entre les troncs desséchés qui, dépouillés de leurs feuilles et de leurs écorces, ressemblent à d'énormes squelettes [1]; une tête d'arbre, traînée par des bœufs, sert de herse sur ce sol rempli de racines, dans lequel la charrue ne saurait pénétrer [2].

Mais l'hiver approche; la cabane d'écorces, à peu près suffisante pendant la belle saison, n'est pas un abri sérieux contre les rigueurs de l'hiver américain. Le colon songe alors à bâtir une maison, entreprise gigantesque pour le petit nombre de bras dont il dispose. Par bonheur, même au désert, on a des voisins ; le mot prend seulement une acception fort large, et ces voisins, plus ou moins éloignés, sont très disposés à s'entr'aider.

---

1. *Cultivateur américain*, t. I, p. 114 et 136, note.
2. *Voyage en Pensylvanie*, t. I, p. 45 et notes, p. 369.

Le colon organise donc ce qu'on nomme une *frolick,* mot bizarre qui exprime une chose touchante. Il convoque tous ceux qui sont à portée de lui prêter leur aide; on vient avec empressement, de fort loin quelquefois. C'est qu'en faisant une bonne action on trouve une partie de plaisir, et que l'on satisfait à l'instinct de sociabilité inné dans le cœur de l'homme. Les occasions de se réunir sont rares dans ces solitudes, et au milieu des bois, une assemblée de quarante personnes est presque une multitude. Chacun vient avec ses nègres; on apporte ses outils, et tout aussitôt on se met à l'œuvre. Les attelages de bœufs et de chevaux traînent à l'endroit désigné les troncs d'arbres nécessaires à la construction; bientôt la hache américaine, maniée par des mains expertes, a équarri les arbres, taillé mortaises et tenons; les poutres, assemblées à queue d'aronde, s'élèvent comme par enchantement et forment les murailles du modeste logis [1]. Le gros œuvre est terminé. Le colon a traité de son mieux ses hôtes obligeants, et la plus franche gaieté n'a cessé

---

1. *Cultivateur américain,* t. I, p. 113. C'est ce qu'on nomme « *framed house* » (maison de charpente). V. *Voyage en Pensylvanie,* t. I, p. 364, note.

d'animer tous les acteurs de cette jolie scène champêtre.

La maison élevée, on la perfectionne peu à peu, et la prise de possession semble déjà plus complète. L'année suivante, le cultivateur plante un verger sur le chaume de son premier blé [1]. Peu à peu les traces de la forêt disparaissent.

Il n'y a pas d'Européen qui puisse se former une idée juste et précise de cette marche pénible et lente. Il faut au moins trois ans avant que les racines des buissons et des petits arbres soient entièrement détruites, cinq ans avant que les grandes souches cessent de repousser et quatorze ans avant que ces mêmes souches se pourrissent et puissent être enlevées. J'y ai moi-même épuisé la première vigueur de mes bras….[2]

Enfin les prairies deviennent douces et unies, les vergers couverts de fruits, les champs dégagés des souches d'arbres abattus [3].

La culture n'offre plus les mêmes fatigues ; « penché négligemment sur le manche de sa charrue et la guidant instinctivement », le laboureur respire « l'odeur suave de la terre, qui, semblable

---

1. *Voyage en Pensylvanie*, t. I, p. 45 et 369.
2. *Cultivateur américain*, t. I, p. 63.
3. *Ibid.*, t. I, p. 132.

à un bouquet odoriférant, l'anime et le réjouit[1] ».

Bientôt le pays se peuple; des routes sont ouvertes; les lois viennent avec les hommes, et c'est un canton de plus qui s'ajoute aux anciens. Le colon, en même temps qu'il voit autour de lui s'accroître sa jeune famille, assiste aux progrès d'une société nouvelle dont il devient un membre actif.

Voici la description d'une plantation en pleine prospérité, qui peut donner l'idée de celles que Crèvecœur possédait avant la guerre.

Mon père[2] m'a laissé 371 acres[3] de bonne terre dont 47 consistent en deux excellentes prairies, un assez beau verger de cinq acres dont j'ai moi-même planté une partie; un enclos de 450 pêchers en plein vent pour nourrir mes cochons et faire de l'eau-de-vie; une maison de 42 pieds de long, une grange de 70 pieds sur 43, couverte en bardeaux de cèdre. Tous les ans je sale entre 1,500 et 2,000 livres de bon lard,

---

1. *Cultivateur américain*, t. I, p. 64.
2. *Ibid.*, t. I, p. 59. Crèvecœur se représente comme le fils d'un presbytérien anglais émigré en Amérique. Il n'avait pas voulu, dans un ouvrage publié originairement en Angleterre et avant la paix, dévoiler sa nationalité. On verra dans la Bibliographie qu'un clergyman anglais se montra très scandalisé de cette prétendue supercherie et écrivit une brochure tout exprès pour la dévoiler.
3. L'acre représente 40 ares environ.

200 livres de bœuf. Pendant la moisson, je tue six gras moutons, j'ai en grains, légumes, beurre, fromage, etc., de quoi abondamment nourrir ma famille et fournir à la table de l'hospitalité. Mes nègres sont assez fidèles; ils jouissent d'une bonne santé, sont gras et contents, ils travaillent avec bonne volonté... Je leur ai toujours donné le samedi pour eux, de la terre à tabac tant qu'ils en veulent; les deux plus âgés en font au moins pour cent soixante piastres par an; ils sont nourris de la même sorte et vêtus du même drap que moi[1].

Les mille soins de la campagne occupent et intéressent ce cultivateur idéal, qui n'est autre que l'auteur lui-même. Il étudie le caractère et les habitudes de ses chevaux et de ses bœufs. Les abeilles excitent son esprit d'observation, et il ne se borne pas à les examiner dans ses ruchers; il dépeint aussi la manière dont on recherche à l'automne celles qui vivent dans les forêts; le passage des pigeons-voyageurs, qui, deux fois par an, obscurcissent le ciel de leurs bandes innombrables, est aussi pour lui un sujet de réflexion. Les peintures les plus naïves et les plus fraîches se succè-

---

1. En 1771, d'après les statistiques, il y avait dans le comté d'Orange 9,430 blancs et seulement 662 noirs, à peine 1 nègre pour 15 blancs. (*Documentary History of New-York*, tome I, p. 690.)

dent sous sa plume. Ce sont les oiseaux-mouches dont il décrit les brillantes couleurs avec une palette de poète[1], les fourmis qu'il se plaît à suivre dans leur vie industrieuse, en observant leurs mœurs avec l'œil d'un naturaliste.

Ailleurs (dit un critique anglais[2]) c'est un duel entre deux serpents dont le récit est grave et solennel comme une des batailles d'Homère; la forte impression que l'auteur en a reçue se révèle tout entière dans ce style magnifique, facile, exubérant. Si l'un des héros était Hector et l'autre Patrocle, l'auteur ne trouverait pas de plus nobles paroles.

Quel pinceau délicat pour peindre le lever du soleil, le printemps ! on sent l'admirateur passionné et réfléchi de la nature.

Avez-vous jamais visité un grand verger fleuri sans en être ému? C'est la fête de tous les sens. L'œil est ravi, l'odorat triomphe, l'oreille même est occupée du doux bourdonnement des mouches qui sortent de leurs quartiers d'hiver pour cueillir le miel [3].

---

1. *Cultivateur américain*, tome III, p. 53. Crèvecœur avait toutes les aptitudes du naturaliste, sans avoir malheureusement les notions premières de la science. Nous avons de lui des observations inédites sur les fourmis fort curieuses pour un temps où ce genre d'études était encore si peu en honneur.
2. *Revue d'Édimbourg* d'octobre 1829. V. Bibliographie.
3. *Cultivateur américain*, tome I, p. 81.

LA CHUTE DE NEIGE

Mais voici des tableaux moins riants ; l'hiver approche [1].

Les grandes pluies de l'automne ont rempli les ruisseaux et les marais, pronostic infaillible ! A cette chute d'eau succède une forte gelée qui nous amène le vent du nord-ouest. Ce froid perçant jette un pont universel sur tous les endroits aquatiques et prépare la terre à recevoir cette grande masse de neige qui doit bientôt suivre ; les chemins impraticables deviennent ouverts et faciles... Bientôt le vent du nord-ouest (ce grand messager du froid) cesse de souffler ; l'air s'épaissit insensiblement ; il prend une couleur grise. Ce calme dure peu ; le grand régulateur de nos saisons se fait entendre. Un bruit sourd et éloigné annonce quelque grand changement. Le vent tourne au nord-est ; la lumière du soleil s'obscurcit, quoiqu'on ne voie encore aucun nuage ; une nuit générale semble approcher. Des atomes imperceptibles descendent enfin ; à peine peut-on les apercevoir ; ils approchent de la terre comme des plumes dont le poids est presque égal à celui de l'air, signe infaillible d'une grande chute de neige.

Quoique le vent soit décidé, on ne le sent pas encore ; c'est comme un zéphir d'hiver ; insensiblement, le nombre ainsi que le volume des particules blanches devient plus frappant, elles descendent en plus gros flocons, un vent éloigné se fait de plus en plus entendre, accompagné comme d'un bruit qui

---

1. *Cultivateur américain*, tome I, p. 289 et s.

augmente en s'approchant. L'élément glacé, si fort attendu, paraît enfin dans toute sa pompe boréale...

Quel changement subit du soir au lendemain ! Le tableau de l'automne a disparu ; la nature s'est revêtue d'une splendeur universelle ; c'est un voile d'une blancheur éclatante contrastée par l'azur des cieux.

C'est alors que le cultivateur déploie toute son activité. On s'empresse d'aller chercher les bestiaux :

Les bœufs et les vaches, instruits par l'expérience, savent retrouver l'endroit où, l'hiver précédent, ils avaient été nourris ; les poulains, d'une approche difficile lorsqu'ils étaient libres,... deviennent plus doux et plus dociles ;... les moutons, chargés de leurs toisons dont le poids est augmenté par la neige, avancent lentement ; leurs cris continuels annoncent leur embarras et leur terreur...

Quand on a pourvu à ces premiers soins, on pense à rétablir les communications. Les voisins se réunissent, et leurs traîneaux frayent péniblement les chemins si nécessaires, non seulement pour aller à l'église, au marché, au moulin, au bois, mais aussi pour se rendre des visites réciproques ; car c'est la saison des joies et des fêtes, c'est celle qui plaît le plus aux femmes et aux enfants.

Par un froid excessif, qu'augmente encore la vitesse de nos chevaux, la femme la plus délicate, les enfants les plus jeunes, tous oublient la sévérité du Nord et n'aspirent qu'au plaisir d'aller en traîneau. C'est alors que les portes de l'hospitalité américaine sont ouvertes ; chacun attend ses amis... Mais si la distance est grande, il faut s'arrêter à cause du froid ; toutes les portes s'ouvrent au voyageur la nuit comme le jour. Sans cela, qui pourrait voyager? On se chauffe au feu de l'inconnu ; il vous donne du cidre et du gingembre, ce qui est le remède à tous les maux. On arrive enfin. Une autre compagnie nous a précédés peut-être ! n'importe ! le cœur de l'hôte, sa maison, ses écuries sont grandes, tout y abonde : car l'Américain ne se refuse rien et consomme dans l'hiver la moitié des fruits de l'été.

Mais il se repose de ses labeurs passés, il conserve des habitudes sociales, et n'échangerait pas ses frimas contre toutes les richesses du Sud.

CHAPITRE III

Voyages et excursions. Naufrage sur le Saint-Laurent. Un hiver chez les Mohawks. Empire de la musique. La Jamaïque et les Bermudes. L'île de Nantucket et les titres de pâturage. Excursion sur la Susquehannah et la Delaware. Les squatters. Les terres noires. Charlestown. Un nègre dévoré par les vautours.

Si les tableaux de la vie agricole, dont nous avons cherché à donner une idée, forment, au point de vue littéraire, la partie la plus attrayante peut-être des *Lettres d'un cultivateur américain,* ils sont loin de tenir dans cet ouvrage la place la plus considérable. Crèvecœur, tout en s'occupant avec succès de la culture de ses terres, faisait des excursions fréquentes et quelquefois lointaines. Un court aperçu de ces voyages ne sera pas, pensons-nous, sans intérêt.

Affirmer l'exactitude des dates[1] serait sans

---

[1]. Crèvecœur a commis à ce point de vue de très-nombreuses erreurs dont plusieurs sont volontaires et tiennent au cadre même de son ouvrage qu'il n'a pas voulu faire remonter au delà de 1770, ce qui l'a contraint à antidater certains faits. Il y a aussi des erreurs matérielles que nous avons cherché à rectifier, le plus souvent sans grand succès.

doute difficile, mais l'ordre chronologique importe au fond assez peu, et nous croyons pouvoir, du moins, garantir l'authenticité des faits.

Les premières années sont naturellement marquées par les explorations les plus aventureuses. Jeune et actif, sans établissement fixe, maître de son temps, il en profita pour entreprendre des voyages d'une certaine durée.

En 1764[1] il traversait le pays qui devint plus tard l'état de Vermont; dans les notes du *Voyage en Pensylvanie*[2], il raconte un incident curieux qui paraît se rattacher à cette excursion.

Étant dans un canot d'écorce conduit par deux Abenakis du bas Canada, j'eus le malheur de faire naufrage sur le haut du Saint-Laurent, dont nous venions de franchir heureusement le long saut qui a six lieues de long. Les premières neiges étaient déjà tombées. Sans haches et sans moyens d'allumer du feu, réduits à manger crus quelques poissons que nous avions eu le bonheur de prendre, nous résolûmes de marcher vers le sud... Mourants de froid, consumés,

---

1. D'après une lettre qu'il écrivait en 1787 au duc d'Harcourt et qui a été publiée par M. Hippeau. (*Gouvernement de Normandie*, t. III, p. 137.)
2. T. III, p. 344. Il ne serait pas impossible que le fait se fût passé pendant le séjour de Crèvecœur au Canada. La date est du reste sans importance.

épuisés, nous étions parvenus au troisième jour de ce pénible voyage et venions de manger les derniers morceaux de notre dernier poisson, lorsqu'à notre grande joie nous crûmes apercevoir dans l'éloignement quelques indices de fumée. C'était celle d'un grand village de Mohawks christianisés, situé à l'embouchure de la rivière Oswegatché... Aussitôt que nous fûmes parvenus à la portée de la voix, mes compagnons s'accroupirent et hurlèrent à plusieurs reprises. A ce cri de la douleur, plusieurs indigènes du village vinrent voir qui nous étions, et bientôt, touchés de notre misère, ils nous conduisirent chez eux sans parler et nous placèrent séparément dans trois différentes familles.

Crèvecœur, en sa qualité de blanc, fut mené chez le chef, qui parlait un peu anglais et français.

Le lendemain, après que je l'eus informé d'où je venais et où je comptais aller, il me dit : « L'hiver approche, comme tu vois ; le grand fleuve charrie des glaçons ; il est impossible d'aller à Montréal avant le printemps ; mets de côté le peu de vêtements qui te restent et habille-toi comme nous. Nos gens t'en aimeront mieux [1]. »

---

[1]. Crèvecœur parle à diverses reprises dans ses ouvrages de son adoption par les Oneïdas sous le nom de Cahio-Harra ou Kayo. (*Cultivateur américain*, t. III, p. 189, et *Voyage en Pensylvanie*, t. I, p. 133.) Cette adoption aurait eu lieu au village d'Ossewingo fort éloigné d'Oswegatché, et quoique

A peine y eus-je consenti que les femmes s'approchèrent avec empressement et, tout en riant, coupèrent mes cheveux, me peignirent le visage, m'apportèrent ce qui était nécessaire pour me vêtir; ils n'oublièrent même pas de me donner un nom. Après quelques jours d'habitude, je me trouvai aussi bien logé, nourri et vêtu que si j'eusse été parmi mes amis de Montréal. Comme les autres, j'allais soir et matin pêcher tantôt sur la glace, tantôt au filet, suivant le degré de froid ou l'abondance de la neige, et je n'étais pas peu fier de pouvoir contribuer à remplir la chaudière. Avec l'écorce intérieure du bouleau, je m'étais fait un grand livre sur lequel j'écrivais avec soin tous les mots de leur langue dont je pouvais deviner le sens, ce qui parut leur faire autant de plaisir que si je leur eusse rendu un service important.

L'hiver s'écoula ainsi, et, lorsque la saison le permit, l'aventureux voyageur regagna Montréal.

Citons encore, puisque nous sommes au village d'Oswegatché, une anecdote inédite[1] dont la scène est la même, quoique la date en soit certainement différente.

---

l'année indiquée soit la même, les deux faits sont évidemment distincts. On verra plus tard reparaître ce nom d'une façon fort inattendue.

[1]. Elle est tirée d'un manuscrit intitulé : *Réflexions sur la puissance et les effets de l'harmonie aérienne,* composé par Crèvecœur à Munich en 1807. Il donne la date de 1774, qui nous semble plus que problématique.

Peu de temps après que M*** et moi fûmes arrivés au village d'Oswegatché, on nous informa que deux chefs, ivres de vengeance, devaient se livrer un combat à mort. Désirant depuis longtemps essayer quel serait l'effet et la puissance des sons harmoniques sur ces cœurs de bronze, nous allâmes, munis de nos flûtes, nous cacher derrière le tronc d'un gros chêne. A peine les accords de nos instruments eurent-ils frappé les oreilles de ces tigres, que leurs bras levés pour s'assener les premiers coups retombèrent comme par enchantement;... les combattants, stupéfaits d'étonnement, immobiles, ayant été promptement séparés par les femmes, nous terminâmes le grand œuvre de la réconciliation en continuant à jouer les duos les plus harmonieux que nous pûmes nous rappeler. Insensiblement quelques paroles de paix se firent entendre; on leur proposa de fumer dans le grand *Opoygan*. Ils voulurent nous voir, savoir qui nous étions et d'où nous venions, tâter, examiner nos flûtes. Dès le lendemain le calme le plus parfait succéda à la tempête la plus violente.

N'est-ce pas là un moyen simple et charmant de rétablir la paix?

C'est d'un voyage tout différent que nous parlerons maintenant. En 1767[1], Crèvecœur s'em-

---

1. En 1773, d'après les *Lettres d'un cultivateur* (t. I, p. 255). Mais nous adoptons comme plus probable la date donnée dans le *Voyage en Pensylvanie* (t. II, p. 430, note), où se trouve le passage cité.

barqua pour la Jamaïque. Il ne donne sur cette île que des détails assez succincts et qui n'ont rien de saillant. Les Bermudes, qu'il visite ensuite, éveillent davantage ses facultés descriptives, et il fait une jolie peinture de ce charmant archipel. Voici le tableau d'une tempête effrayante dont il fut témoin.

Je l'avoue, de ma vie je n'ai été pénétré d'un aussi profond sentiment de terreur qu'en 1767, lorsque sous l'abri d'un rocher situé sur la cime d'une hauteur, à quelques milles de la ville, je contemplais les combats de l'atmosphère et de l'Océan. Plus d'une fois je crus sentir la terre trembler sous mes pieds, lorsque le poids énorme des vagues venait en roulant se briser sur les rivages de cette île qu'elles menaçaient d'engloutir... Du sein des nuages teints en pourpre sortaient à chaque instant non des foudres, mais des torrents de feu, accompagnés d'explosions terribles ; l'air que je respirais n'était qu'un fluide électrique. Pendant qu'au-dessus de moi les éléments déchaînés se faisaient une guerre implacable, je voyais dans le vallon la nature revêtue de ses plus brillantes couleurs : d'un côté, je contemplais les horreurs de ce que je croyais être la dernière nuit du monde ; de l'autre, à la lueur des mêmes éclairs, l'éclatante verdure des forêts dont j'étais environné.

En 1772, il fait un long séjour dans l'île de Nantucket. Aussi a-t-il consacré seize lettres à la description de l'île et aux mœurs des habitants ; c'est une monographie complète de cet îlot sablonneux, sans arbres et sans végétation, que des hommes industrieux avaient su peu à peu fertiliser, tandis que leurs hardis vaisseaux sillonnaient les mers à la poursuite de la baleine. Le tableau est animé et curieux.

Voyez (dit un critique anglais[1]) comme il se mêle de bon cœur aux amusements du peuple de Nantucket, quelle alacrité, quelle puissance énergique d'industrie et de travail respirent dans ces pages, comme son cœur bat à l'unisson de tous ces cœurs, comme il nous force de nous associer aux dangers de la pêche de la baleine pour prendre intérêt ensuite aux fêtes et aux joies dont ces dangers sont couronnés !

Il serait difficile de donner par des extraits une idée suffisante de l'ensemble de ces intéressantes observations. Nous reproduirons seulement des détails qui nous paraissent fort curieux sur l'étrange organisation de la propriété adoptée par les premiers colons. Ils étaient au nombre de vingt-sept,

---

[1]. *Edinburgh Review*, article d'octobre 1829, déjà cité. L'article n'est pas signé, mais Rich (*Bibliotheca Americana nova*) l'attribue à Hazlitt. Voir la Bibliographie.

tous de la société des Amis (quakers), et avaient obtenu de la couronne, en 1671, la concession de l'île[1].

Trouvant leur nouvelle acquisition stérile et peu convenable à l'agriculture, ils convinrent de ne pas la diviser; la mer poissonneuse qui les entourait les détermina à se faire pêcheurs; un havre fut bientôt trouvé, et ils résolurent de bâtir une ville dans le voisinage et de s'y établir ensemble. Dans ce but, ils arpentèrent vingt-sept lots de quatre acres chacun, appelés lots de domicile, sur chacun desquels fut bâtie une maison. Telle a été l'origine de Sherburn…

Ils convinrent ensuite de jouir du reste de l'île en commun ; mais de quelle espèce de jouissance pouvaient-ils se flatter? Avec une sagacité admirable, ils prévirent que l'herbe de l'île pourrait s'améliorer un jour par l'introduction des moutons ; ils décidèrent que chacun d'eux aurait le droit d'en nourrir cinq cent soixante. Par cette convention, le troupeau national devait consister en quinze mille cent vingt, c'est-à-dire que la partie de l'île non divisée servirait non seulement à nourrir pour chacun d'eux le nombre spécifié, mais rendrait leur nouveau domaine idéalement divisible en autant de portions qu'il y avait de moutons.

---

1. *Cultivateur américain*, t. II, p. 105 et suiv. Nous corrigeons d'après l'édition anglaise le texte français quelquefois un peu obscur.

...Ils convinrent de plus que, si le troupeau national améliorait le pâturage, une vache représenterait quatre moutons, et deux vaches un cheval, et que, dans la suite, on fixerait le tarif le plus équitable pour déterminer la quantité de terre qui serait jugée être équivalente au pâturage d'un mouton.

Tel fut le berceau de leur établissement, qui peut véritablement être appelé pastoral. Plusieurs de ces *titres de pâturage* ont depuis été réalisés sur différents terrains aujourd'hui en culture, devenus la propriété de ceux qui les ont obtenus. Les autres ont été tellement subdivisés à l'occasion des mariages que souvent bien des filles se marient n'ayant d'autres portions que leurs meubles, leur linge et le privilège d'avoir une vache dans le troupeau national. Ces droits sont d'autant plus flatteurs que quiconque en possède un certain nombre peut espérer de les voir se réaliser un jour en terres par le Conseil des propriétaires. Voilà pourquoi ces titres sont si difficiles à obtenir et coûtent toujours beaucoup plus cher qu'ils ne valent; ils nourrissent dans l'esprit du possesseur l'espoir d'acquérir un jour un *franc alleu* où il bâtira une maison qui lui servira d'asile dans sa vieillesse.

N'est-ce pas un exemple frappant de ce que peut produire le principe d'association sagement appliqué, lorsqu'on a la patience d'attendre les résultats sans vouloir les précipiter? Il est vrai que le produit de la grande pêche apporta bientôt aux habitants de Nantucket une aisance telle que les titres de pâturage devinrent d'une importance très accessoire dans leurs fortunes.

En 1774, un voyage de deux mois dans l'intérieur des terres occupe l'été de Crèvecœur[1]. Il a laissé un compte rendu détaillé de cette excursion. Gagnant la branche orientale de la Susquehannah par une marche de plus de 150 milles, il remonta le cours de la rivière jusqu'à Anaquagua pour revenir par la Delaware.

Dans cette longue route, il ne rencontre guère que quelques établissements isolés dans les bois, et il se plaît à étudier la vie et le caractère de ces *squatters*, moitié cultivateurs, moitié chasseurs, perdus pour ainsi dire au milieu de la forêt. Quoiqu'il professât en général peu de sympathie pour cette race, trop rude à son gré, il se prend cependant à envier presque leur existence libre et insouciante. Il admire l'industrie et l'énergie de ces hommes qui, seuls, n'ayant à attendre aucun secours étranger, parviennent non seulement à vivre et à nourrir leurs familles, mais atteignent même un certain degré d'aisance. Mille détails intéressants se succèdent sous sa plume; il est saisi d'un bel enthousiasme à l'aspect de ces

---

1. *Cultivateur américain*, t. III, p. 161 et suiv.

terres noires des bords de la Susquehannah, où la végétation est tellement exubérante qu'avant toute récolte de céréales il faut diminuer la fertilité du sol en y semant du chanvre pendant deux ou trois ans.

« J'ai vu, dit-il, recueillir 78 boisseaux de maïs par acre[1], quoique chaque tige fût plantée à sept pieds de distance des autres, 97 boisseaux d'avoine de cinq quarts d'acre[2], 1375 livres pesant de chanvre nettoyé d'une acre et demie. Le froment rapporte communément 25 pour 1. » Il est vrai que le terrain sur lequel on fait ces magnifiques récoltes nécessite pour le premier défoncement des charrues à six et même huit bœufs.

Notre voyageur raconte ensuite une excursion à travers les bois, sous la conduite de guides sauvages, un séjour au village indien d'Anaquagua,

---

1. Le rendement de 50 boisseaux par acre de maïs est déjà exceptionnel.

2. Ce qui donnerait plus de 77 boisseaux par acre, tandis que 60 est un maximum rarement atteint en Amérique. Le bushel équivaut à 36 litres 347, l'acre à 40 ares 467. Pictet (*Tableau de la situation des États-Unis d'Amérique,* 2 vol. in-8, Paris, 1795) cite des rendements plus élevés encore en Kentucky.

puis enfin son retour à Mahakamac sur un immense radeau de bois de charpente, que ses conducteurs dirigent avec une habile et tranquille audace sur le courant impétueux de la Delaware.

Bien d'autres descriptions dans lesquelles l'auteur ne se met que rarement en scène, mais où l'observation personnelle se trahit à chaque ligne, remplissent les pages du *Cultivateur américain*. Ce sont les États du Nord qu'il s'attache surtout à dépeindre[1]; c'est le pays qu'il connaissait le mieux, où il vivait, où il comptait de nombreux amis. Le Sud lui était moins familier; il n'en parle qu'accessoirement, quoiqu'il en ait parcouru une partie.

Une lettre sur Charlestown et sur l'esclavage mérite cependant une mention particulière, ne fût-ce que par les critiques auxquelles elle a donné lieu.

Cette lettre, que l'on trouve dans les éditions anglaises[2] et dans la première édition française[3], a été fort modifiée dans la seconde édition[4], où elle porte le titre de : *Pensées sur l'esclavage et sur*

---

1. *Cultivateur américain*, tome II, p. 1-248.
2. Édition de 1782, p. 213.
3. Tome II, p. 361.
4. Tome II, p. 372.

les nègres. Dans le texte primitif, Crèvecœur, après quelques considérations sur la ville de Charlestown et sur les mœurs des habitants, s'étendait très longuement sur la triste situation des esclaves, sur la dureté des planteurs, et il racontait à ce propos une scène vraiment horrible. Un nègre, coupable d'avoir tué par jalousie l'intendant d'une plantation, aurait été exposé sur un arbre, dans une sorte de cage, pour y être dévoré vivant par les vautours. L'émotion du narrateur est communicative ; il souligne, dans son indignation, tous les détails de cet effroyable supplice ; aussi le récit, dans sa simplicité, est-il vraiment saisissant. Il fut en effet très remarqué[1]. Mais s'il excita la pitié et l'horreur des lecteurs impartiaux, les colons du Sud, toujours intolérants lorsqu'on touchait à la plaie saignante de l'esclavage, ne manquèrent pas de pousser les hauts cris ; l'anecdote qui, tout horrible qu'elle fût, ne manquait malheureusement pas de vraisemblance, fut traitée de fable ridicule, et l'auteur, à qui l'on a souvent reproché de peindre l'Amérique sous des couleurs trop riantes, fut accusé cette fois d'avoir, dans des intentions hos-

---

1. Le *Monthly Review* le reproduisit dans son numéro d'octobre 1782.

tiles aux planteurs du Sud, inventé de toutes pièces une monstrueuse calomnie. On trouvera à ce sujet quelques détails assez curieux dans la Correspondance [1].

On a pu voir, d'après tout ce qui précède, quelle connaissance approfondie Crèvecœur avait acquise de presque toutes les parties de son pays d'adoption. Dans cette vie de voyages, il s'était créé de nombreux amis ; observateur infatigable, il avait rassemblé, soit par lui-même, soit par ses correspondants, une foule de documents et de notes de tout genre. Suivant avec une égale attention les progrès de l'agriculture et ceux de l'industrie naissante, à l'affût de toutes les découvertes, de toutes les inventions, écrivant tout ce qui le frappait, il avait en sa possession un nombre considérable de matériaux. Beaucoup furent utilisés dans les *Lettres d'un cultivateur,* et plus tard dans le *Voyage en Pensylvanie,* mais bien d'autres qui ne virent jamais le jour seraient d'un grand intérêt maintenant pour l'histoire si peu connue du progrès matériel aux États-Unis.

---

1. Voir la lettre du 20 mars 1789, à Mme d'Houdetot.

CHAPITRE IV

Situation de Crèvecœur au moment de la guerre de l'Indépendance. Ses plantations. Funestes effets de la lutte dans les cantons éloignés. Les incursions des sauvages. Greycourt est incendié. Crèvecœur veut partir pour l'Europe. Il arrive à New-York. Son arrestation. Triste sort des prisonniers américains. William Seton obtient son élargissement. Misère profonde. Le tailleur quaker. Départ pour l'Irlande.

Nous avons cherché, dans les deux chapitres précédents, à donner une idée du genre de vie de Crèvecœur. Malgré cette variété d'occupations, malgré ces absences répétées, son établissement agricole n'avait pas cessé de prospérer. Outre sa plantation du comté d'Orange, il en possédait une seconde à quelque distance dans le comté de Sussex (New-Jersey). Encore jeune, complètement initié à la vie coloniale, il pouvait envisager l'avenir avec confiance et regarder comme assuré le sort de ses enfants. C'était avec une légitime fierté que, jetant ses regards en arrière, il mesurait le chemin parcouru depuis le moment où, sans amis et sans ressources, il avait laborieusement débuté sur la terre américaine. Maintenant sa position était faite : non seulement il avait conquis l'aisance, il s'était fait aimer et respecter de ses voisins, mais il avait su se créer, en dehors de ce cercle restreint, des relations honorables, de bonnes et solides amitiés.

Malheureusement, de graves événements se préparaient et les conditions de la vie en Amérique allaient être bien profondément modifiées. Les difficultés qui s'étaient élevées entre les colonies et la mère-patrie, presque aussitôt après la paix de 1763, n'avaient fait que s'aggraver. L'Angleterre, maintenant si pratique et si libérale dans toutes les questions coloniales, n'avait pas encore acquis à ses dépens l'expérience qui lui a si bien profité depuis. Ses procédés maladroits et violents, sa hauteur intempestive avaient fait naître un mécontentement profond dans un pays qui était pourtant foncièrement et loyalement attaché à la mère-patrie. A mesure que le débat s'aigrissait, les idées de séparation se faisaient jour, et, peu de temps après que la guerre eut éclaté, on vit clairement qu'elle ne pouvait aboutir qu'à l'affranchissement complet ou à une intolérable servitude.

Crèvecœur, avec bien des esprits modérés,

crut longtemps la conciliation possible; ses liaisons avec beaucoup d'Anglais et de royalistes ne pouvaient que l'entretenir dans des idées optimistes. Mais bientôt la gravité des événements ne permit plus aucune illusion. Américain dans l'âme, il n'hésita pas à se ranger du côté de ses compatriotes d'adoption. Il ne prit cependant pas à la lutte une part active; la situation isolée de sa plantation ne lui aurait que bien difficilement permis de quitter sa famille et ses biens. Condamné, comme il le dit fort bien, à contempler le côté le plus hideux de la révolution, il fut le témoin navré de bien tristes scènes.

Rien de plus déplorable en effet que cette lutte intestine qui, loin des champs de bataille, éclatait dans un pays naguère encore en pleine voie de travail et de prospérité, lutte dont l'espionnage, la délation, les arrestations arbitraires marquaient le début et qui devait finir par des meurtres et des incendies. Rien de plus horrible que ces incursions de sauvages, guidés par des partisans féroces, qui venaient porter le fer et la flamme sur l'immense étendue des frontières et bientôt pénétraient presqu'au cœur du pays.

Les *Lettres d'un cultivateur* sont pleines de récits indignés de ces effroyables excès. Nous laisserons dormir ces tristes souvenirs ; ce sont des épisodes douloureux dont la guerre civile n'offre que trop d'exemples et que l'histoire enregistre à regret. Ne remuons pas ces cendres éteintes ; bornons-nous à dire que Crèvecœur eut à subir, comme tant d'autres, les malheureuses conséquences de la guerre. Sa maison du comté de Sussex devint la proie de l'incendie allumé par les sauvages à la solde de l'Angleterre, et, s'il échappa à la mort, ce ne fut que grâce à l'avertissement secret que lui avait fait parvenir, deux heures avant l'arrivée des incendiaires, un royaliste dont il avait sauvé la vie l'année précédente[1].

Des bois éloignés où il avait cherché un refuge avec sa famille, il put voir les flammes dévorer son habitation.

Il se réfugia alors dans sa ferme du comté d'Orange, Pine-hill, réservée un peu plus tard au même sort ; mais il ne devait pas assister à ce second désastre.

Au commencement de 1773, il se décida à entreprendre le voyage de France, où l'appelaient de très sérieux intérêts. Sa mère était morte depuis quelques années ; son père avait presque

---

1. *Cultivateur américain*, tome I, p. 464.

quatre-vingts ans. A moitié ruiné déjà par l'incendie de l'une de ses fermes, menacé de perdre aussi la seconde, Crèvecœur jugea qu'il était prudent, dans l'intérêt de ses enfants, de renouer avec sa famille des relations qu'il avait probablement fort négligées. Le désir de se soustraire aux inquiétudes et aux dangers de tout genre qu'il venait d'éprouver ne contribua pas peu sans doute à l'affermir dans sa résolution. Il demanda en conséquence au général Washington le sauf-conduit nécessaire pour traverser les lignes américaines et au commandant en chef de l'armée anglaise, sir Henry Clinton, l'autorisation de se rendre à New-York.

Pourvu de ces deux sauvegardes, il partit le 19 avril 1779[1], n'emmenant qu'Ally, son fils aîné, alors âgé de huit ans, et laissant à Pine-hill sa femme et ses deux autres enfants. Les *Lettres d'un cultivateur* nous le montrent[2] traversant les cantonnements américains et partageant le repas modeste que le major général Mac-Dougal et sa femme venaient de préparer de leurs mains. Il continue sa route, son fils portant le drapeau

---

1. Il donne cette date dans une lettre à son fils, d'août 1794.
2. Tome I, p. 425 et suiv.

parlementaire; chaque fois que l'on rencontrait un parti en armes, l'enfant déployait son drapeau et allait en avant avec les sauf-conduits. Ils parvinrent ainsi à New-York sans difficultés, et Crèvecœur s'y reposa quelque temps, jouissant de la compagnie d'amis dont il était depuis longtemps séparé, et attendant l'occasion de s'embarquer pour l'Europe.

Il se croyait à l'abri de tout danger, grâce aux sauvegardes dont il était muni; mais sa qualité de Français était connue, et il ne put échapper au soupçon. Arrêté et conduit en prison, il apprit, après une longue et cruelle attente, qu'il était accusé par un dénonciateur anonyme d'avoir correspondu avec Washington et d'avoir levé pour lui le plan du havre de New-York. Du reste, on ne lui avait fait subir aucun interrogatoire, ce qui prouvait qu'on le regardait comme un suspect plutôt que comme un coupable. Loin de le rassurer, cette sorte d'oubli le jetait dans le désespoir; l'examen même le plus superficiel de sa conduite aurait mis au jour son innocence et amené son élargissement, tandis que cette détention préventive pouvait se prolonger indéfiniment.

A ces inquiétudes personnelles s'en joignaient d'autres plus poignantes encore. Son jeune fils, séparé de lui au moment de son arrestation et recueilli par un habitant de Long-Island, était tombé gravement malade, et, par surcroît de malheur, son hôte, nommé Hallet, étant mort à ce moment, l'enfant se trouva sans asile. Qu'on juge du désespoir du pauvre père ! Heureusement un de ses compagnons de captivité, M. Henry Perry, jeune négociant anglais établi à New-York, arrêté comme tant d'autres par suite d'une erreur, fut mis en liberté et promit au prisonnier de recueillir son fils, ce qu'il fit, en effet, avec la plus généreuse charité.

Crèvecœur donne beaucoup de détails curieux sur sa situation et celle de ses compagnons d'infortune[1]. Les misères et les angoisses de ces tristes moments avaient produit sur son esprit une impression profonde, et il est impossible de lire sans émotion la peinture qu'il en a laissée.

Cette cruelle détention eut enfin son terme. Un ami dévoué, William Seton[2], un de ces hommes

---

1. Nous citerons parmi eux Nathaniel Fitz-Randolph, capitaine dans les milices du New-Jersey, John Mather, pasteur de Greenwich, le capitaine Brown, un ancien marin dont les trois fils avaient été tués dans les rangs américains, le lieutenant John Blewer, échangé plus tard et tué dans la Caroline du Sud, le colonel Josiah Smith de Southampton, comté de Suffolk.

2. C'est à lui que se rapportent les initiales W. S... on, du

dont l'affection honore ceux qui ont su la mériter, obtint, à force de démarches et au risque de se compromettre lui-même, que l'on examinât les charges portées contre le prisonnier. L'enquête ayant démontré son innocence, le général sir Henry Clinton consentit à le mettre en liberté, mais il exigea quatre cautions, chacune de cinq cents guinées. C'était presque une fin de non-recevoir, et il fallut de nouvelles et pressantes sollicitations pour que l'on se contentât de deux cautions. M. Seton fournit l'une, et la seconde fut donnée par un autre ami de Crèvecœur, demeurant à Flushing.

Ici s'arrête le récit des *Lettres d'un cultivateur*. Des documents particuliers [1] nous permettent d'ajouter quelques détails sur le séjour que fit Crèvecœur à New-York après son élargissement,

---

titre des *Lettres d'un cultivateur*. William Seton, notaire royal à New-York et en même temps négociant, devint plus tard (en 1786) directeur de la Banque de New-York. On trouve des détails sur lui et sa famille dans un livre intitulé : *Élisabeth Seton, ou les Commencements de l'Église catholique aux États-Unis*, par Mme de Barberey (3e édit., t. I, p. 60 et suiv.); Élisabeth Seton était la femme de son fils aîné.

1. Il s'agit d'un cahier manuscrit intitulé : *Esquisse de ma vie depuis ma sortie de prison à New-York en 1779* (on a raturé 80 pour substituer 79), *jusques à mon départ pour l'Irlande le 1er septembre 1780.* Ce récit, qui a été écrit pendant les dernières années de la Révolution française, n'a jamais été terminé et ne comprend que quelques pages.

séjour fort long, puisqu'il dura une année tout entière[1]. On comprend que ce séjour fut loin d'être volontaire; la police anglaise avait probablement exigé qu'il demeurât sous sa surveillance immédiate. Ce qui est certain, c'est que la situation misérable dans laquelle il se trouva bientôt ne permet pas de penser qu'il soit resté à New-York de son plein gré.

Après avoir passé quinze jours aux Portes d'enfer, chez M. Henry Perry, qui avait recueilli son fils, il revint à New-York et s'y trouva bientôt complètement dénué de ressources. N'ayant pas à compter sur l'aide de ses amis, fort en peine eux-mêmes de faire subsister leurs familles, il se logea chez un tailleur d'origine galloise, qui avait dû quitter le comté d'Albany à cause de ses opinions royalistes. Cet homme, nommé John Pickering, avait loué, au fond d'une cour, un petit bâtiment dont le rez-de-chaussée avait été une écurie et le premier un grenier à foin, auquel on montait par une échelle. Pickering et sa femme, brave

---

1. Voir la note précédente. Les *Lettres d'un cultivateur* fixent la captivité de Crèvecœur à l'année 1780, et ne parlent pas de ce long séjour. Le cahier cité ci-dessus et quelques passages de lettres intimes nous permettent de rectifier ces indications erronées.

quakeresse dévouée et charitable, habitaient le grenier; ils cédèrent l'écurie à Crèvecœur, qui s'y installa avec son fils, trop heureux de trouver un abri, si grossier qu'il fût. L'excellent ménage leur témoigna un intérêt et leur prodigua des soins bien difficiles à reconnaître dans leur état de misère. Crèvecœur en était réduit à aider les soldats anglais à dépecer de vieux vaisseaux à Corlear's-Hook, recevant pour tout salaire quelques morceaux de bois qu'il apportait à ses hôtes. Le pauvre Ally était presque nu, et, sans la charité d'un officier anglais qui le fit habiller, il eût été hors d'état de sortir.

L'hiver approchait; épuisé par les privations, Crèvecœur fut atteint d'une fièvre maligne et crut que sa dernière heure était venue. Ses angoisses étaient cruelles; il pensait au malheureux enfant qu'il allait laisser seul dans une ville livrée aux horreurs de la guerre, à ceux aussi qui étaient restés avec leur mère, et dont il ne recevait aucune nouvelle. Mais la mort ne vint pas. Il se rétablit lentement et vit succéder à sa fièvre d'horribles spasmes, premiers symptômes d'une affection du cœur fort douloureuse, causée par ses souffrances physiques et morales, et dont les crises fréquentes durèrent toute sa vie. L'été, loin de lui apporter du soulagement, ne fit qu'aggraver son état; enfin, à une crise d'une intensité exceptionnelle succéda un mieux sensible.

Il put alors chercher à s'occuper et trouva heureusement à faire quelques copies de plans qui lui furent bien payées. Peu après, les commissaires de l'église de la Trinité le chargèrent de rechercher, au milieu des ruines, les limites du terrain appartenant à la corporation. Il se mit activement à la tâche, espérant trouver dans le salaire promis le moyen de reconnaître tout ce que ses excellents hôtes avaient fait pour lui. Il raconte que ce travail innocent faillit lui devenir funeste. Pour indiquer ses alignements, il se servait de mouchoirs blancs fixés à des jalons; quelques matelots ivres s'avisèrent de prendre ces mouchoirs pour des drapeaux français, et peu s'en fallut qu'ils ne lui fissent payer cher leur méprise.

Ici s'arrête le récit manuscrit. Il nous reste à dire que peu de temps après il obtenait l'autorisation de partir pour l'Europe. Un convoi de quatre-vingts navires faisait voile pour l'Angleterre et il prit passage sur l'un d'eux, avec son fils, le 1er septembre 1780.

CHAPITRE V

Débarquement à Dublin. Séjour en Irlande et en Angleterre. Publication à Londres du premier volume des *Lettres d'un cultivateur américain*. Retour sous le toit paternel. Les prisonniers américains échappés des pontons anglais. Le marquis Turgot. Départ pour Paris. Buffon. La comtesse d'Houdetot. Fin de la guerre d'Amérique. Le maréchal de Castries. La princesse de Beauvau. Crèvecœur est nommé consul à New-York. Lacretelle et les *Lettres d'un cultivateur*. Arrivée de Crèvecœur à New-York. Il retrouve ses enfants à Boston.

Après une pénible traversée de six semaines sur le plus mauvais et le plus incommode des navires, on arriva en vue des côtes d'Irlande, mais ce fut pour y faire naufrage.

« Te rappelles-tu, écrivait Crèvecœur à son fils Ally en 1794, notre arrivée en Irlande? Tu étais sur le rivage, n'ayant qu'une chemise et un pantalon, sans chapeau, sans souliers et sans bas, et ton père n'était pas en meilleur état. Le navire, notre dernier refuge, notre dernier *home*, venait de se perdre, et nous avions été sauvés par miracle. »

Heureusement ils furent accueillis par des gens pleins d'humanité, et Ally reçut l'hospitalité chez une dame respectable qui le garda jusqu'au départ de son père[1].

Nous savons peu de chose sur le séjour assez prolongé de Crèvecœur dans les Iles britanniques. Arrivé à Dublin en octobre 1780, nous le retrouvons à Londres en mai 1781. Il venait de vendre à un éditeur anglais un manuscrit qui fut publié l'année suivante; le prix était de 30 guinées[2]. Il n'attendait probablement pour partir que la conclusion de cette affaire, car, quelques jours après, il s'embarque pour Ostende, et le 2 août 1781, il arrive enfin, après vingt-sept ans d'absence, sous le toit paternel[3].

On juge des émotions qui durent agiter l'âme naturellement tendre du voyageur quand il revit son vieux père, quand il s'assit à ce foyer de son enfance, près duquel il trouvait bien des places vides.

---

1. *Cultivateur américain*, tome I, p. 461.
2. La note qui nous donne cette indication se trouve en tête du premier volume manuscrit des *Lettres d'un cultivateur;* elle est ainsi conçue : *Being* 15 *letters which were sold to Mrs Thomas et Lockie Davies, booksellers in London, May* 20th 1781, *for* 30 *guineas with promise of a present if the public likes the book.* Voir la Bibliographie.
3. *Cultivateur américain*, tome III, p. 1 et s.

LES PRISONNIERS AMÉRICAINS

Il était arrivé depuis quelques jours à peine, lorsque cinq étrangers, nous raconte-t-il[1], montés sur un petit canot, débarquèrent non loin de Pierrepont[2], résidence de son père, au village de Ver. Il y courut et reconnut en eux des officiers de la marine américaine faits prisonniers de guerre par les Anglais deux ans auparavant, qui avaient réussi à s'échapper et à traverser la Manche. Crèvecœur les conduisit à Pierrepont, leur procura tous les secours dont ils avaient besoin et leur donna les moyens de gagner Lorient, où ils devaient trouver un navire américain prêt à faire voile pour Boston.

Depuis son départ de New-York, il n'avait reçu aucune nouvelle de sa femme; il pria donc les officiers américains de se charger de ses lettres, et, une fois arrivés dans leur patrie, de les faire parvenir à destination. Tout en se montrant fort désireux de lui être utiles, ils lui firent remarquer que leurs services seraient probablement utilisés par le Congrès dès leur retour, et qu'il leur serait par conséquent impossible de se charger

---

1. *Cultivateur américain*, tome III, p. 1.
2. Pierrepont est un village du canton de Creully, arrondissement de Caen. Il a formé après la Révolution une commune qui depuis a été réunie à celle de Lantheuil.

personnellement des démarches qu'il leur demandait ; mais l'un d'eux, le lieutenant Georges Little[1], se fit fort de décider un de ses parents, habitant Boston, à entreprendre les recherches nécessaires. Le paquet de lettres fut donc adressé à ce parent, nommé Georges Fellowes, qui devint, comme on le verra un peu plus loin, le sauveur et le père adoptif des enfants de Crèvecœur.

Après vingt-sept ans, notre voyageur était presque un étranger dans son pays natal ; il y fut néanmoins fort bien accueilli. Son existence un peu romanesque, l'intérêt qui s'attachait à ses dernières aventures, le firent rechercher de tous ; mais les hommes éclairés s'aperçurent bientôt que ce n'était pas seulement un voyageur aux récits curieux, mais en même temps un observateur réfléchi, un agriculteur expérimenté, qui avait beaucoup vu et beaucoup fait par lui-même, et dont les conseils étaient précieux dans un pays arriéré comme l'était la Normandie à cette époque.

Un des personnages qui apprécièrent le plus le

---

1. Voici les noms des prisonniers évadés : Georges Little, lieutenant du *Protecteur* ; Clément Lémon et Samuel Wales, lieutenants ; Alexandre Story, deuxième lieutenant du *Protecteur* ; John Collins, garde-marine.

nouveau venu, fut le marquis Turgot qui avait eu l'occasion de le connaître par des relations de famille [1]. Naturaliste et agriculteur distingué, fort ami du progrès, M. Turgot encouragea Crèvecœur à publier un petit traité sur la culture des pommes de terre, qui est daté de Caen, le 1er janvier 1782, et porte la signature *Normanno-Americanus*. Fort intéressant et très bien fait, cet opuscule, paru deux ans avant le traité de Parmentier, contenait les instructions pratiques les plus minutieuses, fruit de l'expérience acquise par l'auteur en Amérique, et aussi de ses observations récentes en Irlande et en Angleterre [2].

Nous pensons que c'est à ce moment que Crèvecœur devint membre de la Société d'agriculture de Caen [3], où le firent probablement admettre le

---

[1]. Étienne-François Turgot, marquis de Soumont, membre de l'Académie des sciences et l'un des fondateurs de la Société d'agriculture. Il avait été gouverneur de la Guyane. C'était le frère aîné du célèbre Turgot, mort au commencement de 1781. Une demoiselle Turgot, tante du marquis, avait épousé Michel-Jacques Blouet, écuyer, seigneur et patron de Cahagnolles, trésorier de France et général des finances de Caen, qui était l'oncle et le parrain de Crèvecœur.

[2]. Voir la Bibliographie.

[3]. M. Lair (*Précis des travaux de la Société d'agriculture de Caen*, Caen, 1827) cite Crèvecœur au nombre des premiers membres de 1763. Ce ne peut être qu'une erreur. Il était

marquis Turgot et le duc d'Harcourt, gouverneur de Normandie, auquel il venait de dédier son petit ouvrage.

M. Turgot avait pris tellement de goût pour son protégé, qu'à la fin de 1781 il l'emmena à Paris et le logea dans son hôtel de l'île Saint-Louis [1]. Crèvecœur a laissé quelques notes sur cette époque de sa vie [2] ; ne se rapportant qu'à ses relations avec Mme d'Houdetot, elles laissent dans l'ombre bien des détails qu'il eût été curieux de connaître ; elles ne manquent cependant pas d'intérêt, et nous leur ferons de larges emprunts.

Deux fois la semaine (dit Crèvecœur), j'allais avec M. de Turgot chez la duchesse de Beauvilliers, sa sœur [3], et deux autres fois chez M. le comte de Buffon.

---

alors en Amérique, à peine établi comme cultivateur, et n'avait certainement pas une notoriété suffisante pour faire partie, même comme correspondant, d'une société qui réunissait les hommes les plus distingués de la généralité de Caen.

1. Quai de Béthune, au numéro 30 actuel. C'est là, nous dit Lefeuve, qu'était son beau cabinet d'histoire naturelle. (*Histoire de Paris,* 5e édit., tome I, p. 384.)

2. Dans un petit écrit adressé à sa belle-fille en 1813 et intitulé : *Souvenirs sur Mme la comtesse d'Houdetot.* Ce récit, après tant d'années, ne pouvait manquer de contenir quelques erreurs que nous avons cherché à rectifier.

3. Françoise-Hélène-Étiennette Turgot avait épousé, en 1757, Paul-Hippolyte de Beauvilliers, duc de Saint-Aignan,

Ces deux maisons formaient l'unique société de l'ancien gouverneur de Cayenne... Ce fut à la table de M. de Buffon, ce fut dans son salon, pendant les longues soirées d'hiver, que, pour la première fois, je redevins tout à coup sensible aux grâces, aux beautés, à la timide pureté de notre langue qui, pendant mon long séjour dans l'Amérique septentrionale, m'était devenue étrangère et dont j'avais presque perdu l'usage, mais non la mémoire. Jamais je n'oublierai l'impression que firent sur mon esprit les conversations lumineusement instructives de ce grand peintre de la nature, dont je venais de lire les ouvrages, ni la complaisance avec laquelle il répondit à mes questions... J'ai eu le bonheur de conserver l'estime et la bienveillance de M. de Buffon jusques à sa mort.

Il ne paraît pas, d'après ce qui précède, que Crèvecœur ait vu Buffon autrement qu'en petit comité et qu'il ait assisté à ces fameux dimanches du Jardin du Roi où trônaient Mme Necker et la comtesse de Genlis. Timide et sans habitude du monde, il ne chercha pas à s'introduire dans cette société un peu précieuse, mais il allait, presque malgré lui, pénétrer dans un autre salon non moins connu.

Le comte d'Houdetot[1], mari de la célèbre com-

---

lieutenant général et membre de l'Académie française. Il mourut en 1776.

[1]. Claude-Constant-César comte d'Houdetot (1724-1806), lieutenant général des armées du Roi.

tesse, était d'origine normande. Il avait une terre près de Pierrepont, et sa famille était de longue date en relations avec celle de Crèvecœur[1]. Mme d'Houdetot[2] avait donc entendu parler de ce dernier et, trois mois environ après qu'il fut arrivé à Paris, elle lui écrivit pour l'engager à venir chez elle.

Comme je savais déjà (dit Crèvecœur), d'après ce que j'avais entendu dire à M. de Lacépède à la table de M. de Buffon, que cette dame était extrèmement liée avec les savants les plus distingués et était elle-même très instruite, l'idée un peu vaniteuse peut-être de mon ignorance, même de ma langue, me frappa si vivement que, sous prétexte d'incommodité, je lui écrivis pour remettre à un temps indéfini l'honneur d'aller lui présenter mon respect et mes remerciements. Je ne sais plus ce qu'elle observa dans le style de ma lettre (que j'écrivis d'abord en anglais et ensuite traduisis tant bien que mal en français), mais les tournures bizarres de mes phrases, l'usage de mots qu'alors je croyais être français, au lieu de lui inspirer du mépris pour un homme qui ne savait même pas sa langue, augmenta encore le désir de le voir... Elle m'écrivit une seconde lettre plus aimable encore pour me dire qu'elle consentait à ce que je ne vinsse la voir qu'après

---

1. Voir la note de la page 13.
2. Élisabeth-Sophie-Françoise de la Live de Bellegarde (1730-1813). Elle avait épousé le comte d'Houdetot en 1748.

mon entière guérison. Je m'applaudissais de mon succès; plus d'un mois de silence me faisait espérer qu'elle m'avait oublié, lorsque je fus inopinément menacé de voir cette dame venir me chercher. Ce fut Girard[1] qui m'apporta sa lettre! Vaincu par ce dernier trait de bonté que j'étais loin de mériter, je pris enfin le parti... de me conformer à ses injonctions.

De combien de petites anecdotes, d'incidents, de scènes touchantes ne pourrais-je pas vous entretenir! Comme cette dame m'accueillit! avec quelle promptitude elle me devina, me rassura! Comme, à force de persévérance, de petites choses flatteuses, imperceptibles, elle fit de moi un nouvel homme! Quels progrès rapides dans la connaissance du français, dans celle des usages du monde, etc., le désir de mériter l'estime de cette nouvelle amie ne me fit-il pas faire!...

Une suite... de petits événements m'ayant mérité l'amitié et l'estime particulière de cette respectable famille, elle m'invita à demeurer chez elle, où je fus bientôt considéré comme un ancien ami.

Bientôt après, Mme d'Houdetot me présenta aux familles La Rochefoucauld, Liancourt, d'Estissac, Breteuil, Rohan-Chabot, Beauvau, Necker, etc. Vers la même époque, je fis connaissance avec les académiciens d'Alembert, Delille, La Harpe, Marmontel, Suard, Grimm, Rulhière[2]. J'accompagnais cette nou-

---

1. Girard était l'homme de confiance de Mme d'Houdetot et lui servait souvent de secrétaire; nous le retrouverons plus d'une fois.

2. « Fière de posséder un sauvage Américain, elle voulut le

velle amie dans la plupart de ses visites, aux spectacles, aux concerts publics, et même aux châteaux de ses amis dans les environs de Paris, tels que le Val, le Marais, Méréville, La Roche-Guyon [1], etc., où elle passait souvent plusieurs jours.

Au château du Val, il eut l'occasion d'appliquer les principes de Franklin sur la construction des paratonnerres. On avait à Paris beaucoup tardé à adopter cette invention, et c'est, paraît-il, en 1782 seulement que le physicien Bertholon [2] fut appelé à en installer plusieurs semblables à ceux qu'il avait établis à Lyon et dans quelques villes du Midi [3]. Le maréchal de Beauvau voulut suivre

---

former et le jeter dans le grand monde. Il eut le bon esprit de s'y refuser et de se borner à quelques sociétés choisies de lettrés. » (Brissot, *Mémoires*, tome II, p. 409.) Ce fut seulement en 1786, comme on le verra plus loin, que Brissot connut Crèvecœur.

1. Le Val était au maréchal de Beauvau ; le Marais, bâti par Lemaître, trésorier général de l'ordinaire des guerres, appartenait au frère de Mme d'Houdetot, Alexis-Janvier La Live de La Briche, qui avait épousé une demoiselle Prévost, nièce de Lemaître ; Méréville était à M. de Laborde, le célèbre financier ; La Roche-Guyon, au duc de La Rochefoucauld.

2. Pierre Bertholon (1724-1800). Il publia à Paris, en 1783, un opuscule intitulé : *Preuves de l'efficacité des paratonnerres*, in-4°.

3. Figuier, *Merveilles de la science*, tome I, p. 567.

la mode et prit conseil de Crèvecœur. Celui-ci proposa d'ériger au milieu de la cour du château un mât beaucoup plus élevé que les bâtiments, muni d'un paratonnerre et d'un conducteur, et l'idée fut soumise à Franklin [1], alors à Paris, qui donna son approbation.

Bientôt après (dit Crèvecœur), le mât formé de deux beaux peupliers solidement greffés, proprement équarris et peints en vert, dont la hauteur était de 89 pieds en y comprenant les 12 pieds de la verge électrique, fut élevé au milieu de la cour d'honneur en présence d'un grand nombre d'amis du prince... Madame la maréchale m'a dit depuis que ce mât, sa hauteur, sa destination avaient pendant quelques jours fait beaucoup de sensation à la Cour et que, depuis cette époque, la plupart des grands seigneurs se sont empressés de faire armer leurs hôtels [2].

Mais revenons à Mme d'Houdetot. C'était une véritable éducation qu'elle avait entreprise ; elle menait son protégé dans les bibliothèques, dans

---

1. Franklin indique lui-même ce mode de paratonnerre dans deux lettres écrites, l'une à son fils, Pierre Franklin, et l'autre au major Dawson. (Œuvres traduites par Barbeu-Dubourg, tome I, p. 247 et 280.) Il est douteux que cet appareil ait beaucoup embelli le château du Val.

2. Extrait d'une lettre écrite en 1812 par Crèvecœur à M. Otto, son gendre.

les galeries de tableaux, jouissant de sa surprise et provoquant son admiration. Ses réceptions du jeudi, ses dîners de lettrés étaient pour le néophyte une autre source de jouissances et d'instruction.

La conversation (dit-il[1]) était un mélange délicieux d'anecdotes, de plaisanteries, d'aventures du jour, d'observations et de jugements sur des ouvrages nouveaux, de récits assaisonnés de tout ce que l'esprit, la vivacité et la gaieté française ont de plus séduisant.

M. le comte d'Houdetot, qui était beaucoup plus militaire et homme d'affaires que savant, me disait souvent la veille de ces dîners :.« Ah çà! mon ami, ne vous avisez pas demain de nous faire faux bond; vous me remplacerez, entendez-vous? Cette surabondance d'esprit souvent si bruyante me fatigue; j'irai dîner rue de l'Université avec de bons vieux amis qui, comme moi, n'admirent que le bon temps renforcé... Prenez garde de devenir savant! nous avons déjà trop de ces messieurs... »

Je voulus conserver quelques souvenirs de ces jours fortunés, entreprise que leur effrayante rapidité ne me permit pas de continuer; cependant, tous les jeudis, j'étais obligé de rendre compte des principales observations que je faisais dans mes courses journalières...

On comprend ce que cette initiation donnée

---

1. Nous reprenons les citations empruntées aux *Souvenirs sur M*^{me} *d'Houdetot*.

avec la plus indulgente bonté par une femme d'esprit avait d'enivrant pour cet homme qui renaissait, peut-on dire, dans un monde nouveau. Avec ses goûts sérieux et son ardente curiosité d'esprit, il avait certes recherché et rencontré dans sa vie bien des personnes instruites et distinguées ; mais comment concevoir ailleurs que dans le Paris d'alors ces réunions charmantes où l'esprit et le savoir s'alliaient à la gaieté et à la galanterie, ces conversations pétillantes où les sujets les plus graves s'agitaient au milieu des madrigaux et des plaisanteries folles ? On peut condamner ces salons qui « avaient librement pensé à tout, parlé de tout, tout mis en question, tout espéré et tout promis », mais on a pu dire aussi comme Talleyrand, et avec beaucoup de vérité : « Qui n'a pas vécu dans les années voisines de 1789 ne sait pas ce que c'est que le plaisir de vivre [1]. »

Cet enivrement ne pouvait être que passager. Il était bien difficile pour un homme sérieux, qui avait tant de sujets d'inquiétude et un avenir si incertain, de s'endormir longtemps dans les jouissances de cette vie au jour le jour.

Il était toujours sans nouvelles d'Amérique et

---

1. Guizot, *Mémoires,* tome I, p. 5 et 6.

depuis son départ de New-York, deux longues années, aucune lettre de sa femme ou de ses amis n'était venue le rassurer. C'était donc avec une impatience facile à concevoir qu'il attendait la conclusion de la paix, suivant avec une ardeur fébrile les interminables négociations qui se poursuivaient à Paris.

Cette paix tant désirée vint enfin, et elle eut pour lui des conséquences tout à fait inattendues.

Enfin (dit-il) on apprit à Paris l'arrivée des commissaires d'Angleterre et d'Amérique. Depuis ce moment on ne s'occupa plus dans toutes les sociétés que de ce grand et important objet. A mon grand étonnement, ma bonne comtesse, à qui je n'avais jamais entendu parler politique, se mit tout à coup à en raisonner aussi bien que les plus habiles... Mais ce qui me surprit bien autrement, ce furent les voyages fréquents qu'elle fit à Versailles, voyages dont le comte et toute la famille paraissaient ignorer les motifs. Elle va probablement, me dis-je à moi-même, solliciter l'avancement de son mari, qui alors n'était pas encore devenu lieutenant général des armées du Roi[1]. Telles étaient mes conjectures, lorsqu'au retour

---

1. Crèvecœur est ici trompé par ses souvenirs. Le comte d'Houdetot était lieutenant général depuis 1780. Il ne faut pas perdre de vue que ces lignes ont été écrites en 1813. Après trente ans, il est permis de commettre quelques erreurs de détail.

du cinquième voyage elle ordonna à Girard de m'inviter à monter chez elle dès que je serais rentré... Le visage de ma bonne comtesse, plus animé que de coutume, me parut être l'indice de quelque chose d'heureux. « Réjouissez-vous, mon ami, me dit-elle... je vous apporte un paquet de bonnes nouvelles. Le ministre de la marine (maréchal de Castries) a un besoin pressant d'emprunter de vous quelques-unes des nombreuses connaissances que vous avez acquises pendant votre long séjour dans les colonies anglaises... Voici ce dont il s'agit : Répondre par écrit aux nombreuses questions qu'il vous fera, relatives à la population, à la culture, à l'industrie, etc... La géographie de ce nouvel hémisphère ne sera pas oubliée. Êtes-vous en état de remplir cette tâche? — Oui, ange de bonté et d'amitié que vous êtes, lui répondis-je, le cœur gros de joie et de bonheur, les yeux baignés de larmes, en l'embrassant tendrement... j'ose me flatter de remplir les vues du ministre dans toute leur étendue. — Puisqu'il en est ainsi (j'en étais sûre d'avance), demain vous partirez pour Versailles, vous y occuperez l'appartement de mon mari... Vous dînerez aussi souvent que vous voudrez chez le duc d'Harcourt [1] que j'ai été voir parce que je savais qu'il avait beaucoup d'estime pour vous. Je suis chargée de vous en dire autant de la part du baron de Breteuil [2], ancien ami de

---

1. Anne-Pierre, quatrième duc d'Harcourt, maréchal de France (1701-1783). Il était gouverneur de Normandie depuis 1764. Il en a été question au commencement du chapitre.

2. Voir p. 12, note 3. Il venait de quitter l'ambassade de Naples et avait remplacé Amelot de Chaillou comme ministre de la maison du Roi.

votre père. Le marquis de Tilly et plusieurs autres officiers de Caen vous verront aussi avec plaisir. »

Nous abrégeons un peu ce récit. Il est seulement nécessaire d'ajouter que la princesse de Beauvau[1] avait appuyé auprès du ministre de la marine la recommandation de Mme d'Houdetot.

Crèvecœur partit donc pour Versailles et se mit sur-le-champ au travail. Aidé de deux secrétaires, il s'occupa pendant sept semaines de rédiger un mémoire qu'il remit au maréchal de Castries[2]. Laissons-lui encore une fois la parole.

Le ministre vint me trouver et me dit : « La partie géographique de vos réponses, appuyées sur vos belles cartes anglaises dont j'ignorais la publication, a beaucoup plu au Roi qui est très versé dans cette science. Tout ce que vous m'avez fait connaître de l'activité,

---

1. Née Rohan et femme du maréchal de Beauvau. C'est une des belles figures de grande dame de ce temps. Le duc de Lévis, dans ses *Souvenirs*, en trace un portrait qui pourrait paraître flatté si d'autres témoignages contemporains ne venaient en confirmer l'exactitude. Elle était fort liée avec Mme d'Houdetot et montra toujours pour Crèvecœur une extrême bienveillance.

2. Charles-Eugène-Gabriel de La Croix, marquis de Castries, maréchal de France (1727-1801), nommé ministre de la marine en 1780, par l'influence de Necker. C'était un homme intelligent et laborieux, ferme et intègre, auquel on reprochait seulement un peu de hauteur.

de l'industrie des Américains, des formes du gouvernement colonial si peu connu avant cette guerre, m'a si vivement intéressé que j'ai fait relier vos cahiers à dessein de les conserver[1]. Dès que le nombre et l'emplacement des consulats et vice-consulats pour ce pays sera déterminé, je ferai mettre votre nom comme consul en tête de la liste que je présenterai à Sa Majesté. Pour quelle ville du nouveau continent préférez-vous être nommé? »

Plus ému peut-être que je n'aurais dû le paraître : « New-York, Monseigneur », lui répondis-je en osant lui prendre la main, « ville dans laquelle, ainsi que dans l'État qui en est la capitale, j'ai passé bien des années. »

Il eut en effet la promesse du consulat de New-York, et sa nomination fut signée le 22 juin 1783.

J'ai su depuis (dit-il) qu'il n'avait fallu rien moins

---

[1]. On n'a pu en trouver aucune trace ni à la Marine ni aux Affaires étrangères, mais le fait en lui-même se trouve confirmé par le passage suivant d'une demande de pension qu'il adressait au ministre, le 10 mars 1793 : « Le ministre de la marine ayant entendu parler du long séjour que j'avais fait dans les colonies anglaises, m'employa à lui communiquer les connaissances que j'avais acquises sur les mâtures, bois de construction, munitions navales, positions des havres, profondeurs des eaux, ainsi que sur les détails géographiques des côtes maritimes et des parties intérieures de l'Amérique septentrionale. » (Archives des Affaires étrangères, carton du Consulat de New-York.)

que l'influence réunie de ces grandes familles[1] pour obtenir un consulat que dix-sept personnes bien appuyées sollicitaient[2].

On comprend quelle fut la reconnaissance de Crèvecœur envers sa protectrice et combien s'en accrût encore l'affection qu'il lui portait.

Son succès une fois connu, tous ses amis le fêtèrent à l'envi et pendant le séjour qu'il fit encore à Versailles, après son entrevue avec le ministre, il reçut les témoignages les plus flatteurs d'estime et d'affection. La maréchale de Beauvau, en particulier, qui avait déjà tant fait pour lui, lui montra l'intérêt le plus aimable.

---

1. De Beauvau, de La Rochefoucauld et de Liancourt.
2. Les consulats d'Amérique étaient alors fort recherchés, et nous avons trouvé dans la *Correspondance diplomatique* une très curieuse demande formée par M. Lenormand d'Étioles, l'ex-mari de Mme de Pompadour. Il sollicitait (4 mai 1783), non pas une, mais deux places de consul, celles de Boston et de Philadelphie, en faveur de ses fils qui, dit-il, s'appellent, suivant un diplôme de l'Empereur, l'aîné : Charles-Marie de Neuilly, baron d'Eberstein, et le second : Charles de Neuilly, aussi baron d'Eberstein. On lui répondit par un refus. Le 1er juin, nouvelle lettre dans laquelle il se rabat sur une concession de 10,000 acres de terre que le Roi demanderait au Congrès. Un peu plus tard (24 juillet et 9 août 1783), diminuant toujours ses prétentions, il se borne à solliciter une recette des tailles.

De son château du Val (forêt de Saint-Germain), elle m'envoyait chercher tous les dimanches dans sa voiture pour me faire connaître des ministres qui la plupart dînaient ce jour-là chez elle. Ce fut là aussi que j'eus le plaisir de faire la connaissance du docteur du Breuil, médecin de l'hôpital de Saint-Germain, et de son ami Pecmeja, dont les souvenirs se voient encore dans les jardins de cette belle maison [1].

Dès que ma nomination au consulat de New-York fut connue, M. Cadet de Vaux [2], qui alors possédait le *Journal de Paris,* y inséra de quoi flatter ma petite vanité [3]. Je reçus plusieurs lettres de félicitations, une

---

1. C'était bien peu de temps avant la mort si touchante de ces deux amis, anecdote trop connue pour que nous la reproduisions ici. « M. Dubreuil, sans être un grand médecin, dit le duc de Lévis, jouissait de la plus haute réputation dans une partie de la grande société, et comme les personnes qui la composaient étaient des plus exaltées, leur enthousiasme était inconcevable. » (*Souvenirs et Portraits*, p. 178.) « Il avait, d'après le maréchal de Beauvau (*Mémoires*, p. 117), une passion assez rare chez les médecins, celle de guérir ses malades. » Dubreuil était fort lié avec M. et Mme de Lafayette ; un assez grand nombre d'extraits publiés dans les *Mémoires* du général proviennent de copies faites pour la marquise par le docteur Dubreuil.

2. Cadet de Vaux (Antoine-Alexis-François), 1743-1828, chimiste et pharmacien, avait créé en 1779 le *Journal de Paris*. Il est probable que Crèvecœur avait fait sa connaissance par l'entremise de Parmentier avec lequel Cadet de Vaux avait beaucoup travaillé. Crèvecœur a conservé toute sa vie des relations avec cet estimable savant qui parle de lui dans plusieurs de ses opuscules.

3. Il nous a été impossible de retrouver cet article. Crèvecœur, après tant d'années, a bien pu faire quelque confusion.

entre autres de M. de Buffon dont mon grand éloignement ne m'empêcha pas de cultiver l'estime et l'amitié[1].

Prévoyant son prompt départ, Crèvecœur, dès qu'il l'avait pu, était allé à Caen faire ses adieux à ses parents et à son fils aîné qu'il voulait laisser en France. C'est de cette ville qu'il accuse réception au ministre de la dépêche officielle qui lui annonce sa nomination[2] ; c'est là aussi qu'il reçoit un peu plus tard l'ordre de se rendre à son poste[3]. Presque en même temps il y apprenait l'honneur que venait de lui faire l'Académie des sciences en lui décernant, le 20 août 1783, le titre de correspondant.

Il quittait donc la France dans les conditions les plus flatteuses. La bienveillance du maréchal de Castries faisait de la situation qu'il allait occuper à New-York un véritable poste de confiance, et il était assuré en son absence d'être soutenu auprès du ministre par des amis dévoués et influents. En dehors de sa position officielle, il avait su se créer une situation honorable dans le monde littéraire,

---

1. Cette lettre n'a pas été conservée.
2. Lettre du 9 juillet 1783. Affaires étrangères, carton du Consulat de New-York.
3. Son accusé de réception est du 29 août. (*Ibid.*)

et quelques mois plus tard le succès extraordinaire de son livre allait attacher à son nom une véritable célébrité.

Les *Lettres d'un cultivateur américain* n'avaient en effet pas encore été publiées en France, lorsque Crèvecœur dut se rendre à New-York, mais le premier volume avait paru à Londres au commencement de 1782[1] et avait vivement intéressé les lecteurs anglais. Les revues les plus autorisées en avaient donné de longs extraits et plusieurs éditions successives prouvaient tout le goût du public pour ce livre original. L'auteur cependant flattait assez peu l'orgueil britannique et consacrait un chapitre entier aux excès commis par les troupes royales, peignant sous les couleurs les plus favorables ceux qu'on appelait encore des *insurgents*. L'espèce d'enthousiasme inspiré par cette œuvre était donc, pour le dire en passant, un symptôme assez curieux du dégoût que l'on commençait à ressentir pour l'interminable guerre d'Amérique.

Ce succès avait eu son écho à Paris, et les amis de Crèvecœur, surtout la bonne Mme d'Houdetot et la princesse de Beauvau, l'avaient pressé

---

[1]. Voir p. 64 et la Bibliographie.

vivement de publier son ouvrage en France. Mais le manuscrit était en anglais ; le traduire était une tâche longue et ardue pour un homme qui avait repris depuis si peu de temps l'usage de sa langue maternelle. Ses amis avaient pensé cependant que lui seul pouvait se charger de cette entreprise. « Une telle traduction, écrivait Lacretelle, a bien moins besoin en effet de pureté et d'élégance que de l'originalité du texte dans les choses et dans les expressions. » Crèvecœur s'était donc mis à l'œuvre et, en janvier 1783, Lacretelle, qui avait bien voulu se charger de patronner l'auteur, faisait paraître dans *le Mercure* un fragment accompagné d'une lettre courte mais substantielle, dans laquelle il appréciait l'ensemble de l'ouvrage. L'article fut bien accueilli, mais la publication annoncée se trouva fort retardée ; un accident imprévu, la perte du manuscrit, en avait empêché l'impression et l'édition ne put être mise en vente que dans le courant de 1784 [1].

---

[1]. Nous avons trouvé par hasard dans la *Correspondance diplomatique des États-Unis*, à la date du 12 mai 1784, une lettre qui montre avec quel intérêt les protecteurs de Crèvecœur s'occupaient de son ouvrage. Cette lettre est adressée au ministre des Affaires étrangères par M. Laurent de Villedeuil, maître des requêtes, attaché au bureau de la librairie. Le ma-

Crèvecœur était alors parti depuis longtemps. Il avait pris passage sur le paquebot français le *Courrier de l'Europe*[1], et, après une pénible traversée de cinquante-quatre jours, il arrivait à New-York le 19 novembre 1783, quelques jours avant le départ des Anglais[2].

Aussitôt débarqué, sa première pensée fut, on le comprend, de s'enquérir de sa famille. Quelques personnes de connaissance se trouvaient sur le quai ; il les questionna, mais leurs réponses le jetèrent dans le trouble le plus profond. Sa ferme du comté d'Orange était brûlée (on se rappelle que celle du comté de Sussex avait déjà subi le même sort avant son départ) ; sa femme était

---

réchal de Beauvau, paraît-il, avait soumis à M. de Vergennes, dans les premiers mois de 1783, le manuscrit des *Lettres d'un cultivateur*, et le ministre lui avait répondu le 18 août qu'il n'avait aucune raison pour s'opposer à la publication de l'ouvrage, dont il ne mentionnait pas le titre. M. de Villedeuil désirait savoir si cette approbation s'appliquait bien au livre de Crèvecœur. On lui répondit affirmativement le 25 mai.

1. C'était l'inauguration d'un service régulier de paquebots pour l'Amérique du Nord, créé par le gouvernement français. Nous reviendrons, au chapitre suivant, sur cet établissement. Le capitaine du *Courrier de l'Europe* était Cornic Dumoulin, un brave marin qui devint contre-amiral sous la République. En 1783, quoique âgé de plus de cinquante ans, il venait seulement d'être nommé lieutenant de vaisseau.

2. *Cultivateur américain*, tome III, p. 4.

morte ; quant à ses enfants, un étranger était venu les chercher et les avait emmenés on ne savait où.

Heureusement, le bon William Seton arrivait au moment où ces tristes nouvelles venaient d'accabler son malheureux ami. Il l'emmena chez lui, chercha à le consoler, l'aida dans ses recherches ; mais ce fut seulement après dix-sept jours d'angoisse que le pauvre père parvint à savoir que ses enfants étaient à Boston, à 120 lieues de distance, dans la maison d'un inconnu. Encore ne l'apprit-il que par une lettre d'ancienne date (du 17 décembre 1781) qui était allée le chercher en Angleterre, puis était revenue à New-York où elle fut retrouvée au bureau de poste parmi un nombre considérable de papiers laissés par les Anglais.

Cette lettre était de M. Gustave Fellowes, celui que les officiers américains, échappés des prisons anglaises, avaient désigné à Crèvecœur comme pouvant s'enquérir du sort de sa femme et de ses enfants. Aussitôt les lettres reçues, écrivait cet homme excellent, ne sachant, à cause de l'interruption des communications, comment recueillir des informations sur la famille qui lui était recommandée, il avait pris le parti d'aller lui-même dans le comté d'Orange. Sept jours après son départ, il avait rencontré à Fiskill, sur l'Hudson,

Jessé Woodhull, shérif du comté d'Orange et colonel de la milice, qui tenait garnison dans cette ville avec son régiment. Dans le paquet de lettres envoyé par Crèvecœur, il s'en trouvait précisément une pour cet ancien ami, qui apprit à M. Fellowes la mort de Mme de Crèvecœur et l'état déplorable auquel étaient réduits ses enfants. Le voyageur, poursuivant sa route, finit par découvrir les pauvres abandonnés; ils étaient à Chester, chez de braves gens qui les avaient recueillis, mais qui, ruinés eux-mêmes par la guerre, ne pouvaient que leur faire partager leurs privations. Aussi les malheureux enfants étaient-ils presque nus. On ne connaissait pas M. Fellowes; on hésitait à lui remettre les pauvres petits. Il fallut presque qu'il les enlevât de force pour les emmener chez lui[1].

Le premier désir de Crèvecœur eût été de courir sur-le-champ à Boston, mais sa santé avait été fortement compromise par ces secousses morales, et la rigueur exceptionnelle de l'hiver rendait les communications fort difficiles. Ce ne fut donc qu'à la fin de mars 1784 qu'il put entre-

---

1. Tous ces détails sont extraits de la lettre de M. Fellowes (*Cultivateur américain*, tome III, p. 17) et du récit qui la suit.

prendre en traîneau ce pénible voyage et qu'il serra enfin dans ses bras les êtres chéris dont il était séparé depuis cinq ans. Il les trouva chez le bon M. Fellowes, traités comme les enfants de la maison, et il put enfin exprimer à cet homme généreux la reconnaissance qui débordait de son cœur.

Nous avons forcément beaucoup abrégé le très long récit du *Cultivateur américain,* récit où l'émotion profonde du narrateur est réellement communicative. Ajoutons que cette histoire, qui semble tenir du roman, est pourtant rigoureusement vraie[1].

Crèvecœur garda auprès de lui sa fille Fanny, alors âgée de treize ans, et fit partir pour la France son jeune fils Louis, qui alla rejoindre Ally resté à Caen.

---

1. Nous avons entre les mains l'original de la lettre de M. de Létombe, consul de France à Boston, citée dans les *Lettres d'un cultivateur.* Dès 1785, c'est-à-dire deux ans avant que ce récit fût publié par Crèvecœur, un journal de Paris, *la Feuille du jour,* en avait donné la substance d'après les détails qu'il tenait d'un Américain nommé Williams qui les avait reçus lui-même de M. Fellowes. (*Esprit des journaux,* numéro de mars.)

CHAPITRE VI

Services consulaires de Crèvecœur. Considérations générales. Le commerce américain à la paix. Difficultés que présentait l'établissement de relations commerciales avec les autres peuples. Le rôle de Crèvecœur. Les paquebots. Les bois de marine. Les produits français aux États-Unis. Convention postale. Le voyageur Ledyart. L'église catholique de New-York. Voyage de Lafayette. Les lettres de bourgeoisie. Crèvecœur prend un congé.

Nous avons voulu raconter jusqu'à la fin l'épisode touchant qui termine le chapitre précédent. Il nous faut maintenant revenir un peu sur nos pas.

Nous touchons à la période de la vie de Crèvecœur à laquelle il a toujours attaché le plus d'importance, celle dont il a gardé les meilleurs souvenirs.

Chose étrange! Si quelque notoriété s'est attachée à son nom, c'est à ses ouvrages qu'il la doit. Le succès incroyable de ses livres, réédités, contrefaits, traduits; son nom devenu tout à coup célèbre, l'accueil si flatteur qu'il avait reçu dans la société lettrée de Paris, tout cela était bien fait pour exciter la vanité d'un homme obscur, déjà parvenu à la maturité lorsque le hasard vint le mettre en lumière. Cependant, dans ses lettres les plus familières, dans les notes intimes où sa pensée se montre à découvert, on ne surprend jamais une lueur d'orgueil. Il semble chercher au contraire à rabaisser la valeur de son œuvre ; ce sont les défauts qu'il voit, qu'il exagère avec une certaine insistance chagrine ; et ce n'est pas l'amertume de ces auteurs infatués pour lesquels la moindre critique efface les éloges les plus flatteurs ; ce n'est pas l'accent de l'amour-propre blessé : le sentiment est vrai et profond.

S'agit-il de ses services consulaires, le ton devient tout autre. Cette fois, c'est bien de l'orgueil, c'est une satisfaction intime, la conscience d'une tâche bien remplie. On voit qu'à cette tâche il a mis toutes ses forces, toute son intelligence. Il est plus fier cent fois de sa mission à New-York que de tous ses succès littéraires.

Pourtant, si les ouvrages de Crèvecœur ne sont plus guère connus maintenant que de quelques érudits, son rôle comme consul est bien plus oublié encore. Ce rôle néanmoins a eu une certaine importance relative, et il a tenu une trop grande place dans la vie que nous retraçons pour que nous ne l'étudiions pas avec un soin tout particulier [1].

Quelques considérations assez sommaires suffiront pour indiquer quelle était la situation commerciale aux États-Unis lorsque Crèvecœur fut appelé à débuter dans la carrière des consulats.

Au moment où il débarquait à New-York, la ville et le pays tout entier étaient encore livrés à l'agitation. Le sol était semé de ruines, les fortunes étaient ébranlées ou détruites et les esprits tout échauffés par les luttes récentes. Mais, dans une société laborieuse, depuis trop longtemps détournée de sa voie, ces sortes d'effervescences sont vite apaisées, surtout lorsque le champ ouvert à l'activité humaine est, comme aux États-Unis, presque illimité. Ces hommes, qui venaient de

---

[1]. Nous avons consulté pour ce travail d'abord la correspondance du consulat de New-York, puis celle du consulat général ; afin de pouvoir établir une comparaison en connaissance de cause, nous avons même parcouru les rapports de plusieurs autres consuls, notamment ceux de Boston et de Philadelphie. Enfin, la *Correspondance diplomatique* nous a permis de prendre une idée d'ensemble de la politique commerciale d'alors qui est assez mal connue. Nous aurions pu entrer dans des détails beaucoup plus étendus et qui, à un point de vue général, eussent offert de l'intérêt, mais nous nous sommes scrupuleusement borné à ce qui nous a paru nécessaire pour l'intelligence de notre sujet.

montrer tant d'énergie pour conquérir leur indépendance, allaient maintenant consacrer cette ténacité, cette intelligence pratique, apanage de leur race, à réparer les désastres de la guerre. L'agriculture pouvait reprendre avec une activité nouvelle ses anciens progrès; l'industrie, délivrée du contrôle jaloux de la mère-patrie, voyait s'ouvrir devant elle un champ sans limites. Il n'en était pas de même pour le commerce maritime.

Avec l'immense étendue de ses côtes, ses fleuves magnifiques, les ressources inépuisables que ses forêts offraient à la construction des navires, l'Amérique avait, depuis longtemps déjà, considérablement développé sa navigation; mais c'était le pavillon britannique qui jusqu'alors avait abrité ses hardis marins; c'étaient les ports anglais qui avaient fourni à ses armateurs un marché pour leurs cargaisons et un fret de retour.

On sait que les colonies de l'Amérique du Nord étaient, comme les autres établissements anglais, placées sous le régime de ce fameux acte de navigation que la Grande-Bretagne a pendant si longtemps regardé comme le palladium de sa puissance maritime. Elles étaient donc soumises à des règlements commerciaux uniquement combinés pour le plus grand avantage de la métropole. Le système avait pour but de protéger la navigation, et en même temps l'industrie anglaise ; un ensemble de mesures douanières inutiles à exposer ici, l'interdiction dans les colonies de certaines fabrications (comme celles de l'acier et des tissus de laine), et enfin l'exclusion de tout pavillon étranger, assuraient ce double résultat [1]. Par le développement rapide de la population consommatrice, par l'abondance presque illimitée des produits naturels et des céréales, c'était un marché magnifique pour le commerce, qui trouvait à y placer des objets manufacturés en échange de matières premières et de denrées alimentaires, et pour la navigation, toujours assurée d'un retour [2].

La guerre avait naturellement mis fin à cette

---

1. De 1768 à 1774 l'Angleterre avait introduit dans ses colonies d'Amérique une quantité de marchandises équivalant comme valeur (environ 2,200,000 £.) à peu près au quart de son commerce total d'exportation. L'Amérique, de son côté, importait en Angleterre pour plus de 1,750,000 £. (Adam Seybert, *Annales statistiques des États-Unis*, traduction, 1820, p. 106 et 107.)

2. Comme on l'a dit, les navires américains sous pavillon anglais avaient une part considérable dans ce transport. Ils étaient cependant loin d'être assimilés aux navires anglais. Un livre tout récemment publié en Angleterre, *The growth of English industry and commerce*, par A. Cunningham, donne à ce sujet d'intéressants détails. (*Journal des économistes*, août 1882.)

situation; l'Amérique s'était approvisionnée librement, autant du moins que le permettait le peu de sûreté des mers, et son industrie naissante avait pris quelque développement, excitée par les besoins de la consommation intérieure [1].

Fiers de leur jeune nationalité, enorgueillis de leurs succès, les Américains élevaient de très hautes prétentions. Toutes les nations commerçantes allaient, croyaient-ils, rivaliser de sacrifices pour s'assurer leur clientèle. En France, dans les régions gouvernementales, on fut, en effet, tout d'abord disposé à beaucoup les favoriser. Aussitôt la mer libre, on se préoccupe de donner des facilités à leurs négociants. Franklin s'est plaint des entraves qu'ils éprouvent dans l'intérieur du royaume [2]; sur-le-champ M. de Vergennes, le maréchal de Castries, s'empressent de signaler le fait

---

1. « Je ne puis vous dire comment cela arrive, écrivait Crèvecœur à Mme d'Houdetot, le 20 mars 1789, mais aussitôt qu'ils entreprennent quelque chose de nouveau, ils viennent à bout de construire les machines nécessaires. » Il en est de même maintenant et, soit comme application, soit comme invention, les Américains sont les mécaniciens les plus pratiques du monde.

2. Dépêche du 27 février 1783, *Correspondance diplomatique*. M. de Vergennes avait préparé l'abolition des droits de traite à l'intérieur, mais ils ne furent supprimés qu'en 1797.

au contrôleur général [1], et leurs dépêches montrent quelle importance ils y attachent.

Mais bientôt on s'aperçoit que l'accord est loin d'être facile. Les Américains avaient des intérêts complexes et souvent opposés : le nord était navigateur et pêcheur, le centre grand producteur de céréales, le sud tenait avant tout à exporter ses denrées : le tabac, sa principale richesse, l'indigo, le riz, etc. Les différents États s'entendaient donc fort mal au point de vue commercial, et comme chacun d'eux pouvait, avant la Constitution de 1787, modifier à son gré le régime douanier, une véritable anomalie existait dans les règlements, et le gouvernement central n'avait même pas le pouvoir de faire respecter par ces petites républiques les clauses des traités signés en leur nom.

Puis vint une grosse difficulté. Les Américains

---

[1]. Le maréchal de Castries, parlant des procédés fiscaux de la ferme, disait : « Le commerce national et nos négociants ne tarderont pas à avoir tort aux yeux d'un peuple naissant, délicat sur les procédés, jaloux de la réciprocité sur le traitement qu'il accorde et avec qui toutes les nations s'empressent à l'envi d'acquérir des relations par des facilités et des faveurs multipliées. » (Dépêche du 20 juillet 1783 au comte de Vergennes.) — « Il est d'une nécessité absolue de changer de principes et de procédés », écrivait de son côté M. de Vergennes au contrôleur général, le 13 septembre. (*Correspondance diplomatique.*)

avaient jadis commercé librement avec les Antilles anglaises sous le pavillon de la métropole; pendant la guerre, nos îles leur avaient été ouvertes. A la paix tout changeait. L'Angleterre fermait ses ports à ses anciens colons, devenus pour elle des étrangers. En France, le temps était passé où le duc de Choiseul aurait volontiers affranchi nos colonies pour provoquer la révolte des colonies anglaises [1]; on fit, au contraire, revivre les règlements forcément oubliés pendant la guerre; on ferma ou à peu près les ports de nos Antilles. L'exaspération fut grande en Amérique; le commerce des îles était une question vitale pour les États-Unis; les théories vinrent à l'appui des intérêts : les Antilles n'étaient-elles pas en quelque sorte une dépendance du continent? Les exaltés allèrent jusqu'à parler de conquête [2]. La France fit bien quelques concessions, mais précaires, retirées aussitôt que le commerce français se plaignait trop haut. La question resta brûlante, et

---

1. En 1767. M. C. de Witt (*Jefferson*, p. 61) cite à ce sujet de très curieux documents.
2. Archives des Affaires étrangères, *Mémoires et documents sur l'Amérique*, tome III, mémoire de 1784 non signé, mais qui doit être de M. de Marbois, consul général, chargé d'affaires.

cela, joint aux difficultés financières pendantes entre les deux gouvernements, contribua beaucoup à refroidir la cordialité des premiers jours.

De plus, à mesure que le temps marchait, un résultat bien peu prévu se faisait jour. Le gouvernement anglais n'avait fait aucune concession douanière, et pourtant l'Angleterre avait conservé la clientèle. Ses habiles négociants, avec une prévoyante hardiesse, avaient ouvert aux Américains les crédits les plus larges; ils avaient profité de leur connaissance des goûts et des besoins d'un peuple qui, malgré la séparation politique, avait encore avec la mère-patrie tant de liens difficiles à rompre. L'Amérique avait été inondée de leurs produits. Une baisse considérable des prix, puis des faillites nombreuses, s'étaient produites; le commerce anglais en avait beaucoup souffert, mais le monopole lui était resté, et les Français ne trouvèrent plus qu'à glaner derrière leurs puissants rivaux [1]. Il en résulta un découragement réel dans les dispositions du gouvernement comme

---

1. « L'Angleterre, dit le mémoire cité (voir la note précédente), jouit pleinement des avantages de la métropole sans avoir à en remplir les devoirs. » — « Elle n'a perdu que le droit de nommer des gouverneurs », écrit M. de Moustier en 1788.

dans les entreprises commerciales. Toutes les correspondances en portent l'empreinte bien accusée, sauf celle de Crèvecœur, qui présente, il faut le dire, un contraste assez marqué avec celle de ses supérieurs et de ses collègues. Autant ceux-ci cherchent les vues d'ensemble, présentent de projets et de théories [1], autant Crèvecœur se maintient dans la pratique et dans le terre-à-terre. Il veut à tout prix créer des relations entre les deux peuples, et pour cela, sans grands mots ni déclamations, il s'attache aux détails, il accumule les renseignements les plus minutieux, envoie des échantillons de marchandises, des modèles de machines, etc.

Il faut dire que sa situation était un peu exceptionnelle. Ancien habitant du pays, bien instruit des mœurs et des besoins, pouvant, grâce à ses relations, recueillir les informations les plus pré-

---

1. Ceci n'est qu'une critique relative, et l'on peut lire avec intérêt et profit beaucoup de dépêches de MM. de La Luzerne, de Marbois, Otto, de M. de Moustier, surtout ; mais les agents subalternes manquent généralement de simplicité et souvent de sens pratique ; ils exaltent les anciens errements de la politique commerciale traditionnelle, louent sans restriction des mesures d'une opportunité fort contestable. On sent qu'ils craignent avant tout de passer pour des esprits novateurs et libéraux, ce qui déplairait aux bureaux ministériels.

cises, il avait à New-York une notoriété et une autorité fort au-dessus de sa position officielle ; d'un autre côté, la faveur dont il jouissait auprès du ministre et l'appui de ses protecteurs lui permettaient une certaine liberté de langage et d'appréciations. Mais il est temps d'aborder en détail l'examen du rôle qu'il a joué à New-York dans les premières années de son consulat.

Avant sa nomination, il avait, dans ses entretiens avec le ministre, beaucoup insisté sur la création de communications régulières entre la France et les États-Unis. C'était en effet une des premières mesures à prendre, si l'on voulait établir des relations sûres et suivies entre les deux peuples. Il eût fallu, sans cela, soit emprunter pour les voyageurs et la correspondance la voie longue et incertaine des navires marchands, soit, ce qui avait quelques inconvénients, employer les paquebots anglais. Dans une lettre du 29 août 1787, adressée au duc d'Harcourt[1], Crèvecœur rappelle un projet

---

1. Cette lettre, déjà citée, a été publiée par M. Hippeau (*Gouvernement de Normandie*, tome III). Il s'agit de François-Henri, cinquième duc d'Harcourt, qui avait succédé à son père en 1783, comme gouverneur général et commandant militaire de la Normandie. Louis XVI, qui l'aimait beaucoup, lui confia en 1787 les fonctions de gouverneur du Dauphin.

d'organisation remis par lui au ministre en 1783 et que celui-ci aurait approuvé, au moins en principe. Le prince et la princesse de Beauvau, s'il faut en croire les souvenirs que nous avons cités au chapitre précédent[1], auraient appuyé très vivement auprès du maréchal de Castries le plan de leur protégé. Bref, un service avait été organisé, et l'on avait donné l'ordre d'armer un nombre suffisant de navires de la marine royale pour assurer un départ mensuel de Port-Louis (près Lorient) pour New-York. Nous ne croyons pas devoir nous étendre plus longuement ici sur cette organisation[2]; nous nous bornerons à dire que Crèvecœur fut nommé directeur du service à New-York, et que, jusqu'en 1786, il s'acquitta avec beaucoup de zèle de cette fonction supplémentaire.

C'était quelque chose que d'avoir obtenu ce moyen de communication; il s'agissait de le rendre profitable en établissant entre les deux contrées un courant d'affaires suivi. Crèvecœur s'attacha donc à rechercher les marchandises propres à alimenter le commerce international. Pendant son

---

1. Souvenirs consacrés à Mme la comtesse d'Houdetot.
2. Nous avons résumé dans une note placée à la fin du volume les renseignements que nous avons recueillis sur ce sujet peu connu.

séjour à Paris, il avait souvent entretenu le ministre de la valeur des bois de construction américains. L'Angleterre, si soucieuse des intérêts de sa marine, avait toujours attaché à ces bois une haute importance, et, durant la période coloniale, non seulement elle se les était réservés en totalité, mais en avait même encouragé le transport par une prime à l'importation [1]. Malheureusement ce produit américain était l'objet dans notre marine de préventions fortement enracinées, provenant surtout de la mauvaise qualité de certaines fournitures faites pendant la guerre par des entrepreneurs peu scrupuleux [2].

Dès son arrivée, Crèvecœur s'occupe avec activité de la question, et il paraît avoir été chargé à ce sujet de plusieurs missions. Nous en trouvons la trace dans une lettre écrite de New-London (Connecticut) le 8 août 1784. Il annonce qu'il va à Boston pour s'occuper des bois de construction

---

[1]. S'il faut en croire un article de la *Correspondance secrète* publiée par M. de Lescure (tome II, p. 37), l'Angleterre tirait de ses colonies américaines la moitié des bois nécessaires à la construction de ses navires, soit environ 400,000 tonneaux par an. Cet article (de 1786) reproduit d'ailleurs les reproches qu'on faisait en France aux bois d'Amérique.

[2]. Voir Brissot, *Voyage*, tome II, p. 311, et *De la France et des États-Unis* (1787), p. 248.

suivant l'ordre du ministre, « qui sera secrètement et fidèlement exécuté ». Une autre lettre du 1er février 1785 [1] contient de nombreux renseignements sur les bois de la Géorgie et de la Caroline du Sud, et, le 17 mars, il complète encore ces informations par les détails les plus minutieux sur les localités où croissent les chênes verts et sur la manière de se les procurer et de les transporter. Il annonce en même temps l'envoi qu'il vient de faire au duc de La Rochefoucauld [2] d'une copie faite par lui-même du plan de la baie de Sainte-Marie, dont les côtes abondaient en chênes verts. Cette carte aurait une grande utilité, disait-il, si l'on se décidait à envoyer un petit transport de la marine royale [3], ce qu'il ne conseillait pas d'ailleurs, croyant plus économique d'avoir recours aux navires de commerce.

---

1. Comme la précédente et la suivante, cette lettre est dans le carton de New-York (Affaires étrangères).

2. Louis-Alexandre, duc de La Roche-Guyon et de La Rochefoucauld d'Enville, membre de l'Académie des sciences (1743-1792). Il avait publié en 1783 une traduction des constitutions des treize États d'Amérique. Crèvecœur a entretenu avec lui des relations fort suivies.

3. La flute *le Barbeau* y fut envoyée en 1786 (Lettre de M. de Laforest, du 16 octobre 1786); mais on avait négligé de prévenir le propriétaire, le général Greene, et le chargement n'était pas prêt.

Il signalait aussi les bois de Cayenne comme pouvant être utilisés par l'industrie et proposait d'en faire venir des spécimens par les navires américains qui portaient des farines dans notre colonie. Il venait du reste d'adresser au duc de La Rochefoucauld une caisse contenant trente-sept échantillons de différents bois américains [1].

Non content de favoriser l'introduction en France de ces bois comme matière première, il avait, pour mieux détruire les préjugés, obtenu du ministre l'autorisation de faire construire en Amérique, pour le compte du gouvernement français, un bâtiment qui devait servir à démontrer tout à la fois la bonté des matériaux et la supériorité des principes d'architecture navale adoptés aux États-Unis. On avait choisi à cet effet un des plus habiles constructeurs du pays, un nommé Peck, de Boston, dont les navires avaient une réputation bien établie de solidité et de vitesse. Ce bâtiment reçut le nom de *Maréchal de Castries* et fut lancé en 1786 [2].

---

1. Il en est question dans l'ouvrage de Brissot et Clavière : *De la France et des États-Unis*, p. 250.
2. Voir la note sur les paquebots. Dans une lettre intime que le baron de Breteuil écrivait à Crèvecœur, le 1er septembre 1784, on trouve ce passage : « Je suis bien aise que M. le maréchal de Castries vous ait chargé de faire construire un paquebot d'après les principes des constructions américaines,

Crèvecœur avait voulu qu'il fût un spécimen complet de l'industrie américaine; aussi le gréement et la voilure avaient-ils été, sur sa demande, également commandés à Peck.

Bien d'autres questions importantes, en dehors des affaires du service courant, occupaient le consul de New-York. Ainsi il faisait tous ses efforts pour moraliser notre commerce, et c'était une tâche difficile. Déjà, pendant la guerre de l'Indépendance, des négociants français avaient inondé le marché américain de produits détestables : de tissus de la plus mauvaise qualité, d'outils grossiers et peu solides, de vins impossibles à boire. Aussi avait-on vu à cette époque, avec quelque scandale, un des commissaires américains, M. Laurens, venant de toucher deux millions du gouvernement français, en employer une partie à acheter des draps en Angleterre [1]. Les déplorables errements de ces marchands avides et

---

et je ne doute pas que la manière dont vous vous acquitterez de cette commission ne vous donne de nouveaux droits à la confiance que ce ministre met dans vos lumières et dans votre zèle pour le service. » M. de Létombe, consul à Boston (*Mémoires sur les États-Unis*, tome III, n° 4, Archives des Affaires étrangères), dit que ce bâtiment « est considéré comme un chef-d'œuvre par tous les connaisseurs ».

1. Brissot et Clavière, ouvrage cité, p. 98, note.

sans prévoyance, qui sacrifiaient l'avenir au présent, continuaient encore et mettaient les Américains en défiance. En outre, on découvrait tous les jours combien nos produits étaient peu appropriés aux goûts et aux habitudes d'un peuple accoutumé de si longue date aux marchandises anglaises.

Pour les articles de luxe, nous faisions généralement mieux, mais plus cher ; nos draps, nos étoffes de soie étaient plus fins, plus élégants, mais ne trouvaient pas d'acheteurs. Sous beaucoup de rapports, notamment pour les objets de fer et d'acier, nous étions fort inférieurs, et la concurrence était à peu près impossible. Il y avait bien un certain nombre d'articles pour lesquels on aurait pu lutter, mais nos fabricants ne savaient pas les approprier au goût de ces nouveaux clients, et les négociants, mal instruits par des représentants jeunes ou inexpérimentés, envoyaient des cargaisons qui ne se vendaient pas. Crèvecœur s'occupe de tous ces détails et fait parvenir à son gouvernement une foule de renseignements techniques. Il recueille une quantité d'échantillons d'objets usuels qu'il envoie en France pour qu'ils soient mis sous les yeux de nos manufacturiers [1].

---

[1]. Dans une lettre à Dupont de Nemours, du 9 juin 1788

Il cherche enfin, mais sans grand succès, à faire diriger sur nos ports une partie de l'important commerce des pelleteries de l'Amérique et à provoquer l'importation en France des belles laines du Massachusetts.

Signalons aussi la part très active qu'il eut à la préparation d'un traité postal dont il paraît avoir pris l'initiative [1].

Sa correspondance nous offre, du reste, les sujets les plus variés. Sans parler des nouvelles politiques, sur lesquelles il s'étend d'ailleurs assez peu, laissant ce soin au consul général qui en était plus particulièrement chargé [2], il passe en

---

(*Correspondance*, édition Laboulaye, tome III, p. 298), Franklin raconte qu'étant à Paris, il fut chargé de faire une commande considérable d'objets de quincaillerie ; mais les fabricants français ne purent jamais comprendre quelles sortes d'ustensiles désignaient les noms anglais portés sur l'ordre d'achat. On dut faire venir d'Angleterre un objet de chaque espèce, pour servir à la fois d'explication et de modèle. Par malheur, l'envoi se perdit en route, et la commande ne put être exécutée.

1. Archives des Affaires étrangères, *Correspondance diplomatique*. Lettre de M. d'Ogny au ministre, du 10 mai 1785. Le traité n'était pas encore signé en janvier 1786, faute d'accord entre les parties. (Lettre du chargé d'affaires, du 10 janvier 1786. *Ibid.*)

2. De nos jours, dans les pays où la France est représentée par un ministre, le rôle des consuls, comme informateurs politiques, est à peu près nul. Il n'en était pas de même sous l'ancienne monarchie. Les consulats dépendaient du ministre

revue tout ce qu'il lui paraît utile de signaler.

Ainsi, le 15 juillet 1784, il entretient le ministre d'un certain John Ledyart, ancien compagnon de Cook, qui connaît très bien les côtes de la Californie et pense qu'on pourrait y faire d'une façon fructueuse la traite des fourrures. Cet homme se rendait à Nantes pour chercher un armateur qui consentît à tenter l'aventure. Le ministre, d'après une annotation qu'on lit sur la lettre du consul, invita aussitôt la chambre de commerce de Nantes à le tenir au courant de l'affaire. Cette entreprise fut sur le point d'aboutir. Voici ce qu'écrivait Crèvecœur au ministre le 17 mars 1785 :

---

de la Marine qui exigeait de ses agents des rapports circonstanciés, non seulement sur les questions commerciales, mais aussi sur la politique intérieure et extérieure. — Au moment où Crèvecœur prit possession de son poste, au mois de novembre 1783, le titulaire du consulat général était François Barbé de Marbois, ancien précepteur des enfants du maréchal de Castries, conseiller au parlement de Metz, qui fut nommé en 1785 intendant à Saint-Domingue, et devint ministre du Trésor sous l'Empire. Le siège du consulat général était alors à Philadelphie, de sorte que Crèvecœur n'eut pas l'occasion d'entretenir de fréquents rapports avec M. de Marbois, fort occupé d'ailleurs par les fonctions de chargé d'affaires qu'il remplissait depuis le départ du ministre de France, le chevalier de La Luzerne (1783).

C'est avec le plus grand plaisir que j'ai appris que le sieur Ledyart, que j'avais l'année dernière recommandé au commerce de Nantes pour la traite des sauvages sous le 42ᵉ degré de latitude, est parti ou va partir du port de Lorient pour ces contrées éloignées, d'où il doit revenir en Europe par les Indes Orientales, après avoir vendu les pelleteries qu'il doit acheter aux sauvages.

Le voyage n'eut pourtant pas lieu; au dernier moment on ne sait trop quelles difficultés empêchèrent le départ du bâtiment de 500 tonneaux destiné à cette expédition [1].

Crèvecœur fit aussi, en 1785 [2], parvenir en France la carte manuscrite d'un voyage dans l'intérieur du continent jusqu'à Arabosca (63° de lati-

---

1. « Il paraît, écrivait Lafayette au ministre des Affaires étrangères, le 8 février 1786 (*Correspondance diplomatique*), qu'on ne se soucie point de faire faire le voyage dont j'avais parlé à M. le maréchal de Castries et que vous ne désapprouviez pas. Le baron de Grimm souhaite envoyer M. Ledyart, celui qui propose de traverser le continent américain, à l'Impératrice de Russie, et, si vous n'y trouvez pas d'inconvénient, j'arrangerai son marché avec M. de Grimm. » Les aventures de Ledyart, peu connues en France, sont fort intéressantes. Jared Sparks a publié ses mémoires qui ont eu deux éditions (1828 et 1829). Il lui a consacré une notice étendue dans le *Library of American biography*.

2. Dépêche du 17 mars 1785 (Consulat de New-York).

tude), « carte, écrivait-il plus tard [1], qui a été fort utile depuis pour vérifier plusieurs points du voyage de Cook et autres ».

Une affaire qui, sous le rapport politique et religieux, offrait une certaine importance, appela à cette même époque son intervention officielle.

On sait que, pendant la période coloniale, la religion catholique avait été interdite dans la plupart des provinces américaines, et cela, non seulement dans celles de la Nouvelle-Angleterre, imprégnées de l'ancien esprit puritain, mais aussi à New-York, où dominait l'Église anglicane. Ce fut en 1787 seulement que la constitution proclama la liberté religieuse; mais plusieurs États avaient, avant cette époque, voté des lois de tolérance, et celui de New-York avait, dès 1784, édicté une loi de ce genre. Les catholiques, réduits jusque-là à célébrer leur culte dans un grenier au-dessus de la boutique d'un charpentier [2], se réunirent immédiatement pour aviser aux moyens de construire une église. Quoique les Français fussent alors peu

---

[1]. Lettre du 10 mars 1793 au ministre de la Marine (Consulat de New-York). V. chapitre IX.

[2]. Mme de Barberey : *Elisabeth Seton et les commencements de l'Église catholique aux États-Unis*, 3e édit., tome I, p. 279 et suiv.

nombreux à New-York [1], et que la majorité des catholiques se composât d'Irlandais [2], le consul de France fut prié de prendre l'affaire en main et de faire auprès de la municipalité les démarches nécessaires pour obtenir la désignation d'un emplacement. Il fut aussi chargé de recueillir les souscriptions et devint le premier marguillier de l'église qui fut commencée en 1786 et reçut le nom de Saint-Pierre [3].

---

1. Et généralement assez peu recommandables. En 1786, e consul transmettait un état des nationaux inscrits depuis 1785, comprenant dix-neuf noms; sur ces dix-neuf Français, dix étaient déjà partis au moment de la transmission de la liste; parmi les neuf autres, il y avait trois ou quatre banqueroutiers.

2. Le gouvernement américain s'était préoccupé, aussitôt que la paix fut conclue, de l'influence que l'Angleterre pouvait exercer indirectement sur les Irlandais catholiques par leur chef spirituel, un évêque résidant à Londres, et le 15 décembre 1783 (Correspondance diplomatique), Franklin s'en était ouvert à M. de Vergennes, suggérant l'idée d'avoir un évêque français résidant en Amérique. Il avait fait aussi des démarches auprès de Mgr de Cicé, archevêque de Bordeaux, alors fort nfluent, et qui devint garde des sceaux en 1789. Le projet n'aboutit pas. Ce fut un prêtre américain, M. Carrol, qui fut nommé vicaire apostolique.

3. Mme de Barberey (ouvrage cité) passe complètement sous silence le rôle de l'agent français. Tout un dossier, que nous avons eu sous les yeux aux archives des Affaires étrangères, atteste cependant l'action du consul sous l'approbation de ses supérieurs, et aussi l'intervention de l'archevêque de Paris, chef religieux de tous les petits centres catholiques d'outre-mer.

Nous avons tâché de résumer aussi brièvement que possible les deux premières années du consulat de Crèvecœur ; elles furent, on l'a vu, fort activement employées et il avait quelque droit à s'enorgueillir, sinon du succès de ses efforts, au moins du zèle et de l'intelligence dont il avait fait preuve.

Nous n'avons pas encore parlé du voyage qu'avait fait Lafayette aux États-Unis en 1784. Crèvecœur, témoin de l'accueil enthousiaste qu'il avait reçu à son arrivée, a laissé une relation très complète de son séjour, non seulement à New-York, mais aussi dans les différents États[1]. Les rédacteurs des mémoires du général ont fait à ce compte rendu de très larges emprunts. Comme Crèvecœur ne joue que le rôle de spectateur et de narrateur, nous n'avons pas à nous arrêter plus longtemps sur un récit tombé dans le domaine public.

L'activité et l'obligeance du consul de New-York étaient fort appréciées par tous ceux qui entretenaient avec lui des rapports officiels ou privés. Aussi, le 23 septembre 1784, la ville de New-Haven lui accordait le droit de cité en même temps

---

1. *Cultivateur américain,* tome III, p. 314-386.

qu'à une foule de grands personnages et d'hommes de lettres : le prince et la princesse de Beauvau, le duc d'Harcourt [1], le duc de La Rochefoucauld, le duc de Liancourt [2], la comtesse d'Houdetot, le marquis de Condorcet [3], le comte de Jarnac [4], le marquis de Saint-Lambert, Augustin Target [5], et enfin Louis de Lacretelle. C'était, on le voit, tout le petit cénacle des amis et des protecteurs de Crèvecœur, et il est permis d'affirmer que c'est lui qui avait fourni la liste au corps municipal de New-Haven.

Cette promotion de citoyens ne passa pas inaperçue à Paris. Les uns s'en égayèrent, d'autres montrèrent une indignation risible. Voici ce qu'on

---

1. Voir la lettre d'envoi de Crèvecœur au duc d'Harcourt, du 14 mai 1785. (*Correspondance.*)

2. Le duc, dans son *Voyage aux États-Unis d'Amérique* (Paris, 1800, 8 vol. in-8º, tome III, p. 244), parle de son diplôme de citoyen de New-Haven, reçu en 1784. Il ajoute qu'il ne sait pas à qui il le doit.

3. C'est sous le nom d'un bourgeois de New-Haven que Condorcet publia en 1788 quatre lettres sur l'unité de législation, à la suite d'un ouvrage de Mazzei. Voir au chap. VII.

4. De Chabot Rohan, comte de Jarnac, mestre de camp d'un régiment de son nom, puis brigadier de dragons, maréchal de camp en 1781. (Courcelles, *Dictionnaire des généraux français.*)

5. Voir la lettre de Target, du 28 août 1788. (*Correspondance.*)

lit dans les Mémoires secrets de Bachaumont à la date du 25 juillet 1785 ; c'est un prétendu extrait d'une lettre de New-Haven.

Le ridicule de cette agrégation, c'est qu'il n'y a aucune de ces personnes qui nous soit connue autrement que de nom. Mais ce qui est une ingratitude énorme, c'est d'avoir préféré ces titres fastueux à nos vrais bienfaiteurs, à MM. de Chaumont [1], de Montyon [2], de Beaumarchais [3], et autres principaux négociants de Bordeaux et de Nantes et autres ports de France, qu ont été les premiers et vrais auteurs de notre gloire et de notre liberté, en nous fournissant des services et des armes.

C'était le prendre sur un ton bien haut, et les bourgeois de New-Haven durent être flattés de l'importance que l'on attachait à Paris aux honneurs de leur cité.

Nous n'avons pas sous les yeux le texte des diplômes délivrés aux nouveaux dignitaires, mais nous doutons qu'ils aient pu être aussi élogieux

---

1. Leray de Chaumont, l'hôte de Franklin à Passy. Voir chap. IX.
2. Le célèbre philanthrope. Il était intendant à La Rochelle pendant la guerre d'Amérique.
3. On sait le rôle très actif, mais nullement désintéressé, que joua Beaumarchais lors de la guerre de l'Indépendance américaine.

que celui de Crèvecœur [1]. La seule chose que l'on n'y trouve pas, le motif réel de cette marque de distinction, c'était le concours actif prêté par le consul pour la création d'un jardin botanique à New-Haven [2].

L'année suivante, le 22 février 1785, une autre ville, Hartford [3], lui conférait ainsi qu'à ses deux fils le droit de bourgeoisie, « en témoignage de respect pour son mérite personnel et en recon-

---

1. Ce document sur parchemin a près de quatre pages in-folio; il est conçu en termes tellement laudatifs que la modestie de Crèvecœur ne lui a pas permis de le reproduire intégralement. Dans une traduction qu'il a faite pour sa famille, il en a supprimé près de la moitié; l'original est vraiment curieux.
2. D'après une correspondance de New-Haven, datée du 14 octobre 1784 et insérée dans un journal de New-York.
3. Le même acte accordait le droit de cité à Lafayette et à son fils. Crèvecœur avait beaucoup de relations à Hartford; c'est là que demeurait son ami le colonel Wadsworth, un des hommes les plus considérables des États-Unis par son intelligence commerciale et sa fortune. « Il y a peu de manufactures ou d'entreprises utiles dont il n'ait favorisé l'origine, dit Crèvecœur. » (*Voyage en Pensylvanie*, tome II, p. 373.) Au moment de la guerre de l'Indépendance, il avait rendu les plus grands services en se chargeant des fournitures nécessaires aux troupes et en faisant des avances considérables. (*Correspondance diplomatique*, note de juin 1783.) Chastellux fait aussi de lui le plus grand éloge. (*Voyage en Amérique*, tome I, p. 28.) Crèvecœur a laissé quelques notes manuscrites intéressantes sur le commerce et l'industrie d'Hartford.

naissance de son attachement pour la liberté, le bonheur et l'indépendance de l'Amérique, et de ses généreux efforts pour encourager le commerce et cimenter l'union des deux pays ».

Cependant la santé de Crèvecœur s'était altérée ; il sentait la nostalgie de Paris, de sa famille, de ses amis. Il sollicita et obtint un congé de six mois, qui devait se prolonger près de deux ans. A la fin de juin 1785, il prenait passage sur le *Courrier de l'Europe,* alors à sa quatrième campagne, et, le 9 juillet, il débarquait à Lorient [1].

---

1. Nous mentionnerons, en terminant ce chapitre, une excursion que fit Crèvecœur aux chutes du Niagara. Le récit manuscrit qu'il en a laissé et qui est daté de 1789 fixe l'époque de ce voyage au mois de juillet 1785, ce qui est évidemment une erreur, puisqu'à ce moment il venait de débarquer en France. Nous avons eu l'occasion de communiquer cette relation, ainsi qu'une carte dont elle est accompagnée, au savant et aimable M. O.-H. Marshall, de Buffalo (voir page 14, note 2), lors d'un voyage qu'il fit en France il y a quelques années. Il nous demanda d'en prendre copie, et, à son retour aux États-Unis, il l'a publiée dans le *Magazine of American history* (octobre 1878) avec une réduction de la carte. Le public américain, nous a-t-il écrit, a fort goûté la relation de Crèvecœur, ainsi que la carte qui, paraît-il, est remarquablement exacte et meilleure que la plupart de celles qui ont été dressées postérieurement.

CHAPITRE VII

Séjour à Caen. Départ pour Paris. La comtesse d'Houdetot. Le duc de La Rochefoucauld. Target. Brissot. Le duc de Liancourt. La Société royale d'agriculture. Parmentier. Le mémoire sur l'acacia et François de Neufchâteau. Pamphlet de Brissot contre M. de Chastellux. Mazzei et Jefferson. Les roues américaines. Un projet d'exposition. La deuxième édition des *Lettres d'un cultivateur*. Départ pour New-York. Incendie à Boston.

Crèvecœur n'était pas appelé à Paris par des affaires assez urgentes pour ne pas consacrer à sa famille les premiers moments de son séjour en France. Ce fut donc à Caen qu'il se rendit tout d'abord. Il y retrouva ses deux fils, et il put bénir une fois de plus l'excellent cœur de son amie, Mme d'Houdetot, en lisant les lettres qu'elle avait adressées à ces enfants, lettres pleines d'affection et de naturel qui peignent toute la bonté de cette aimable femme[1].

Deux mois s'écoulèrent dans un repos si bien acheté par des années d'inquiétudes et de fatigues;

---

1. Voir la *Correspondance* de 1784 et 1785.

mais l'activité naturelle de Crèvecœur ne lui permettait pas de prolonger bien longtemps ces moments d'oisiveté. Sans parler du désir qu'il avait de revoir ses amis, des motifs sérieux de plus d'un genre rendaient sa présence nécessaire à Paris.

Les lettres qu'il adressait à ses fils nous ont été conservées; elles sont fort nombreuses (il leur écrivait au moins tous les dix jours) et embrassent une période de près de huit mois. Malheureusement, les correspondants étaient un peu jeunes pour que leur père entrât dans des détails bien circonstanciés sur sa vie et ses relations. Il leur donne beaucoup de conseils très pratiques et très minutieux; ce sont les lettres d'un père tendre et intelligent, mais on y chercherait vainement un compte rendu un peu suivi de ses occupations. Elles contiennent, néanmoins, quelques particularités qui, jointes aux renseignements que nous avons pu recueillir, permettent de reconstituer assez exactement cette période de sa vie.

La première visite de Crèvecœur est pour le duc de La Rochefoucauld avec lequel, comme on l'a vu, il entretenait une correspondance active. Il passe quelques jours chez lui à La Roche-Guyon; puis il court à Sannois chez « la bonne et chère comtesse, la meilleure amie que nous ayons en ce monde[1] ». Il lui consacre presque tout le mois d'octobre; à peine va-t-il deux fois à Paris où aucun de ses amis ne se trouve encore[2]. Le maréchal de Castries est malade et ne reçoit pas[3]. Ce n'est donc qu'à la fin du mois qu'il peut commencer à traiter les affaires de son consulat. Il voit enfin le ministre qui lui fait le meilleur accueil. « J'avais, écrit-il le 1er novembre, des ennemis qui avaient voulu me noircir dans son opinion, mais ils n'y ont pas réussi. Nous travaillons à l'amélioration des paquebots qui, je crois, viendront au Havre. »

Ces malheureux paquebots avaient en effet grand besoin d'une réforme. Dès le mois de juin 1785, le ministre d'Amérique, Jefferson, se plaignait de leur irrégularité. Il écrivait au colonel Monroë[4] qu'il espérait les voir venir au Havre, mais sans en être bien sûr, tant la recette était inférieure à

---

1. Lettre du 3 octobre 1785.
2. Lettre du 17 octobre.
3. Le maréchal de Castries a été opéré d'une tumeur... On le croit hors de danger. Cependant ce ministre a donné congé à ses bureaux jusqu'au 20 de ce mois. (*Correspondance secrète publiée par M. de Lescure*, t. I, 600, 12 octobre 1785.)
4. James Monroë, que nous verrons plus tard ministre des États-Unis à Paris. Il fut Président de la République américaine en 1817.

la dépense. « J'espère, ajoutait-il, que quand M. Saint-John arrivera de New-York, on reprendra les départs mensuels[1]. » On voit l'influence que, dans les sphères officielles, on attribuait au consul sur l'esprit du ministre.

Crèvecœur continuait à demeurer moitié à Sannois, moitié à Paris, où il passait du reste le moins de temps possible, vivant alors en garçon à l'hôtel d'Houdetot. « Le suisse fait ma soupe et mon pot-au-feu, » écrit-il le 10 novembre ; « le soir je mange un œuf et un petit pain, je bois un verre d'eau et vais me coucher. Je suis toujours rentré à quatre heures et ne vais à aucun lieu de récréation. »

Il commençait dès lors à s'occuper sérieusement de la seconde édition des *Lettres d'un cultivateur*. Le succès de ce livre avait été si grand, si durable, qu'une réimpression était devenue nécessaire. Il se décida à écrire un troisième volume. « J'y insérerai plusieurs choses utiles, » écrit-il le 13 novembre à son fils Ally, « et je tiens à raconter les malheureuses aventures de votre sœur et de votre frère Louis, et la merveilleuse assistance que leur a prêtée M. Fellowes. »

---

[1]. *Jefferson's Works*, t. I, 345.

Bientôt ses amis commencent à arriver. Target, « son grand et chaleureux ami Target[1] », est à Paris, et Crèvecœur est le premier qui l'ait reçu et embrassé. Il fait de nouvelles connaissances, il se plaint même d'en faire trop, mais il ne peut l'éviter.

C'est à peu près à cette époque qu'il faut placer le commencement de ses relations avec Brissot[2], qui lui a consacré dans ses Mémoires quelques pages peu bienveillantes. Enthousiasmé par la lecture des *Lettres d'un cultivateur,* Brissot aurait recherché avec empressement la connaissance de l'auteur, et d'après lui (car nous n'avons trouvé nulle part un mot de Crèvecœur à ce sujet),

---

1. Target (Gui-Jean-Baptiste) (1733-1806). Les relations de Crèvecœur avec ce célèbre avocat dataient de son premier séjour à Paris; c'était l'homme qui, d'après Malesherbes, « jouissait alors de la considération la plus intacte et la plus digne d'envie ». (Ch. Lacretelle, *Dix années d'épreuves*, p. 7.) On sait que sa réputation datait surtout de l'attitude qu'il avait gardée envers le Parlement Meaupou, devant lequel, presque seul, il avait refusé de plaider. M. de Loménie a donné dans son livre si intéressant la lettre « du martyr Beaumarchais à la vierge Target ». (Tome I, 446.) Nous avons de lui un certain nombre de lettres qui sont sans grand intérêt. V. *Correspondance.*

2. Brissot était depuis le mois de septembre 1784 sorti de la Bastille, où il avait subi une détention de deux mois. Il vivait alors tranquillement et obscurément à Paris.

ils auraient été bientôt sur le pied de la plus grande intimité. Crèvecœur, fatigué des sociétés littéraires, « revenait toujours, dit Brissot, à la solitude où il pouvait s'épancher avec moi ». Il ajoute :

Ces premiers épanchements m'attachèrent à lui ; il me semblait l'homme de la nature ; j'aimais sa simplicité, son goût pour la solitude, son mépris pour l'orgueil académique, sa haine pour le vice. Mon amitié s'exalta ; j'étais à chaque instant avec lui. C'était un bonheur pour moi que de lui rendre de petits services ; c'était une jouissance que de le faire connaître à mes amis [1].

Brissot le mena chez Clavière [2], mais « les yeux perçants » du futur ministre des finances découvrirent chez Crèvecœur « quelque chose de bizarre et même de suspect ;... il semblait qu'il eût un secret qui lui pesait sur l'âme et dont il craignait la révélation ». Ce prétendu secret, c'était, d'après Brissot, la crainte qu'on ne découvrît

---

1. *Mémoires de Brissot*. Édition Lescure. Didot, 1877, n-18, p. 397 et s.
2. C'est en 1782, lors de son voyage à Genève, que Brissot avait fait la connaissance de Clavière, qui était l'un des chefs du parti populaire. Réfugié en France, Clavière vécut dans la plus grande intimité avec Brissot, sur l'esprit duquel il exerça une grande influence, très visible dans les ouvrages que ce dernier écrivit depuis leur liaison.

l'ambiguïté de sa conduite en Amérique pendant la guerre. — On sait à quoi s'en tenir à ce sujet après avoir lu le récit des traitements que Crèvecœur eut à subir à New-York de la part des Anglais [1].

Nous aurons à parler plus d'une fois encore de ce singulier ami.

Au 1ᵉʳ décembre 1785, Mᵐᵉ d'Houdetot s'était installée à Paris. La vie de Crèvecœur en devient sur-le-champ plus animée. Il va à l'Opéra français et italien, « mais, dit-il, je suis trop vieux et trop fatigué pour toutes ces fêtes. Rester tranquille au coin de mon feu est ce qui me convient le mieux [2]. »

Le commencement de l'année 1786 le trouve en plein tourbillon de travaux et de relations mondaines. Il dîne souvent chez le duc de La Rochefoucauld et chez le duc de Liancourt [3]. Le

---

1. M. de Lescure, dans l'édition citée plus haut, a bien voulu mentionner (p. 404, note) la réfutation que nous lui avions adressée des accusations dirigées contre notre aïeul, réfutation qu'il trouve péremptoire. Il est inutile de la reproduire ici : la lecture de notre travail suffit à démontrer combien sont peu fondées les malveillantes insinuations de Brissot.

2. Lettre du 2 décembre 1785.

3. François-Alexandre-Frédéric, duc de La Rochefoucauld-Liancourt, le philanthrope si connu. Crèvecœur eut avec lui des relations assez suivies.

13 février, il accompagne Mme d'Houdetot à une séance de l'Académie, qui avait pour elle un intérêt tout particulier. Il s'agissait de la réception de M. de Guibert auquel Saint-Lambert[1] devait répondre.

Hier, j'étais à l'Académie française avec la bonne comtesse, dans une tribune où étaient le maréchal de Castries, le maréchal de Ségur, ministre de la guerre, la princesse de Beauvau et quelques grands personnages. Le maréchal de Castries me fit rester et causa avec moi très aimablement[2].

Il s'occupait en même temps de terminer ses affaires officielles. A la fin de février, les comptes des paquebots étaient arrêtés avec M. Lecoul-

---

1. Jean-Francois de Saint-Lambert (1716-1803), dont on sait la longue liaison avec Mme d'Houdetot. Il était membre de l'Académie depuis 1770. On trouvera deux lettres de lui à la *Correspondance.*

2. Lettre du 14 février. Mme d'Oberkirch (*Mémoires*, II, 243) parle de cette séance : « 13 février. Nous allâmes à l'Académie avec ma princesse (la duchesse de Bourbon) pour la réception de M. de Guibert. Il y avait foule ; les maréchaux de Castries et de Ségur... étaient dans une tribune avec Mme de Staël... Mmes de Crillon, de Beauvau et M. le comte de Beauvau... Le discours de réception de M. de Guibert fut superbe. M. de Saint-Lambert y répondit. » Grimm (édition Tourneux, XIV, 323) donne un très long compte rendu de cette séance.

teux de La Norraye[1], mais l'approbation ministérielle se faisait attendre. Il avait aussi, de concert avec Lafayette, cherché à obtenir une décision favorable pour l'emploi dans nos arsenaux des bois de construction américains[2]. C'est, on l'a vu, une question qui depuis longtemps lui tenait au cœur.

La Société royale d'agriculture de Paris venait de l'admettre au nombre de ses membres[3]. Il tint à justifier cette distinction en prenant une part active aux travaux de ses collègues. On voit figurer son nom pour la première fois dans les comptes rendus au mois de mars 1786[4]. Il s'agit des pommes de terre. Nous avons dit au chapitre V que Crèvecœur avait publié à Caen, en 1782, un petit traité fort intéressant qui lui a valu l'honneur d'être cité parmi les premiers apôtres de cette utile culture[5]; l'opuscule avait eu cependant fort

---

1. Lettre du 23 février 1786. Voir la note sur les paquebots.
2. Lettre de Jefferson du 12 janvier 1786 au général Greene (*Jefferson's Works*).
3. La Société d'agriculture fut réorganisée en 1788. A dater de cette époque, il n'y figure plus que comme associé étranger.
4. *Mémoires de la Société d'agriculture*, 1786. Trimestre de printemps, 107-115.
5. Lair, *Précis des travaux de la Société d'agriculture de Caen*. Caen, 1827, in-8, p. VII, note; et Cadet-de-Vaux, *Moyens de prévenir le retour des disettes*. 1812, in-8, p. 120.

peu de retentissement. Crèvecœur eut donc l'idée de faire une communication au sujet de divers outils et ustensiles déjà signalés dans sa brochure, mais qui n'en étaient pas moins restés à peu près inconnus. Il s'agissait d'une houe à butter, de forme nouvelle, usitée aux États-Unis ; d'une petite charrue ou cultivateur, servant à biner entre les lignes, et enfin d'une marmite pour la cuisson à la vapeur.

La commission chargée de présenter le rapport, qui était composée du duc de Liancourt, de Cadet-de-Vaux et de Crèvecœur, ne s'occupa que de la marmite américaine. Elle fut tout d'abord, semble-t-il, un peu gênée dans son appréciation par la personnalité de Parmentier. Cet estimable savant, homme excellent, philanthrope pratique, a rendu des services que nul ne peut contester ; mais il était comme tous les hommes spéciaux : il avait fait son domaine de la question dont il s'occupait depuis tant d'années avec une louable persistance, et l'on eût été mal venu à se passer de son attache, dès que l'on touchait à ce sujet favori. Par bonheur, Crèvecœur, toujours modeste et prudent, s'était empressé de lui soumettre d'avance la marmite américaine. Parmentier ne manqua pas de rappeler que depuis longtemps il avait conseillé l'emploi de la vapeur pour la cuisson des tubercules : il suggéra quelques modifications de détail que l'on se hâta de faire exécuter. Bref, la commission put poser en principe que l'ustensile américain qui lui était présenté était « l'application des principes de M. Parmentier », et constater ses « droits à cette découverte ». Parmentier fut du reste sensible à cet acte de déférence. Dans son traité sur la culture des pommes de terre, paru en 1789, il rend toute justice à Crèvecœur ; il mentionne les nombreux renseignements qu'il en a obtenus sur les procédés de culture et de préparation alimentaire, et lui attribue l'importation de plusieurs espèces nouvelles[1]. Quelques mois plus tard, le 30 novembre[2], un ami de Crèvecœur, le marquis de Langeron[3], revenait sur la houe à butter et en faisait une description complète[4].

---

1. *Traité sur la culture et les usages des pommes de terre.* 1789, in-8, p. 42, 73, 109, 110, 121, 137, 314.
2. *Mémoires de la Société d'agriculture.* Trimestre d'automne, p. 1, avec figures.
3. V. lettre du 22 juin 1787 (*Correspondance*).
4. Voir, au sujet du rôle joué par Crèvecœur dans la vulgarisation des pommes de terre, la note sur son opuscule de 1782 (*Bibliographie*) et sa lettre du 26 avril 1786 à la duchesse de Liancourt (*Correspondance*).

Peu de temps après sa première communication, Crèvecœur avait lu à la Société un mémoire d'une certaine importance sur la culture et les usages de l'acacia en Amérique[1], qui a été reproduit intégralement par François de Neufchâteau dans un ouvrage publié en 1803[2]. Consciencieuse et abondante en détails techniques, cette étude, assez peu remarquée en France, obtint, paraît-il, beaucoup de succès en Allemagne[3].

Mais le désir de retrouver ses enfants rappelait

---

1. *Mémoire sur la culture et les usages du faux acacia (Robinia pseudo-acacia) dans les États-Unis*, par M. Saint-Jean de Crèvecœur, présenté à la séance publique du 30 mars 1786, trimestre d'hiver, 1786, p. 122-143.
2. *Lettre sur le Robinier*. Paris, in-12, 1803. Nous avons en notre possession un exemplaire de cet ouvrage ayant appartenu à l'auteur. Il porte sur la feuille de garde un envoi poétique (?) au premier Consul de la main de François de Neufchâteau.
3. « Quelle impression (écrivait-on de Manheim, en 1804, à François de Neufchâteau) a faite sur la nation, en 1786, le traité excellent de M. de Crèvecœur? Autant que je le sache, aucune. J'ai donné ce traité traduit par mon fils dans mon journal sur l'acacia (ce journal, commencé en 1795, a eu 32 cahiers formant 4 vol. La lettre n'indique pas son titre exact), et il a beaucoup contribué à exciter l'enthousiasme qui règne actuellement en Allemagne pour cette culture. » *Lettre au citoyen François de Neufchâteau... sur le Robinier*, par F.-C. Medicus, traduit de l'allemand. Paris, chez Lemarchand, an XII (1805), in-12, 36 p.

Crèvecœur en Normandie, où il espérait, en outre, pouvoir préparer plus à loisir la nouvelle édition de son livre. Toutes ses lettres du mois d'avril ne parlent que de son départ sans cesse retardé. Enfin il reçoit du ministre, en même temps qu'une prolongation de congé, la permission de quitter Paris. Il se hâte de faire ses adieux.

Hier j'allai à Eaubonne, chez M. de Saint-Lambert, où était la bonne comtesse, et j'ai reçu d'eux un adieu très affectueux. Ce matin, j'ai passé une heure avec la princesse de Beauvau, qui est toujours bonne et aimable. Aujourd'hui, le bonhomme comte[1] et moi dînons chez M. Target, l'ami Target, le meilleur des hommes[2].

Il était à Caen à la fin d'avril et se mit au travail avec ardeur, sans cependant cesser de correspondre activement avec ses amis de Paris. Il avait depuis peu de temps été présenté à la comtesse Charles de Damas[3], femme distinguée sous tous les rapports, qui voulut bien lui témoigner toute sa vie l'estime et l'amitié la plus sincère. C'est

---

1. D'Houdetot.
2. Lettre du 11 avril à son fils.
3. Voir à la *Correspondance* (22 juin 1787) une note sur cette dame.

alors que débuta leur correspondance. Nous avons aussi un projet de lettre à la duchesse de Liancourt qui contient une jolie description du printemps en Normandie, en même temps que des conseils pratiques sur la culture des pommes de terre et les soins à donner à un semis d'acacias [1]. Ces semis, d'après une note volante, auraient été faits à Liancourt, par les soins de Crèvecœur qui en aurait pratiqué d'autres, à la même époque, chez l'abbé Nolin [2] et chez le duc de La Rochefoucauld, à La Roche-Guyon. C'est aussi de ce moment que datent les premières lettres de Jefferson, alors ministre des États-Unis en France [3].

Au mois d'octobre, Crèvecœur retourne à Paris, et son premier soin est de chercher une bonne pension pour ses deux fils. Leur éducation était depuis longtemps l'objet de ses préoccupations, et la correspondance suivie qu'il entretenait avec eux en porte la trace à chaque page. Après

---

1. Voir *Correspondance*, 26 août 1786.
2. L'abbé Nolin, chanoine de Saint-Marcel, était directeur de la pépinière du Roule, qui avait 18 arpents. Il logeait sur la rue du Faubourg-Saint-Honoré, et y avait son cabinet d'histoire naturelle. (Lefeuve, *Histoire de Paris*, tome III, p. 5.)
3. Jefferson occupa ce poste de 1785 à 1789. Il y fut remplacé par Gouverneur Morris.

les avoir laissés pendant quelques mois chez un M. de Longpré, il les plaça définitivement dans un établissement renommé, la pension Lemoyne [1], où se trouvaient déjà Frédéric d'Houdetot, petit-fils de la comtesse [2], et un jeune Américain, Georges-Washington Greene [3], fils du général Nathaniel Greene. Les enfants y restèrent jusqu'à la fin de leur éducation.

Nous sommes disposé à croire que, dès cette époque, il dut commencer à se repentir de la liaison qu'il avait contractée un peu légèrement avec Brissot. Celui-ci venait en effet de publier un pamphlet très vif contre le marquis de Chastellux [4], pamphlet où il parlait avec enthousiasme « du sensible auteur des *Lettres d'un cultivateur*

---

1. Nous ne savons quel était alors le montant de la pension, mais dix-huit mois plus tard, M. Lemoyne, ayant réduit le nombre de ses élèves, augmentait ses prix et fixait comme par faveur la pension de chacun des enfants à 1,700 livres. Après la fin des études de l'aîné, le cadet, resté seul, devait payer 2,400 livres.
2. Frédéric-Christophe, fils de César-Louis-François-Marie-Ange d'Houdetot et de sa première femme, Louise Perrinet de Faugues. Il fut baron de l'empire, député, pair de France, membre de l'Institut.
3. Voir chap. IX.
4. *Examen critique des voyages dans l'Amérique septentrionale de M. le marquis de Chastellux*, par J.-P. Brissot de Warville. Londres, 1786, in-8.

américain, auquel l'unissaient l'amitié la plus tendre et un grand rapport de sentiments ». Malheureusement, après avoir couvert Crèvecœur de louanges, il établissait un parallèle entre les assertions de son ami et celles de Chastellux au sujet des quakers; il en faisait ressortir les contradictions et s'écriait :

Quand bien même je ne connaîtrais pas M. de Crèvecœur, quand je n'aurais pas lu cent fois dans son âme, je prononcerais d'après la simple lecture de vos deux ouvrages. L'âme seule a dicté le sien; le vôtre prouve que vous avez beaucoup d'esprit. Mais c'est avec l'âme qu'on doit juger des républicains, etc., etc.

Ce factum, écrit par un homme qui se vantait d'être son ami intime, dut placer Crèvecœur dans une position assez fausse à l'égard de Chastellux, très lié avec les ducs de La Rochefoucauld et de Liancourt, le prince de Beauvau, le maréchal de Castries et Saint-Lambert.

Un billet de Jefferson, du 8 décembre 1786[1], nous semble fournir une indication sur les difficultés personnelles que suscita cette polémique. Jefferson donne un dîner et il charge Crèvecœur de

---

1. Cette lettre est inédite et en notre possession; voir *Corpondance*.

transmettre son invitation à Mme d'Houdetot : « Je n'ose pas vous inviter vous-même, ajoute-t-il, parce qu'une personne qui doit venir avec M. Marmontel (M. P. M.) vous est, je crois, désagréable. » Il y a tout lieu de croire que ce personnage n'est autre que Philippe Mazzei[1], qui,

---

[1]. Mazzei était un Italien qui, d'après Grimm (juin 1788), était allé s'établir en Virginie plusieurs années avant la guerre de l'Indépendance. Arrivé en France à la paix et protégé par le président Tascher, qui l'avait jadis connu à Florence, il avait à diverses reprises envoyé au ministre des Affaires étrangères des lettres et des mémoires sans grande portée que l'on trouve dans la correspondance diplomatique des États-Unis (Archives des affaires étrangères). Après un nouveau séjour en Virginie, il était revenu en France vers le milieu de 1785. Il publia à Paris, en 1788, un ouvrage anonyme en 4 vol. (voir *Correspondance*, lettre du 20 mars 1789), qui contient des attaques violentes contre Raynal et Mably. Condorcet, qui avait revu l'ouvrage, y ajouta quatre *Lettres d'un bourgeois de New-Haven*, et fit insérer peu de temps après dans le *Mercure* un compte rendu élogieux, où il célébrait avec tant de force la liberté de conscience, que son article faillit, d'après Grimm, faire retirer à Panckoucke le privilège du journal. Mazzei était un grand ami de Jefferson, ami peu discret, car une lettre confidentielle du 24 avril 1796, qu'il communiqua au Directoire, et que celui-ci s'empressa de faire publier (*Moniteur* du 25 janvier 1797), brouilla à jamais Jefferson et Washington. Ce qu'il y a de curieux, c'est que cet incident ne paraît pas avoir altéré les rapports de Jefferson et de Mazzei. On trouve, en effet, postérieurement à cette époque, dans la correspondance de Jefferson, une lettre fort amicale à Mazzei.

sous le nom de Ferri, avait, dans le *Journal de Paris* du 16 novembre 1786, défendu Chastellux contre les attaques de Brissot[1].

Crèvecœur était assez intimement lié avec Jefferson ; le ton du billet dont il vient d'être question en est la meilleure preuve, et quelques jours plus tard, le 15 janvier 1787, le ministre des États-Unis lui écrivait une lettre curieuse[2], que M. de Witt a citée comme une preuve de « naïveté amusante à observer chez un homme aussi peu naïf[3] ». Il s'agissait d'un procédé américain, la fabrication de roues dont la circonférence était d'une seule pièce. Les Anglais, paraît-il, s'étaient attribué l'invention ; mais Jefferson en revendiquait hautement l'honneur pour ses compatriotes, et il priait Crèvecœur d'adresser une rectification aux journaux. Celui-ci s'empressa de déférer à ce désir, et la lettre de Jefferson, à peine modifiée, mais sans signature, parut dans le *Journal de Paris,* le 31 janvier.

L'activité de Crèvecœur et son amour pour les

---

1. *Voyage de Brissot aux États-Unis*, t. II, p. 190, note.
2. Cette lettre, dont nous avons l'original, a été publiée dans les *Works of Jefferson*, t. II, p. 97. Voir la *Correspondance* à la date.
3. *Vie de Jefferson.* 3ᵉ édition, p. 145.

choses utiles n'avaient, du reste, jamais été plus grands; il s'attachait surtout à provoquer le perfectionnement de l'industrie française par la comparaison avec les produits et l'outillage des autres nations, et c'est avec un enthousiasme tout juvénile qu'il cherche à faire accepter une idée tellement pratique qu'elle semble banale aujourd'hui, mais dont le temps n'était pas encore venu.

Voici ce que nous lisons dans une note écrite vers 1807 :

Jouissant de l'amitié et de l'estime particulière de M. le baron de Breteuil, qui dirigeait le ministère de l'Intérieur, je l'engageai à obtenir de M. de Vergennes [1] d'ordonner que les ministres, ambassadeurs et agents diplomatiques, fussent chargés de lui envoyer les mémoires, les dessins et les modèles des machines, usines et inventions inconnues en France, dont on ferait un dépôt particulier qui serait exposé aux yeux du public. Ce projet, aussi simple qu'utile et peu dispendieux, n'eut pas lieu.

Il n'a pas tenu à Crèvecœur que cette sorte d'exposition permanente ne fût richement dotée, au moins en ce qui concernait les inventions améri-

---

1. M. de Vergennes mourut en février 1787. La démarche de Crèvecœur est donc antérieure à son retour en Amérique.

caines. On a vu au chapitre précédent, et l'on verra un peu plus loin, avec quel soin il s'attachait à faire connaître toutes les nouvelles découvertes [1].

Son séjour en France approchait de son terme. Cette fois du moins il put, avant son départ, voir paraître la seconde édition de son ouvrage. C'est à la fin de mars qu'il distribuait à ses amis les premiers exemplaires [2], et la mise en vente eut lieu au mois d'avril. Cette nouvelle édition n'obtint pas moins de succès que la première ; mais les journaux littéraires n'avaient pas encore eu le temps de publier leurs appréciations, lorsqu'il quitta la France.

Avant son départ, au commencement de mai, il était allé passer quelques jours à Sannois pour remercier l'excellente Mme d'Houdetot, qui venait de lui donner une de ces preuves d'affection que l'on n'oublie jamais. Voici en quels termes émus,

---

1. C'est à peu près à la même époque, c'est-à-dire dans les premiers mois de 1787, que, de concert avec Short, le secrétaire de Jefferson, Nat. Barrett, de Boston, et un autre Américain nommé Humford, il signa, comme délégué des États de New-York, New-Jersey et Connecticut, une pétition au ministre de la marine pour obtenir la création d'un port franc à Honfleur. (Hippeau, *Gouvernement de Normandie*, t. IX, 165.)

2. Les lettres de remerciement sont du commencement d'avril 1787.

après plus de vingt-cinq ans, il le rappelait à sa belle-fille :

Comme si cette généreuse amie ne m'eût pas encore rendu des services assez importants, voici ce qu'elle me dit quelques jours avant mon départ pour Lorient : « Mon ami, vous laissez ici des enfants chéris; vous connaissez ma tendresse pour ces jeunes victimes des calamités de la guerre. De ce moment, jusqu'à celui de votre retour, je les adopte; de ce jour, je veux qu'ils m'aiment et me considèrent comme si j'étais leur mère, et qu'ils m'en donnent le nom [1]. Nous nous écrirons souvent [2]. Tous les jeudis, je les mènerai dîner chez M. Jefferson; tous les dimanches, cet ambassadeur et vos enfants dîneront chez moi; en temps et lieu, je les mènerai au spectacle. Ils passeront leurs vacances avec moi, soit que je reste à Sannois, soit que j'aille les passer au Marais ou à Méréville. »

Vous savez, chère fille, avec quelle constance cette mère adoptive a rempli ses promesses [3].

En quittant Sannois, il fit un court séjour en Normandie, puis alla s'embarquer à Lorient [4]. Sa

---

1. Ally et Louis de Crèvecœur l'appelaient toujours maman d'Houdetot.
2. Nous avons dit ailleurs que pas une lettre de cette correspondance n'avait pu être retrouvée.
3. Souvenirs consacrés à Mme la comtesse d'Houdetot.
4. La traversée fut signalée par un incident que Cadet-de-Vaux nous a conservé dans un de ses opuscules déjà cité

fille était toujours à Boston, dans l'excellente famille qui l'avait recueillie; il s'y rendit directement et, presqu'à son arrivée, fut témoin d'un de ces incendies terribles comme l'on n'en voit que trop souvent aux États-Unis. La maison hospitalière de M. Fellowes n'échappa au désastre que par un hasard providentiel : un changement subit dans la direction du vent, et l'imminence du danger fit une impression si vive sur la jeune fille qu'elle tomba gravement malade. Son père dut rester près d'elle jusqu'à ce que sa santé fût suffisamment rétablie, pour qu'il pût l'emmener à New-York.

(*Moyen de prévenir le retour des disettes,* p. 56). Ce fut la rencontre d'un bâtiment chargé de riz, venant de la Caroline, qui, battu par la tempête, manquait d'eau et de vivres. Les matelots exténués furent recueillis à bord du paquebot que montait Crèvecœur; on leur avait préparé des aliments, mais, apercevant un paquet de tabac à mâcher, ils s'en saisirent avidement. « Mangez donc et buvez, leur dit-on, vous mourez de faim et de soif. — Oui, répondirent-ils, mais nous mourons aussi du besoin de tabac. »

CHAPITRE VIII

Bon accueil que reçoit Crèvecœur aux États-Unis. Washington. Paul Jones. La Société philosophique américaine. Ethan Allen et le Vermont. Saint-John's-bury. Le ministère en France. Inquiétudes de Crèvecœur. Démarches de Lafayette. La navigation à vapeur. Rumsey et Fitch; documents inédits. Lettre de Franklin. Le mémoire sur l'État de New-York. Aperçu de la correspondance. Brissot aux États-Unis. La fille de Crèvecœur épouse M. Otto. Retour en France.

Crèvecœur, à son retour en Amérique, avait reçu l'accueil le plus flatteur. Précédé par une recommandation de Lafayette auprès de Washington[1], il avait, dès son arrivée, fait hommage au Président de la nouvelle édition de son ouvrage, et celui-ci s'empressait de le remercier par une lettre très gracieuse[2]. Au même moment, le président de la Société philosophique américaine le

---

1. La lettre était du 5 mai 1787. *Mémoires de Lafayette*, t. II, 199.
2. Lettre du 9 juillet 1787. Voir *Correspondance*.

plaçait, à la demande de Paul Jones¹, sur la liste des candidats appelés à être élus membres de ce corps savant².

Une distinction fort honorable venait aussi de lui être accordée par le nouvel État de Vermont, sur la proposition d'Ethan Allen, l'homme le plus considérable de la contrée³. Par une délibération en date du 10 mars 1787, conçue dans les termes les plus élogieux, on avait conféré le titre de citoyen à Crèvecœur et à ses trois enfants. Peu après, la même assemblée donnait le nom de Saint-John's-bury à un district nouvellement délimité, sur lequel s'élève maintenant une petite ville florissante et industrieuse, sorte de cité modèle où la tempérance est observée de la façon la plus stricte⁴.

---

1. Jones (John-Paul, 1747-1792), célèbre marin qui, après s'être signalé par de nombreux faits d'armes pendant la guerre d'Amérique, passa au service de la Russie.
2. Voir à la *Correspondance* la lettre de Paul Jones du 7 juillet 1787. Crèvecœur ne fut nommé que le 16 janvier 1789.
3. On trouvera à la *Correspondance* plusieurs lettres de ce personnage singulier qui avait publié en 1784 un livre bizarre intitulé : *L'Oracle de la raison*. C'était néanmoins dans la pratique de la vie un homme fort intelligent, et qui avait une influence prépondérante dans le Vermont, dont il était en quelque sorte le fondateur. Jared Sparkes a donné sa vie dans le premier volume de : *The Library of american biography*. Boston et Londres, 1834.
4. On en trouve une charmante description dans le livre si

Toutes ces marques d'estime étaient bien faites pour inspirer au consul de New-York un légitime orgueil; mais il ne pouvait se dissimuler que, s'il était plus que jamais aimé et considéré en Amérique, sa situation vis-à-vis de son gouvernement allait complètement changer. Non seulement il commençait à perdre au ministère de la Marine cette influence que la bienveillance du maréchal de Castries lui avait assurée pendant quelques années, mais sa position même semblait menacée par le résultat des événements politiques qui s'accomplissaient alors en France.

On sait que la réunion des notables avait amené la chute de Calonne, et l'entrée aux affaires de Brienne. Ce changement ne s'était pas accompli sans de nombreux tiraillements. Il y avait, en effet, du temps de Calonne, deux camps bien tranchés dans le ministère : le parti de la Reine dont Breteuil était l'âme, d'un côté; de l'autre, les amis de Necker : le maréchal de Castries avec Montmorin et Lamoignon. Ces derniers avaient espéré vainement ramener aux affaires le banquier gene-

---

intéressant de William-Hepworth Dixon : *The white conquest*. Londres, 1875. La traduction en a paru dans le *Tour du monde*, t. XXXII, p. 170 et s. Voir aussi la *Revue Britannique* d'août 1875.

vois; Breteuil l'avait emporté. Le maréchal de Castries avait néanmoins conservé son portefeuille; mais amoindri, mécontent, il n'attendait pour se retirer qu'un prétexte que la morgue de Brienne ne tarda pas à lui fournir.

On a vu que les relations de Crèvecœur avec le baron de Breteuil étaient de fort ancienne date, mais elles avaient dû se refroidir sensiblement depuis la haute faveur dont l'avait honoré le maréchal de Castries; puis, nous l'avons dit, Breteuil était l'homme de la Reine, et la Reine aimait assez peu l'Amérique et les Américains [1]; elle ne pouvait oublier que c'était de la guerre d'Amérique que datait ce souffle révolutionnaire que l'on sentait grandir tous les jours, et qui bientôt allait renverser la monarchie.

Crèvecœur fut donc très inquiet lorsqu'il apprit qu'au mois d'août 1787 le ministre de la Marine avait donné sa démission; et ce n'était pas sans quelque raison. Encouragé dans sa très honorable

---

1. Voir les *Mémoires de M*^{me} *Campan*, au sujet de l'audience particulière refusée par la Reine au comte de Moustier, nommé ministre de France aux États-Unis. — « Elle me dit de lui souhaiter un bon voyage, mais qu'il n'y avait que les cabinets des ministres qui pussent avoir des choses particulières à lui dire, puisqu'il allait dans un pays où le nom de *roi* et celui de *reine* devaient être haïs. » (Tome II, 31.)

ardeur de réformes par un chef aussi intelligent que bien intentionné, il n'avait pas craint de signaler hautement les abus et les malversations, et s'était aliéné ainsi quelques hommes influents; puis, dans son inexpérience des choses et des hommes officiels, il avait attaqué la vieille routine administrative, offense que les bureaux ne pardonnent guère. Il y avait donc contre lui tout un arriéré de rancunes prêtes à éclater, lorsque son protecteur lui ferait défaut. Ses amis de Paris, tout en croyant ses craintes exagérées, se mirent en campagne avec beaucoup de bonne volonté, aussitôt que le nouveau ministre, le comte de La Luzerne [1], eut pris possession de son poste, et leurs démarches eurent un heureux résultat. Voici ce qu'écrivait la comtesse de Damas, le 28 janvier 1788 :

Le bon marquis [2] a eu plusieurs entrevues avec Mme d'Houdetot, qui avait désiré le consulter sur vos affaires... Il est en bons termes avec le nouveau mi-

---

1. César-Henri, comte de La Luzerne (1737-1799), lieutenant général, avait été nommé en 1786 gouverneur des îles sous le Vent. Il était à Saint-Domingue au moment de sa nomination au ministère de la Marine. Il conserva son poste jusqu'à la fin de 1790. C'était le frère aîné du chevalier de La Luzerne (Anne-César), ministre plénipotentiaire aux États-Unis de 1779 à 1783.
2. Lafayette.

nistre, M. le comte de La Luzerne, extrêmement estimé par M. le comte de Montmorin [1], chèrement aimé par l'archevêque [2]. Ne craignez rien, Monsieur; son influence dans toutes les affaires d'Amérique et votre conduite bien connue vous garderont la place qui vous donne l'occasion de poursuivre le bien de la France et de l'Amérique.

Et dans le post-scriptum de la même lettre, daté du 2 février :

Le marquis a vu M. de La Luzerne à votre sujet, et ce ministre l'a assuré... qu'il a l'intention de confirmer tous les choix du maréchal de Castries, le vôtre spécialement, comme l'un des meilleurs qu'il ait jamais fait, et certainement meilleur que n'importe quel il pourrait faire lui-même. « Puis-je le lui écrire? demanda le marquis. — Oui, oui, répondit le ministre, dites-le-lui de ma part, donnez-lui ma parole, sur laquelle il peut compter. »

Malgré ces assurances flatteuses, Crèvecœur ne se trompait pas beaucoup, et une lettre du comte de Moustier [3], en date du 25 décembre

---

1. Qui avait fait l'intérim de la Marine en attendant l'arrivée de M. de La Luzerne.
2. Brienne.
3. Éléonore-François-Élie, comte, puis marquis de Moustier (1751-1817). Entré à dix-huit ans dans la diplomatie, il avait été successivement employé à Lisbonne, Londres, Na-

1788¹, lettre élogieuse d'ailleurs, prouve qu'il était nécessaire de défendre le consul de New-York contre certaines attaques venues du ministère.

Cette incertitude de l'avenir, la conscience que ses communications ne rencontraient qu'indifférence ou mauvais vouloir, eurent pour effet de réduire au strict nécessaire la correspondance de Crèvecœur, de 1787 à 1790². La situation intérieure était du reste tellement tendue en France, la politique étrangère si inquiétante, que le gouvernement ne pouvait se préoccuper bien sérieusement du détail de notre commerce en Amérique. On ne pouvait d'ailleurs conserver beaucoup d'illusions de ce côté, et l'expérience des années

---

ples, Trèves. Il fut nommé ministre aux États-Unis en 1787, après le long intérim qui succéda au départ du chevalier de La Luzerne en 1783, et pendant lequel M. de Marbois, puis M. Otto, avaient été chargés d'affaires. Il arriva à New-York en janvier 1788, accompagné de sa belle-sœur, Anne-Flore Millet, marquise de Bréhan. Le profil de Washington, placé au commencement du premier volume du *Voyage en Pensylvanie*, est la reproduction d'une peinture de cette dame. Crèvecœur eut toujours d'excellents rapports avec M. de Moustier.

1. Archives des affaires étrangères. Carton du Consulat de New-York.

2. Le registre des correspondances du Consulat de 1787 à 1790 ne mentionne que seize dépêches. Il ne s'en trouve que dix aux Archives des affaires étrangères.

écoulées depuis la paix prouvait surabondamment qu'il était inutile de chercher à lutter contre la prépondérance commerciale de l'Angleterre.

Crèvecœur était pourtant loin d'être découragé ; sa voix était moins écoutée, il est vrai, mais il savait au besoin trouver le moyen de la faire entendre, lorsqu'il s'agissait d'un grand intérêt. Nous en avons la preuve dans une très curieuse correspondance, qui touche à l'une des découvertes modernes les plus fécondes en résultats : l'application de la vapeur à la navigation.

Il est à noter que rien dans les papiers de Crèvecœur n'a rapport à cet épisode, si important cependant, de sa vie consulaire. Comme pour ses services au Canada, pour la carte présentée au Roi[1], ce sont des documents étrangers qui seuls nous ont mis sur la voie.

Cette fois, c'est la série de remarquables articles publiés par M. Pierre Margry[2], dans le *Moniteur*, sur *La navigation du Mississipi et les*

---

1. Voir chap. Ier.

2. Nous avons déjà dit combien nous devons aux conseils et aux encouragements de ce savant historien. Ici nous avons un motif tout spécial de reconnaissance, puisqu'il a bien voulu mettre libéralement à notre disposition des documents recueillis pour ses travaux personnels.

précurseurs de Fulton aux États-Unis[1], qui nous a révélé l'existence des intéressantes dépêches que nous allons résumer; c'est M. Margry lui-même qui a bien voulu nous mettre à même de prendre copie des pièces originales[2].

Quelques mots sont nécessaires pour l'intelligence du sujet.

La navigation fluviale, autant et plus peut-être que la navigation maritime, a toujours été pour les États-Unis une question vitale. Ses fleuves magnifiques, ses lacs immenses, étaient autant de routes ouvertes à la civilisation et au commerce. Mais les distances énormes qui séparent les divers territoires, la difficulté de remonter des courants rapides avec les moyens primitifs de la batellerie, l'impossibilité d'établir le halage dans des districts inhabités, sur des rives d'un accès difficile, opposaient aux communications des obstacles souvent insurmontables. On chercha donc de bonne heure à perfectionner les procédés de propulsion des bateaux.

---

1. *Moniteur* des 7 et 29 mars, 16 et 19 avril 1859. Ce travail a été utilisé par M. Figuier dans son histoire des bateaux à vapeur (*Merveilles de la science*).

2. Nous les donnons *in extenso* aux *Pièces justificatives*. Voir Navigation à vapeur.

Nul pays peut-être, eu égard surtout à sa civilisation récente, n'a produit autant que l'Amérique du Nord d'ouvriers ingénieux, d'inventeurs patients et bien doués ; aussi le problème fut-il l'objet d'études approfondies. L'histoire en a été trop bien faite pour que nous essayons d'y revenir : les articles de M. Margry, l'ouvrage intéressant de M. Figuier[1], et aussi celui plus récent d'un professeur américain, M. Thurnston[2], offrent à ce sujet tous les détails désirables. Nous nous bornerons donc à parler ici des deux inventeurs dont Crèvecœur eut à s'occuper, et sur lesquels nous pouvons donner quelques particularités nouvelles.

Dans les *Lettres d'un cultivateur américain*[3], il rapportait en ces termes une des premières expériences :

Un nommé Jacques Ramsay[4] a dernièrement inventé un bateau portant dix tonneaux, qui doit navi-

---

1. *Merveilles de la science.*
2. *Histoire de la machine à vapeur.* La traduction a paru en 1880 chez Germer Baillière (2 vol. in-8).
3. Tome III, 557.
4. Crèvecœur et Brissot, dans son *Voyage aux États-Unis*, disent toujours Ramsay, mais le nom véritable est James Rumsey.

guer contre le courant d'une rivière, à raison de cinq milles par heure. Après plusieurs observations et des expériences réitérées, il a obtenu l'approbation du général Wood, grand mécanicien, de MM. Randolph, Creig, et de plusieurs autres membres du Conseil, etc. Mais ce qui vous déterminera encore plus fortement à le croire, c'est l'attestation que lui donna le général Washington, telle que je vous la transmets aujourd'hui :

« J'ai vu le modèle du bateau que le sieur Ramsay fait faire pour naviguer et remonter les courants ; j'ai soigneusement examiné les principes singuliers de ce nouveau mécanisme, et je ne puis m'empêcher de croire (quoique j'y eusse peu de confiance auparavant) qu'il a enfin découvert l'art de construire des bateaux qui, au moyen d'une assistance manuelle très faible, pourront remonter les courants les plus rapides ; je crois cette invention de la plus grande importance pour nos navigations intérieures ; le mérite de ce mécanisme est d'autant plus rare qu'il est très simple, et qu'après avoir été examiné attentivement, il peut être exécuté par l'artisan le plus ordinaire.

« Donné sous mon seing, à la ville de Bath, comté de Berkley, État de Virginie, le 7 septembre 1784.

« Georges Washington. »

On remarquera que ce certificat ne mentionne nullement l'emploi de la vapeur et ne parle que d'une assistance manuelle [1].

---

[1]. Un journal publié en français à Philadelphie, le *Courrier de l'Amérique* (n° 1, 27 juillet 1784), fait mention d'un autre

D'après une note envoyée par Crèvecœur au ministre de la Marine le 1ᵉʳ janvier 1785 [1], Rumsey avait obtenu en 1784 de l'État de Maryland « le privilège exclusif de construire et de vendre les bateaux de son invention pour remonter les rapides et les rivières [2] ».

John Fitch, natif du Connecticut, entrait en ligne un peu après Rumsey. Il avait adopté tout d'abord pour moteur la machine à vapeur; dans l'origine il s'était servi de roues à aubes, puis d'une chaîne sans fin munie de palettes; il inventa ensuite un système de rames ou plutôt de pagaies disposées d'abord sur les flancs, et plus tard à l'arrière de l'embarcation [3]. De 1785 à 1787, il se livra à de nombreuses et patientes expériences,

---

essai que nous ne voyons relaté nulle part. Il s'agissait de deux bateaux réunis au moyen d'une plate-forme sur laquelle deux chevaux faisaient tourner un manège relié à des roues à palettes. Ce bateau faisait trois milles à l'heure. On ne nomme pas l'auteur de ce système peu pratique. Il est désigné simplement comme un citoyen du Connecticut.

1. Archives des affaires étrangères. Carton du Consulat de New-York.

2. Il est question du bateau de Rumsey dans l'*Histoire du Kentucky*, de John Felson, publiée en 1784 (traduction Parraud. Paris, 1785, in-8, p. 51, note).

3. En 1796, d'après Thurnston, il fit des essais avec un petit bateau à hélice.

et, vers la fin de cette dernière année, à la suite d'une épreuve couronnée de succès, qui avait eu lieu à Philadelphie, il chercha à obtenir un privilège du gouvernement central. Une vive polémique s'éleva à ce moment entre Rumsey et lui, au sujet de la priorité de l'invention[1]. Fitch démontra victorieusement qu'il avait songé le premier à l'emploi de la vapeur, et ne manqua pas d'invoquer contre Rumsey les termes si précis du certificat de Washington. Nous soumettons en toute humilité à M. Figuier et à M. Thurnston cette observation, que M. Margry a fait ressortir en quelques mots, mais qui semble avoir échappé à ceux qui l'ont suivi.

Fitch, dès 1785, s'était adressé au ministre d'Espagne pour obtenir des encouragements, mais on lui avait posé des conditions peu accep-

---

[1]. Ce fut Rumsey qui ouvrit le feu par une brochure intitulée : *A short treatise on the application of steam, whereby is clearly shewn... may be applied to propels boats or vessels... by James Rumsey... Philadelphia, january* 1788. Fitch publia à son tour : *The original steam-boat supported, or a reply to Mr. James Rumsey's pamphlet, schewing the true priority of John Fitch. Philadelphia, may* 1788. Rumsey rétorqua par une seconde édition augmentée de son opuscule. Ces brochures ont été reproduites dans un ouvrage américain intitulé : *Documentary history of the State of New-York* (Albany, 1849, 4 vol. in-8).

tables; après l'épreuve de Philadelphie, il songea à solliciter l'appui du gouvernement français et se mit en rapport avec Crèvecœur.

Celui-ci, nous l'avons vu, n'osait plus guère compter sur son influence personnelle, mais l'affaire lui parut assez importante pour chercher une autre voie que la voie officielle. Afin d'être sûr que sa lettre ne dormirait pas dans les cartons, il eut recours à un personnage du plus haut rang, dont il connaissait de longue date les bonnes dispositions à son égard. Ce fut au duc d'Harcourt, gouverneur du Dauphin, qu'il transmit sa communication le 9 janvier 1788, et le 11 mars le duc la faisait parvenir au ministre de la Marine, le comte de La Luzerne, en l'appuyant très chaudement.

La lettre de Crèvecœur au duc d'Harcourt, trop longue pour être reproduite ici[1], entre dans des détails fort étendus. Il commence par rappeler l'offre faite par le Congrès d'une concession de 30,000 acres de terres, sur les bords de l'Ohio, à l'inventeur du moyen le plus simple et le moins dispendieux de faire remonter les bateaux contre le courant des rivières, au moyen d'un procédé mécanique. Il décrit ensuite l'appareil imaginé par

---

1. Voir aux *Pièces justificatives* : Navigation à vapeur.

Fitch, appareil actionné par la vapeur, et qui faisait mouvoir de chaque côté du bâtiment six rames perpendiculaires. Il rend compte des principales expériences, explique la situation de l'inventeur, ses efforts pour arriver à l'application en grand de son système, et s'étend sur l'utilité de la découverte et sur l'intérêt que présenterait son introduction en France. Une subvention de quelques centaines de louis, disait-il, déciderait certainement Fitch à construire pour le gouvernement français un petit modèle de bateau, suffisant pour des expériences, et qui pourrait être transporté en France sur l'un des paquebots.

Crèvecœur n'avait pas compté en vain sur l'influence de son protecteur. D'après les annotations qui se lisent en marge de la lettre du duc d'Harcourt, le ministre aurait demandé un rapport « sur la demande de gratification à promettre pour avoir le modèle de la machine », et aurait écrit au contrôleur général des finances, dont l'intervention était nécessaire. La réponse, paraît-il, fut favorable[1], et le 5 juin 1788 le ministre don-

---

1. Nous avons recherché vainement cette correspondance aux Archives nationales; tous les papiers du contrôle général de cette époque ont été détruits à la Révolution.

naît ordre à M. de Laforest[1], vice-consul gérant le consulat général des États-Unis, de réunir ses soins à ceux de son collègue pour acquérir l'invention de Fitch.

Quelques jours après le départ de sa lettre au duc d'Harcourt, Crèvecœur avait eu l'idée de soumettre la question à Franklin[2]. Ce dernier terminait, au moment où lui parvint cette demande, une lettre de remerciement pour l'envoi des *Lettres d'un cultivateur américain*[3]. Il y ajouta un post-scriptum que nous traduisons.

17 février (1788). J'avais terminé la lettre ci-dessus, lorsque j'ai reçu la vôtre du 30 janvier, dans laquelle

---

1. M. de Laforest (Antoine-René-Charles-Mathurin), vice-consul de Savannah, avait été chargé de l'intérim du consulat de New-York en 1785, au moment du congé accordé à Crèvecœur, et il fut peu de mois après appelé à gérer en même temps le consulat général, vacant par le départ de M. de Barbé-Marbois, nommé intendant à Saint-Domingue, et dont le siège venait d'être fixé à New-York. Cette gérance dura jusqu'en 1792. Il était fort intimement lié avec Crèvecœur, et nous le retrouverons dans le cours de notre récit.
2. Crèvecœur entretenait avec lui des relations assez suivies. D'après le *Voyage dans la haute Pensylvanie* (t. I, 26), il l'aurait accompagné en 1787 à Lancaster, où Franklin allait poser la première pierre d'un collège destiné aux Allemands.
3. V. *Correspondance*, 17 février 1788. Cette lettre est inédite.

vous me demandez mon opinion sur le bateau à vapeur de M. Fitch. Je ne puis beaucoup me déplacer et n'ai pas encore vu ce bateau; mais, quoique je n'aie jamais douté que la force de la vapeur appliquée convenablement ne puisse suffire à mettre un bateau en mouvement contre le courant dans la plupart des rivières, cependant, lorsque j'envisageais la première dépense d'une machine telle que la machine à vapeur, la nécessité d'avoir toujours pour la conduire et la réparer un mécanicien habile qui peut demander un salaire élevé, et la place que cela tiendrait sur le bateau, j'étais disposé à craindre, je l'avoue, que l'avantage ne fût pas assez grand pour que l'invention devînt d'un usage commun; mais l'opinion que vous m'envoyez de M. Rittenhouse [1], qui est un juge excellent, me donne une impression plus favorable.

B. F.

C'est un document nouveau à ajouter aux opinions formulées par Franklin à différentes époques sur la navigation à vapeur [2].

---

1. David Rittenhouse, célèbre physicien américain. Il en est question dans les *Lettres d'un cultivateur*, t. I, 12, et t. II, 239, et dans le *Voyage en Pensylvanie*, t. I, 294.

2. Dans une lettre écrite au docteur Ingenhousz à la fin de la même année (le 24 octobre 1788), Franklin s'exprime ainsi : « Nous n'avons, quant à présent, aucune nouvelle scientifique, si ce n'est qu'un bateau, mû par une machine à vapeur, marche dans notre rivière contre le courant, et qu'on espère perfectionner et simplifier assez sa construction pour le

Mais revenons à la correspondance officielle. La lenteur des communications était telle, que M. de Laforest avait reçu seulement à la fin de janvier 1789 la dépêche que le ministre de la Marine lui avait écrite le 5 juin précédent. Dix mois s'étaient donc écoulés depuis la lettre de Crèvecœur au duc d'Harcourt. Dans cet intervalle la situation s'était bien modifiée, et le 15 février[1] M. de Laforest faisait connaître au ministre qu'un nouvel inventeur semblait maintenant l'emporter sur Fitch. Rumsey, qui faisait des expériences depuis 1784, et qui passait pour avoir emprunté à Fitch l'idée de se servir de la vapeur, avait adopté un mode de propulsion tout différent de celui de son compétiteur. Il refoulait un jet d'eau vers l'arrière du bateau au moyen d'une pompe, et atteignait par cette méthode à une vitesse aussi grande que celle obtenue par Fitch.

M. de Laforest envoyait une description complète de l'appareil et annonçait que Rumsey était parti pour l'Europe, afin de faire connaître son

---

rendre d'un usage universel. » (*Correspondance de Franklin*, traduction Laboulaye, t. III, 302.) L'annotateur de la correspondance, J. Sparkes, dit qu'il s'agit de l'invention de Fitch.

1. Voir *Pièces justificatives* : Navigation à vapeur.

invention en Angleterre et en France. Quant à Fitch, pauvre et découragé, il était resté en Amérique, cherchant à remédier aux défauts que l'on reprochait à sa machine.

Cette lettre, comme on le pense, dut couper court aux bonnes intentions du ministre à l'égard de Fitch, et cela est certainement regrettable; Fitch n'était pas un homme ordinaire : il savait, qualité bien rare, reconnaître sur-le-champ le vice d'un procédé et, sans se décourager, il en imaginait et essayait immédiatement un autre. Ses tentatives si nombreuses et si variées montrent combien il était ingénieux et patient.

Rumsey, au contraire, ne paraît pas avoir eu les mêmes facultés inventives. L'idée de faire usage de la vapeur ne lui est venue que tardivement, et il l'a très vraisemblablement empruntée à son concurrent. Quant aux modes de propulsion, il n'en a expérimenté que deux. L'un, qu'il employa tout d'abord et auquel il s'arrêta définitivement, le système de propulsion hydraulique, lui avait été, dit-on, suggéré par Franklin. Le second lui appartenait bien en propre, mais il était détestable : c'était l'emploi de perches qui, pour faire avancer le bateau, allaient chercher leur appui au fond de la rivière.

La lettre de M. de Laforest fut donc, à notre avis, très inopportune. Qui sait si Fitch, soutenu et encouragé, ne fût pas arrivé avant Fulton à la solution du problème auquel il avait consacré toute sa vie ? Mais lassé, à bout de ressources, il s'épuisa quelque temps encore en efforts infructueux, puis, en 1792[1], se décida à passer en France. C'était un triste moment pour un inventeur. Il fut cependant accueilli avec honneur par la Convention, mais il ne reçut aucun appui effectif, et dut bientôt retourner en Amérique, où il finit misérablement quelques années plus tard.

On le voit, il n'a pas tenu à Crèvecœur que la France n'ait eu l'honneur d'encourager l'un des essais les plus sérieux tentés depuis le marquis de Jouffroy[2]. Les documents qui viennent d'être analysés n'auront pas seulement établi l'honorable initiative du consul de New-York; ils auront aussi, nous l'espérons, apporté quelques détails nouveaux à l'histoire de la navigation à vapeur.

Le reste de la correspondance officielle, fort

---

1. Crèvecœur était à Paris à cette époque. Il est probable qu'il s'y rencontra avec Fitch, mais rien ne permet de l'affirmer.

2. En 1774.

restreinte d'ailleurs, ne présente pas, on le comprend, le même intérêt.

La lettre du 25 décembre 1787 rend compte d'un voyage entrepris par ordre du maréchal de Castries aux mines de cuivre de New-Jersey. On avait eu l'idée d'utiliser les paquebots qui, la plupart du temps, revenaient sur lest, en leur faisant transporter du minerai de cuivre, destiné aux fonderies de Romilly [1]; mais les mines, mal exploitées, rendaient fort peu et ce projet n'eut pas de suite sérieuse.

La même dépêche relatait des expériences sur l'emploi du goudron de houille, pour préserver la coque des navires de l'atteinte des tarets [2]. Crèvecœur attachait beaucoup d'importance à ces essais, dont il entretint encore le ministre le 25 avril 1788 et le 25 avril 1789.

Quelques nouvelles politiques, des détails sur des constructions antiques découvertes près de

---

1. Romilly, dans l'Eure. Il s'y trouve encore des usines de ce genre.

2. Le goudron était préparé par les procédés de lord Dundonald (Archibald Cochrane), qui avait publié à Londres, en 1785, un livre intitulé : *Account of the qualities and uses of coaltar and coal-varnish*. Crèvecœur suggérait la possibilité de fabriquer du coaltar avec la houille dont on se servait pour les forges du roi à Montcenis (près du Creuzot).

l'Ohio, remplissent les autres dépêches. Mais il importe de signaler un très volumineux mémoire manuscrit sur la population, l'agriculture, les finances et le commerce de l'État de New-York [1]. Ce travail, qui a 254 pages de texte et 23 tableaux, paraît fort étudié, et, s'il n'offre pas maintenant beaucoup d'attrait pour des lecteurs français, nous sommes disposé à croire qu'il serait encore très apprécié aux États-Unis, où les documents de cette nature sont fort rares.

Si nous ajoutons qu'il fit fabriquer en 1787 des tarières à écrous [2] et des poulies à cylindre [3] pour le service de la marine, et qu'il sollicita vainement du ministre l'autorisation de faire construire une corvette dans les ateliers de Peck [4], nous aurons terminé avec ce que l'on peut appeler sa vie officielle jusqu'en 1790.

Il nous reste à parler de sa correspondance

---

1. Il est en double expédition aux Affaires étrangères (Carton de New-York). (Voir chap. IX).

2. C'était l'invention du mécanicien William Henry, qui datait de 1777, et pour laquelle il avait un monopole (Thurston, *Histoire de la machine à vapeur*, traduction, t. II, 12).

3. Ces poulies sont décrites dans une lettre plusieurs fois citée, adressée au duc d'Harcourt le 27 juillet 1787. Il en est aussi question dans le *Voyage en Pensylvanie* (t. II, 383).

4. Lettre au duc d'Harcourt. Voir aussi chap. VI.

personnelle, qui paraît n'avoir jamais été plus active.

Nous mentionnerons d'abord les lettres qu'il recevait de France; celles de Jefferson, alors ministre des États-Unis à Paris, de Short, son secrétaire d'ambassade, de la comtesse Charles de Damas, de Target, etc., sont d'autant plus intéressantes qu'elles portent toutes l'empreinte de la grande préoccupation du moment : les débuts de la Révolution. Les lettres d'Amérique, de Franklin, Washington, Madison, Paul Jones, Ethan Allen, etc., contiennent aussi quelques particularités dignes de remarque.

Quant aux lettres adressées au duc d'Harcourt, au duc de La Rochefoucauld, à Mme d'Houdetot, etc., nous n'avons pu en recueillir malheureusement qu'un nombre trop restreint. On trouvera à la fin du volume une courte analyse de toute cette correspondance.

Quelques mots à présent sur le voyage de Brissot aux États-Unis. On a vu au chapitre VII le début des relations de Crèvecœur avec le futur chef des Girondins. Le séjour de Brissot en Amérique amena entre eux de nouveaux rapports, sur lesquels nous n'avons du reste d'autres détails que ceux donnés par Brissot lui-même.

Débarqué à New-York en 1788, il se rend aussitôt chez son ami. Laissons-le parler[1] :

Comptant sur son amitié, sûr de trouver dans son âme quelque reconnaissance des services que je lui avais rendus, de l'attachement que je lui avais témoigné, je vole chez lui; j'étais étranger, il me devait un asile. A peine m'offrit-il l'hospitalité pour une nuit, une seule nuit, et le lendemain même il m'avertit que mon logement était prêt dans une maison où l'on recevait beaucoup d'étrangers. Depuis, il ne me vit qu'à la dérobée, il ne me présenta chez aucun Américain et garda la réserve la plus mystérieuse...

Il était dans la dépendance de l'ambassadeur Demoustier, qui haïssait les Américains, les révolutionnaires et les écrivains énergiques; j'étais du nombre des hommes qu'il proscrivait; sans cesse il exhalait contre moi sa haine impuissante[2]. Je la bravais; mais Crèvecœur, qui craignait de perdre sa place, jouait la froideur avec moi pour le tromper. Pouvais-je estimer

---

1. *Mémoires de Brissot*, édition Lescure, p. 399.
2. Brissot était cependant porteur d'une lettre de recommandation du comte de La Luzerne pour M. de Moustier, lettre obtenue par l'influence de Lafayette. M. de Moustier parle avec quelque amertume de cette recommandation dans une dépêche du 19 janvier 1789 (*Correspondance diplomatique*). Dans la même dépêche, il disait que l'on n'avait de nouvelles de France que par les récits infidèles des gazettes anglaises « ou par les rapports encore plus extravagants et en même temps méchants de quelques Français, et entre autres d'un nommé Brissot de Warville. »

plus longtemps un homme qui se dégradait par une si honteuse dissimulation ?

Crèvecœur dut, en effet, être un peu embarrassé de ses relations avec un homme qui était alors complètement sorti du libéralisme vague où se complaisaient les beaux esprits de Paris et devenait tout à fait révolutionnaire; mais, s'il ne voulut pas le produire et le patronner, il est certain qu'il lui fut d'un grand secours dans ses recherches. Le voyage de Brissot [1] contient en plus de vingt endroits l'éloge de Crèvecœur. L'auteur, à ce moment, paraît bien loin d'éprouver l'âpre rancune qui perce dans ses Mémoires et doit probablement son origine à des incidents inconnus de nous et postérieurs à cette époque. Ce qui est certain, c'est que, de retour en France, il continua à correspondre amicalement avec l'homme contre lequel il prétend avoir de si graves motifs de plainte [2].

Nous parlerons maintenant d'un important événement de famille, le mariage de Mlle de Crèvecœur avec M. Otto, secrétaire de la légation fran-

---

1. *Nouveau Voyage aux États-Unis.* 3 vol. in-8, 1791.
2. Voir à la *Correspondance* la lettre de Miers Fisher du 2 septembre 1789.

çaise. M. Otto, dont le nom paraît ici pour la première fois [1], était entré dans la diplomatie en 1777 comme secrétaire du chevalier de La Luzerne, qu'il avait accompagné d'abord en Bavière, puis aux États-Unis en 1779. Revenu en France en 1783, il était retourné en Amérique plus tard avec le titre de secrétaire de légation, et y avait rempli les fonctions de chargé d'affaires, laissées vacantes par le départ de M. de Marbois, jusqu'à l'arrivée du comte de Moustier au mois de janvier 1788. Il s'était marié une première fois, en 1787, à une jeune fille appartenant à l'une des premières familles de l'État de New-York, Mlle Livingston [2], qui mourut peu après, lui laissant une fille. Son mariage avec Mlle de Crèvecœur eut lieu le 13 avril 1790 à l'église Saint-Pierre de New-York, en présence de Thomas Jefferson, secrétaire d'État, de Jeremiah Wadsworth et Jonathan

---

1. Otto (Louis-Guillaume) était né en 1754 à Kork, grand-duché de Bade, ou à Strasbourg. (Voir Masson, *Département des Affaires étrangères*, p. 243.) Les deux actes de mariage qui sont entre nos mains n'éclaircissent pas ce point, mais ils nous donnent le nom de ses parents : Jacques-Guillaume Otto, conseiller intime du landgrave de Hesse-Darmstadt, et Julie-Dorothée Schœne.

2. Fille de Pierre Van Brugh Livingston et de Marie Alexander.

Trumbull, membres du Congrès, de Richard Morris, juge suprême de l'État de New-York, de M. et Mme de La Forest, de W. Seton, etc., etc.

Crèvecœur, qui avait demandé et obtenu un congé, n'attendait pour en profiter que la conclusion de ce mariage. Presque aussitôt après, le 31 mai 1790, il s'embarquait pour la France, laissant sa fille sous la protection d'un homme qu'il connaissait et aimait de longue date. Il avait pris passage sur le paquebot *le Washington,* où il eut pour compagnons de voyage M. et Mme Leray de Chaumont[1].

Il ne devait plus revoir l'Amérique.

---

1. Le fils de l'ami de Franklin. Voir page 187.

CHAPITRE IX

Les débuts de la Révolution. Crèvecœur se tient à l'écart. Séjour en Normandie. Retour à Paris. Il est révoqué. Ce qu'étaient devenus ses amis. Viotti. Retour de M. Otto. Le ministre Deforgues. L'abbé Raynal. L'expulsion des Anglais. Ally à Hambourg. La correspondance de Crèvecœur. M. de Laforest à Paris. L'abbé Grégoire. La comtesse de Damas; son arrestation. Gouverneur Morris. James Leray de Chaumont. Joël Barlow. M. et Mme d'Houdetot. Le prisonnier anonyme. La famille de Gouves. La Chabeaussière et le drame de Margency. Louis de Crèvecœur en Amérique. Le neveu de Lavater et l'amante de la mort. Monroë, ministre des États-Unis. Les drapeaux. Crèvecœur en Normandie. Arrestation d'Otto.

Lorsque Crèvecœur avait quitté la France en 1787, tous ses amis étaient, à des degrés différents, pénétrés des idées nouvelles. Ce monde de grands seigneurs, d'auteurs, de femmes d'esprit, tous plus ou moins philosophes et surtout *sensibles,* préparait depuis longtemps, sans trop s'en rendre compte, la grande révolution qui allait faire table rase de toute la vieille organisation sociale. Bien peu de ces délicats avaient entrevu toute l'importance du mouvement d'esprit qui commençait à se dessiner; les événements se pressaient, poussant les hommes. Où allait-on? nul ne pouvait le dire, mais on marchait et l'on marchait vite.

En 1790, on en était encore à la phase relativement tranquille de la Révolution; les constitutionnels étaient au pouvoir et l'Assemblée nationale travaillait avec une ferveur de néophyte à la réorganisation du pays.

Bien des indices faisaient cependant pressentir que la direction du mouvement allait échapper aux modérés. Des explosions populaires comme celles qui avaient amené la prise de la Bastille, le massacre de Foulon et de Berthier, les journées des 5 et 6 octobre, les troubles qui éclataient sur différents points du royaume, dénotaient une fermentation redoutable dans les classes inférieures, et donnaient fort à réfléchir aux esprits prudents.

A son départ d'Amérique, Crèvecœur ne connaissait l'état des choses que d'une manière assez imparfaite. Les journaux anglais et les lettres de ses amis l'avaient, il est vrai, tenu d'une façon générale au courant des événements; mais c'était en France seulement qu'il était possible de se rendre compte de l'état de l'esprit public.

Dès son arrivée, il paraît avoir jugé la situation du premier coup d'œil, et c'est, sans contredit, une des circonstances où il est permis d'apprécier le plus clairement le fond de son caractère. Cet homme, qui dans les choses de l'esprit était un enthousiaste, devenait dans la pratique de la vie réfléchi, prudent, timide même. A sa place, un ambitieux eût saisi l'occasion au vol. Rien à ce moment n'était plus facile pour l'auteur des *Lettres d'un cultivateur,* pour l'ami de Lafayette, de Target, de Brissot, que de se faire une belle place dans les rangs des patriotes; ils eussent accueilli comme un frère le *vertueux* et *sensible* écrivain. Mais une fois engagé dans la voie fatale, qui sait s'il eût pu s'arrêter? Dans ces années terribles où tout homme public dut bientôt choisir entre le rôle de victime et celui de bourreau, que de gens, en d'autres temps honnêtes et doux, cédèrent à une sorte de vertige ou à une honteuse frayeur, et devinrent des monstres ou de lâches complaisants!

Le bon sens de Crèvecœur l'écarte heureusement de la voie périlleuse. Il n'a pas même l'idée de venir à Paris; aussitôt débarqué, il rappelle ses deux fils, qui finissaient leur éducation dans la pension Lemoyne, et va s'établir en Normandie, chez son père, où il vit dans la retraite. Il reste peu de traces de sa correspondance d'alors[1]; ce qui en subsiste le montre vivant au jour le jour, sans projet arrêté, mais décidé à rester dans l'ombre. Il passe à Pierrepont une partie de 1791 et ne quitte qu'à regret cette paisible retraite, à la suite de quelques dissentiments avec son père.

C'est à Paris qu'il vient alors s'installer, mais il continue à se tenir à l'écart et ne cherche qu'à se faire oublier. Il était du reste toujours consul et avait réussi à obtenir des prolongations de congé successives, dont la dernière expirait en avril 1792. Il les devait probablement à l'influence de Lafayette; aussi quand ce dernier a quitté le commandement de la garde nationale et que, bientôt après, il est envoyé sur la frontière, la tolérance du ministère envers Crèvecœur prend fin tout d'un coup. En février 1792, Bertrand de Molleville, ministre de la Marine, lui enjoint de regagner son poste; il répond, le 10 du même mois, qu'il a la fièvre depuis trois semaines et qu'il partira sitôt qu'il sera rétabli. Mais bientôt il se ravise et, le 15 février[2], écrit au ministre que l'état de sa

---

[1]. Voir la *Correspondance*.
[2]. Archives des Affaires étrangères. Carton du consulat de New-York.

santé ne lui permet pas de reprendre ses fonctions, et qu'il se voit dans la nécessité de solliciter sa retraite. Sa lettre paraît être restée sans réponse ; ce qui est certain, c'est qu'il conserva le titre de consul jusqu'au 19 décembre 1792, époque à laquelle furent révoqués par mesure générale tous les agents français aux États-Unis [1].

Crèvecœur se décide alors à demander une pension pour ses services consulaires. Il écrit d'abord, le 10 mars 1793, au ministre de la Marine ; mais le décret du 16 février venait de retirer les consulats au département de la Marine pour les attribuer aux Affaires étrangères. Le 22 mars, il adresse donc une nouvelle demande au ministre Lebrun [2], demande à laquelle est jointe

---

[1]. Nous avons trouvé une note non signée, mais écrite par M. Otto, d'après laquelle cette mesure aurait été prise sur la dénonciation d'un nommé D..., avocat établi en Amérique, ayant rempli les fonctions d'agent commercial sous plusieurs consuls. Cette initiale ne peut s'appliquer qu'à Ducher, l'ami de Barère, dont il est plusieurs fois question dans l'ouvrage de M. Masson, *le Département des Affaires étrangères*, p. 240 et *passim*. C'était un vrai type de sans-culotte que ce Ducher, même avant la Révolution. Pendant son séjour en Amérique, il n'avait ni chemises ni mouchoirs, et, invité un jour à dîner chez le gouverneur de Boston, il se moucha dans la nappe, au grand scandale de ses voisins. Le fait est consigné dans un rapport officiel.

[2]. Consulat de New-York.

une feuille de renseignements contenant sur ses services des détails que nous avons utilisés en leur temps [1]. Il ne fut donné aucune suite à sa réclamation ; à peu près dénué de ressources, il continua à vivre péniblement et obscurément, voyant peu de monde et se confinant dans son petit cercle de famille.

Du reste, depuis le commencement de la Révolution, beaucoup de ses amis et protecteurs avaient peu à peu disparu de la scène. Le maréchal de Beauvau, ministre pendant cinq mois à la fin de 1789, avait depuis lors vécu dans la retraite la plus complète [2] ; le maréchal de Castries, le baron de Breteuil étaient en émigration ; les ducs de La Rochefoucauld et de Liancourt, deux honnêtes patriotes, avaient tenu courageusement leur place dans les assemblées ; mais le premier avait été lapidé et assassiné à Gisors en 1792, et le second s'était vu forcé de passer en Angleterre. Lafayette, qui avait été un moment la première figure de la Révolution, bientôt usé et mis hors la loi, était aussi obligé de s'expatrier. L'honnête mais craintif Target avait failli être garde des

---

1. Notamment p. 79.
2. Il mourut en 1793.

sceaux en 1789 et avait joué à la Constituante un rôle important[1]; mais un acte de faiblesse ou plutôt de timidité, qui lui a peut-être été trop durement reproché, allait peser sur toute la fin de sa vie. Brissot, le seul des anciens amis de Crèvecœur qui fût vraiment révolutionnaire, devait expier bientôt sur l'échafaud sa modération relative.

D'un autre côté, il ne semble pas que Crèvecœur ait fait à cette époque beaucoup de connaissances nouvelles. Voici cependant un nom que nous rencontrons pour la première fois : c'est celui du célèbre violoniste Viotti, autrefois très bien vu dans la société de Mme d'Houdetot[2], où Crèvecœur n'avait pu manquer de le rencontrer. Viotti s'était fait concéder en 1788, de moitié avec Léonard, le coiffeur de la Reine, le privilège d'un théâtre italien, qui avait été établi d'abord aux

---

1. Non sans une teinte de ridicule ; on connaît les couches de Target, et bien d'autres plaisanteries.
2. *Mémoires de Morellet*, t. I, p. 281. Il en est souvent question dans les *Mémoires de la comtesse de Genlis* et aussi dans les *Souvenirs de Mme Vigée-Lebrun*. La *Revue britannique* a publié en 1837 un article traduit du *Blackwood-Magazine* intitulé : « Les violonistes célèbres », qui, malgré quelques erreurs biographiques, contient sur cet artiste plusieurs particularités intéressantes.

Tuileries, puis, après le retour de la cour à Paris, dans un fort pauvre local appelé le théâtre de la foire Saint-Germain. Malgré ce déménagement forcé, la troupe italienne, dirigée par Viotti et Cherubini, avait obtenu le plus grand succès, et le premier s'était associé avec Feydeau de Brou pour construire une salle qui fut inaugurée en 1791. Crèvecœur, qui avait sur l'exécution musicale des idées toutes particulières, avait imaginé une disposition spéciale de l'orchestre, disposition qui, croyons-nous, a été réalisée depuis par Wagner. Il prétendait que les chœurs et l'orchestre devaient être placés non pas devant, mais sous la scène. Il ajoutait à cette innovation une combinaison de portes, s'ouvrant plus ou moins largement et avec plus ou moins de vitesse, de manière à produire des effets de sonorité tout nouveaux. C'était un système complet qu'il a exposé dans un petit manuscrit rédigé à Munich en 1806 [1]. « Le célèbre Viotti, y lit-on, allait faire un essai de ces concerts, lorsque les fureurs de la Révolution le forcèrent de se retirer en Angleterre. » Il est probable que c'est sur le théâtre Feydeau que Viotti aurait tenté l'expérience, mais il quitta

---

[1]. Voir la lettre du 1er janvier 1807 (*Correspondance*).

la France en 1792, ruiné par les événements.

Le gendre de Crèvecœur, M. Otto, qui depuis 1790 était chargé d'affaires de France aux États-Unis, était revenu en congé à la fin de 1792, amenant sa femme qui venait en France pour la première fois. Il trouva à son arrivée la nouvelle de sa révocation. Le 2 janvier 1793 il demandait un emploi, et le 29 du même mois, il était nommé chef du premier bureau des Affaires étrangères en remplacement de Maret, depuis duc de Bassano, envoyé en mission à Londres [1].

La position d'Otto le mit, ainsi que son beau-père, en relations suivies avec Deforgues [2] qui remplaça Lebrun-Tondu aux Affaires étrangères le 21 juin 1793. Deforgues, malgré des antécédents révolutionnaires fort accentués, était cependant, au dire des contemporains, un homme de bonne compagnie, et il se plut à maintenir dans ses bureaux un ton et des manières qui, partout ailleurs, eussent été un titre de proscription. Miot de Melito, qui était alors son secrétaire général, nous a conservé le récit des dîners donnés par ce

---

1. Masson, *le Département des Affaires étrangères*, p. 244.
2. François-Louis-Michel Chemin Deforgues, né en 1759. Masson (ouv. cité, 286, s.) donne des détails sur les origines de ce personnage, que nous retrouverons au chap. XII.

ministre à ses amis Danton[1], Lacroix, Legendre, Fabre d'Églantine, et auxquels assistait parfois Robespierre. Miot, Otto et Colchen[2], placés au bout de la table, écoutaient en silence la conversation de ce cénacle jacobin[3]. Si, dans ce triste temps, on eût osé prendre des notes et surtout les garder, Crèvecœur, qui aimait les mémorandums, nous eût conservé, d'après les récits de son gendre, de curieux échos des propos de table de ces effrayants convives.

Il eut aussi à cette époque quelques rapports avec le fameux abbé Raynal. C'est du moins ce qui résulte d'une note trouvée dans les papiers de l'abbé par Jay, son biographe. Le ton, comme on va le voir, en est assez peu aimable :

Je remaniais l'*Histoire philosophique et politique des deux Indes;* les matériaux me manquaient pour l'Amérique septentrionale, qui avait entièrement changé de face depuis que j'avais écrit. M. Dumoustier[4] eut la

---

1. D'après les *Mémoires de M*^{me} *Roland* (édition Faugère, tome I, p. 225). Deforgues avait été clerc de Danton.
2. Alors chef de bureau au ministère.
3. *Mémoires du comte Miot de Melito*, deuxième édition, 1873, tome I, p. 41.
4. Il s'agit de M. de Moustier, ancien ministre de France aux États-Unis. Il avait été, après sa mission en Amérique, nommé à Berlin, et rappelé en toute hâte à la fin de 1791 pour

bonté de me prêter quelques papiers qui roulaient uniquement sur la population, l'agriculture et le commerce des États-Unis ; je les communiquai à M. de Crèvecœur, avec prière d'y joindre quelques-unes des connaissances qu'il devait avoir sur un pays d'où il arrivait. Cet homme de bien n'a rien fait de ce qu'il m'avait promis, a gardé, malgré mes réclamations, pendant quinze ou dix-huit mois le dépôt qui lui avait été confié, et a fini par le rendre à M. Otto, premier commis des Affaires étrangères, qui m'a signifié, par sa lettre du 22 mai 1793, que ce dépôt ne me sera jamais rendu [1].

Disons tout de suite que Jay, dans la *Biographie nouvelle des contemporains*, aux articles Raynal et Otto, a rectifié lui-même l'assertion de l'irascible abbé et établi que les mémoires appartenaient non pas à Raynal, mais au ministère des Affaires étrangères, où ils furent déposés. Il nous paraît à peu près certain qu'au nombre de ces documents se trouvait un exemplaire du grand rapport rédigé

---

recevoir le portefeuille des Affaires étrangères à la place de Montmorin. La combinaison n'aboutit pas, et il fut envoyé à Constantinople. C'est à son retour de Berlin qu'il dut voir l'abbé Raynal, récemment arrivé à Paris. M. de Moustier avait recueilli aux États-Unis des documents très nombreux sur la question commerciale, et l'on a de lui, aux Affaires étrangères, des documents fort intéressants.

1. Précis historique de M. Jay placé en tête de l'*Histoire philosophique des deux Indes*, Didot, 1820.

en 1789 par Crèvecœur sur l'État de New-York[1], qui serait resté dans les mains de M. de Moustier. On expliquerait difficilement, sans une circonstance de ce genre, l'existence aux Affaires étrangères de deux copies de ce volumineux travail.

Ce petit incident vidé, nous reviendrons en quelques mots sur Raynal. Crèvecœur avait été autrefois un de ses admirateurs enthousiastes, et il lui avait dédié l'édition anglaise des *Lettres d'un cultivateur*. Ils n'avaient pu cependant se rencontrer avant la Révolution. Raynal, en effet, banni après la deuxième édition de son livre[2], n'était rentré en France qu'en 1787, et, comme le séjour de Paris lui était interdit, il s'était fixé en Provence. Ce fut seulement en 1790 qu'un décret, rendu sur la proposition de son ami Malouet, vint lever cette interdiction. Crèvecœur, arrivé à Paris en 1791, y trouva Raynal ; celui-ci venait d'écrire au président de l'Assemblée nationale sa fameuse lettre du 31 mai[3], qui lui donna plus de

---

1. Voir chap. VIII.

2. Cette édition (Genève, 1780) porte le nom de Raynal ; la première était anonyme.

3. Lettre où il manifestait le regret d'avoir été « un de ceux qui, en exprimant une indignation généreuse contre le pouvoir arbitraire, avaient peut-être donné des armes à la licence et à l'anarchie ».

satisfaction de conscience que de popularité.

Depuis quelque temps déjà, Crèvecœur avait placé l'aîné de ses fils dans une grande maison de banque anglaise de Paris, dirigée par un nommé Walter Boyd [1]. Mais les mesures rigoureuses édictées par la Convention contre les Anglais domiciliés en France [2] forcèrent Boyd à fuir précipitamment.

Crèvecœur craignit peut-être qu'employé dans une maison anglaise et portant un nom d'apparence étrangère, son fils ne fût inquiété à Paris. Toujours est-il qu'il fit partir Ally pour le Havre où son frère Louis l'accompagna [3]. Placés tous les deux chez un négociant américain, ils attendaient qu'une occasion favorable leur permît de quitter la France, d'où la tendresse inquiète de leur père voulait les éloigner à tout prix. Celui-ci aurait bien désiré les voir se réfugier aux États-

---

1. Il en est question dans la correspondance de Gouverneur Morris. Le siège de la maison était rue de Grammont, n° 9. La raison sociale était Boyd, Ker et Cie.

2. Décrets des 7 septembre et 10 octobre 1793, portant emprisonnement et confiscation.

3. Nous avons le certificat d'hospitalité délivré le 28 vendémiaire an II (19 octobre 1793) par la municipalité du Havre à Philippe-Louis Saint-John, originaire des États-Unis, *en France depuis cinq semaines.* Il arrivait de Paris, mais il ne fallait pas avoir l'air d'émigrer.

Unis où ses vieux amis les auraient reçus à bras ouverts; mais la mer était alors infestée par les pirates algériens, puis il régnait en Amérique une certaine fermentation causée par les événements d'Europe. Ally profita donc d'une occasion qui se présenta et, vers la fin d'octobre, il s'embarquait pour Hambourg, muni de quelques lettres de recommandation plus commerciales que personnelles. Il eut le bonheur d'y trouver un négociant nommé Barbazan, originaire de Bordeaux, mais naturalisé Américain, qui l'accueillit comme un fils, l'initia aux affaires et lui donna le moyen d'entreprendre quelques spéculations heureuses. Au bout de peu de temps, ce jeune homme de vingt et un ans put non seulement subvenir à ses besoins, mais même faire parvenir en France un peu d'argent qui fut d'un grand secours pour toute la famille.

A Lubeck, le nom de son père et le souvenir des *Lettres d'un cultivateur* procurèrent à Ally les bons offices d'une honorable famille du pays qui l'accueillit avec la plus affectueuse cordialité et lui fit faire plusieurs connaissances agréables et utiles. Ce fut pour le vieil auteur un dernier succès bien inattendu, et qui le toucha jusqu'au fond de l'âme.

Il écrivait très fréquemment à son fils et sa correspondance a été conservée. Ses lettres étaient envoyées à Ally par l'entremise d'un négociant américain de Paris, J. Swan[1]. Crèvecœur gardait la plus grande circonspection, la prudence l'exigeait impérieusement ; aussi ses lettres sont-elles fort obscures[2], et il est bien certain que, tombées aux

---

1. De la maison Dallard, Swan et Cie. Cette maison, qui faisait de grands transports maritimes pour le compte du gouvernement, avait des facilités particulières pour ses correspondances.

2. Cette correspondance comprend soixante-quatorze lettres, du 29 novembre 1793 au 19 septembre 1794, toutes en anglais et numérotées. Elles sont adressées à Ally sous son nom de William-Alexander Saint-John, ou sous le pseudonyme de William Hastings. A partir du 14 février 1794, Crèvecœur redouble de précautions. Ainsi le n° 21 est daté du comté d'Orange; le 22, de Pine Hill (son ancienne plantation). A ce moment apparaissent les noms indiens de Cahio-Harra, de Tewenissa, de Mataxen, qui désignent Crèvecœur, Ally, Otto. Le vieux Sachem, c'est son père; le Potowmack, l'Elbe, Clintarf, l'Angleterre. Au mois de juin, il continue à dater des États-Unis, variant presque chaque fois : New-Haven, New-Port, Providence, Oswego, etc. De plus, il antidate d'une année; ainsi, le n° 51 est daté de New-Haven, 14 juin 1793, au lieu de 1794; ou bien il change le mois : le n° 60 est daté d'Oswego, 28 février, au lieu du 28 juillet. Sans les numéros d'ordre, fort imparfaitement déguisés par des zéros (61,000, pour 61), il eût été absolument impossible de faire un classement quelconque. Il est fort peu aisé de déchiffrer cette correspondance remplie d'abréviations, d'initiales et de pseudonymes. Le lecteur jugera, d'après les

mains d'une police soupçonneuse, elles eussent fortement compromis leur auteur, précisément à cause des précautions exagérées et un peu puériles auxquelles il avait recours [1]. Mais si toutes les nouvelles sont enveloppées des formules les plus étranges, rien du moins n'arrête les effusions paternelles de l'écrivain; ses lettres ont un naturel et une chaleur de cœur bien rares dans ce temps, où le langage d'une sensibilité ampoulée gâte généralement l'expression des sentiments les plus vrais. On suit toutes ses anxiétés; les nouvelles manquent-elles? il ne vit plus, il se forge mille chimères; mais aussi quelle joie, quelle expansion quand une lettre vient calmer ses craintes !

En dehors de ce point de vue tout intime, cette

---

quelques exemples que nous en donnons plus loin, des difficultés d'interprétation que nous avons rencontrées. Trop souvent la clef nous a échappé, et nous y perdons certainement quelques détails intéressants sur l'histoire anecdotique du temps.

1. Les réponses étaient plus dangereuses peut-être que les lettres. Aussi Crèvecœur enjoignait-il à son fils la plus grande circonspection, non seulement dans ses lettres, mais même dans ses conversations. « Otto m'assure, écrivait-il le 9 décembre 1793, que, sans qu'il puisse l'expliquer, tout ce qui se passe à l'étranger, tout ce qui s'y dit, même les choses les plus futiles, les conversations, les toasts, est connu du gouvernement. »

correspondance est loin d'être sans intérêt, et nous allons en extraire ce qui nous a paru de nature à mériter l'attention.

M. de Laforest, comme on l'a vu au précédent chapitre, remplissait par intérim les fonctions de consul général aux États-Unis pendant que Crèvecœur était à New-York. Il avait été nommé titulaire de ce poste le 2 mars 1792 et, le 19 novembre de la même année, il avait été révoqué comme tous les autres agents. D'après une lettre écrite par lui au ministre le 29 septembre 1793 [1], il avait reçu notification de la nomination du citoyen Dupont [2] au consulat de Philadelphie et de la réunion du consulat général à la légation; il avait fait la remise du service de Philadelphie à Dupont et conservé la gestion du consulat général jusqu'au 12 juillet, sur la demande du nouveau ministre, le célèbre Genest [3]. Il s'était embarqué pour la

---

1. Archives des Affaires étrangères. Carton du consulat de Philadelphie.
2. Beau-frère de Brissot (Rapport de Robespierre à la Convention du 27 brumaire an II). Il ne faut pas le confondre avec Victor Dupont, fils de Dupont de Nemours, qui fut aussi employé aux États-Unis comme premier secrétaire et comme consul à Charlestown, puis à Philadelphie (Masson, 333)
3. Ce n'est pas tout à fait ce que dit M. Masson. Nous croyons qu'il n'a pas eu connaissance de la lettre ci-dessus.

France le 31 juillet, laissant en Amérique ses enfants et sa femme malade, et était arrivé au Havre le 25 septembre.

Crèvecœur revit avec bonheur cet ami de ses belles années; mais le séjour de Laforest ne devait pas être long, et le 16 novembre 1793, après avoir reçu du ministre Deforgues un accueil auquel l'influence d'Otto ne fut sans doute pas étrangère, il était de nouveau investi du consulat général et partait avec son ami Pétry[1], nommé consul à Philadelphie. Crèvecœur écrivait le 2 décembre 1793 :

Laf. et Pet. sont retournés, et aussi de Lét. C. de Boston[2]. Je n'ai pas donné mon projet concernant les P. B.[3], craignant de me mettre en vue et préférant rester dans l'obscurité.

Il n'avait pas, paraît-il, renoncé encore à cette

---

1. Pétry (Jean-Baptiste), précédemment agent consulaire à Glascow. Il fut plus tard secrétaire de la légation des États-Unis.
2. De Létombe, consul à Boston. Voir *Correspondance*, lettre n° 1. Quoi qu'en dise ici Crèvecœur, il ne fut pas replacé et resta à Paris. C'est M. Dannery qui fut nommé à Boston.
3. Paquebots. Voir la note sur les paquebots. Depuis la fin de 1792, il n'y avait plus de concessionnaire et le service était fait par la marine de l'État.

idée, jadis tant caressée par lui, d'établir des communications régulières entre la France et les États-Unis; mais le moment, il faut l'avouer, eût été singulièrement choisi pour tenter un nouvel essai.

On lit dans la même lettre :

Je vois quelquefois l'ab. Gré.[1] C'est pour moi un excellent ami; mais à quoi sert l'amitié à l'heure du danger ?

Grégoire, quoiqu'il en soit ici question pour la première fois, n'était pas évidemment une nouvelle connaissance; peut-être leurs relations avaient-elles commencé à la Société des amis des noirs, établie à Paris par Brissot en 1788, et dans laquelle on voit figurer le curé d'Embermesnil à côté de Crèvecœur et de plusieurs de ses amis[2].

Voici maintenant la comtesse Charles de Da-

---

1. L'abbé Grégoire. Les *Mémoires de Grégoire* ne parlent pas de ses relations avec Crèvecœur. Ils le citent seulement au nombre des hommes de lettres qui se cachaient pour éviter la persécution (I, p. 351). Nous retrouverons Grégoire au chapitre XII.

2. Voir *Correspondance*, lettre du 20 mars 1789 à Mme d'Houdetot, note sur cette Société.

mas que nous avions perdue de vue depuis 1790. Elle s'était retirée à Épinay avec sa sœur, la princesse de Saint-Mauris, et son père, le marquis de Langeron, qui y mourut. L'abbé Morellet les y vit en 1792[1]. Le prince de Saint-Mauris[2], qui avait émigré fort tard, avait été si mal reçu à l'armée des princes qu'il était revenu en France ; il y fut bientôt arrêté avec sa femme. C'est probablement alors que Mme de Damas, qui venait de perdre son père, eut l'idée de se réfugier à Seineport, dans la maison de campagne du ministre des États-Unis, Gouverneur Morris, avec lequel elle était fort liée. Elle y fut arrêtée malgré les vives réclamations de son hôte[3]. Voici ce qu'écrit Crèvecœur à ce sujet :

---

1. *Mémoires de Morellet*, tome I, p. 403.
2. C'était le fils du prince de Montbarey, ancien ministre de la Guerre. Voir les *Mémoires* de ce dernier, tome III, p. 49 et suiv.
3. Dans une lettre écrite de Hambourg à Washington, le 30 décembre 1794, Morris s'exprimait ainsi à ce sujet : « Je fus grossièrement insulté par l'arrestation d'une dame dans ma propre maison, sur un ordre du Comité de sûreté générale. Je ne pouvais m'en venger comme j'aurais dû le faire, c'est-à-dire en quittant le pays, attendu qu'un grand nombre de mes concitoyens étaient alors détenus en France. Pour ne pas cacher la vérité, je souhaitais être rappelé à la sollicitation de ces hommes. *Cela manquait à ma réputation.* » (*Mémorial*, traduction Gandais, tome II, p. 455.)

La C. C. D.[1] est sévèrement enfermée, et le pis, pour s'être mise sous la protection de G. M.[2] qui ne s'est pas conduit dans cette affaire comme un homme de sens. Cela l'a rendu plus impopulaire et a donné lieu à cent histoires.

Et dans une autre lettre (6 décembre):

La C. C. D. est en prison avec sa sœur et son beau-frère[3]. Elle est enfermée sans feu. Sa fille en mourra. Elle paye bien chèrement la protection de G. M. qui lui a fait beaucoup de mal.

Mme de Damas échappa heureusement avec sa sœur au sort du prince qui, compris avec Mme de Sainte-Amaranthe et les deux Sombreuil parmi les soixante accusés de la prétendue conspiration de l'étranger, fut guillotiné avec eux le 10 juin 1794[4].

C'est la première fois que se trouve sous la plume de Crèvecœur le nom de Gouverneur Morris, et il en parle, on l'a vu, avec une certaine amertume. Au premier abord, nous avons été surpris de cette malveillance peu déguisée. L'atti-

---

1. Comtesse Charles de Damas.
2. Gouverneur Morris.
3. Le prince et la princesse de Saint-Mauris.
4. *Mémoires sur les prisons*, tome II, Port-libre. La veuve du prince de Saint-Mauris épousa plus tard le prince de La Trémouille.

tude de Morris pendant sa mission à Paris a pu en effet être diversement appréciée en Amérique ; Washington qui, malgré son horreur pour les excès de la Révolution, regardait comme une nécessité politique de ménager la Convention, s'est trouvé en droit de reprocher au représentant des États-Unis d'avoir plus d'une fois compromis son caractère diplomatique en manifestant trop hautement son dévouement au roi et son mépris pour les Jacobins. Mais il nous semblait que la personne et la conduite du ministre américain ne devaient inspirer que de la sympathie à un homme du caractère de Crèvecœur. La suite de sa correspondance nous a donné l'explication de ses sentiments.

Si l'on envisage la situation de ceux qui avaient à compter sur la protection de Morris comme représentant des États-Unis, il faut reconnaître que cette protection était devenue illusoire. Il avait montré les plus nobles sentiments ; il avait aidé de ses conseils, soutenu de ses encouragements l'infortuné Louis XVI ; mais par cela même il s'était privé de toute influence sur les hommes de la Révolution ; non seulement il ne protégeait plus, mais il compromettait. Les Américains s'en aperçurent bientôt ; les pseudo-Américains, et il y en avait beaucoup alors, les citoyens honoraires des États-Unis, comme l'était Crèvecœur, le sentirent plus encore. Crèvecœur avait bien pu obtenir des passeports américains pour ses deux fils, qui étaient nés aux États-Unis, pour lesquels l'anglais était la langue maternelle et qui portaient un nom de physionomie anglaise, mais lui-même était trop connu pour invoquer une ancienne naturalisation, devenue caduque au point de vue français par les fonctions publiques qu'il avait exercées. Pour colorer un départ qu'il appelait de tous ses vœux, et qui en réalité n'eût été qu'une fuite, il aurait fallu un protecteur puissant, et ce protecteur ne pouvait être Morris.

Et pourtant il voyait à Paris, en ce moment même, un homme, un Français, vivant dans une sécurité relative comme citoyen américain. C'était son compagnon de voyage sur le *Washington*[1], M. Leray de Chaumont, James Leray, comme il se faisait appeler, qui jouissait paisiblement de la fortune considérable qu'il tenait de son père, l'ancien intendant des Invalides, l'hôte de Franklin à Passy. Le jeune Leray était allé aux États-Unis en 1784 pour obtenir le remboursement

---

1. Voir page 164.

d'avances faites par son père au Congrès pendant la guerre de l'Indépendance, remboursement qui n'était pas encore terminé en 1790. Grand ami de Morris, il vivait en France sous la protection d'un caractère semi-diplomatique [1], et cherchait à vendre par lots une grande concession, appelée Castorland, qu'il possédait en Amérique. Crèvecœur, invité à dîner chez lui à Passy, était émerveillé de son luxe et enviait sa sécurité [2].

M. Leray n'était pas le seul qui s'occupât à Paris de ventes de terres. C'était un commerce qui se faisait sur une grande échelle et que pratiquait depuis longtemps un homme bien connu de Crèvecœur, un ami de Grégoire et de Jefferson, Joël Barlow [3]. Venu à Paris en 1788 comme

---

1. En mars 1794 il alla à Alger avec une mission. *Mémorial de G. Morris* (Gandais), tome II, p. 393.
2. Lettre du 10 janvier 1794.
3. Son nom est dans toutes les biographies. Barlow était l'auteur d'un poème en dix chants intitulé : *La Vision de Colomb*. On trouve dans la *Correspondance diplomatique des États-Unis* (Affaires étrangères) la lettre autographe en date du 30 juin 1785, par laquelle il offre au Roi la dédicace de cet ouvrage, dédicace intéressée : car l'année suivante (8 février 1786), Lafayette rappelait cette lettre au ministre des Affaires étrangères et demandait que le Roi souscrivît à l'ouvrage. Ce même Barlow, d'après M. de Witt (*Jefferson*, p. 350), écrivit plus tard une chanson populaire sur l'air du *God save the king* en l'honneur de la guillotine !

agent de la Compagnie du Scioto, ce Barlow, qui devint plus tard ministre des États-Unis en France, s'occupait aussi d'entreprises maritimes, et il fut chargé plusieurs fois de porter à Ally des lettres de son père. Voici, à titre de curiosité, la façon singulière dont celui-ci le désignait à son fils. Nous traduisons littéralement :

J. L. B. W., l'homme de Hartford, qui est venu de son pays il y a quelques années et qui sur son dos, pendant qu'il nageait, portait le jeune G. G. qui s'est noyé depuis.

Ce G. G. était le jeune Georges Washington Greene, que Lafayette avait fait venir en France et qu'il avait placé dans la pension Lemoyne[1]. Il avait quitté la France en 1792 et se noya peu après dans une partie de chasse[2].

Le nom du comte et de la comtesse d'Houdetot reviennent dans chaque lettre. Eux du moins ont le bonheur de traverser ces terribles moments sans être sérieusement inquiétés. En décembre

---

1. Voir page 130.
2. *Revue britannique*, mars 1862 : *Lafayette chez lui, souvenirs d'un Américain*. Nous ne donnons ce passage qu'à cause du hasard qui nous a permis de l'interpréter. Bien d'autres, plus curieux sans doute, restent pour nous lettre close.

le comte est à Paris, et la comtesse tantôt à Sannois, tantôt à Eaubonne chez Saint-Lambert, auquel l'âge commence à faire sentir ses atteintes. « Il rampe vers son dernier repos, mais imperceptiblement », dit Crèvecœur dans son anglais imagé. Le vieux comte ne quitte Paris pour rejoindre sa femme que dans le courant de janvier 1794. Ils étaient fort tourmentés d'embarras d'argent, mais continuaient néanmoins à recevoir. En février la comtesse vient passer trois semaines à Paris et donne une soirée, au grand étonnement de son vieil ami. Il écrit le 10 mars :

Qui pensez-vous qui ait chanté chez elle? notre ancien compagnon de voyage Nath.[1], dont le père est sous les verrous. Elle est incapable de faire des économies et de diminuer son train. Je crains beaucoup pour elle et son mari.

Le secrétaire, l'homme de confiance de Mme d'Houdetot, Girard, a passé tout l'hiver à Paris. C'était pour Crèvecœur une vieille connaissance, presque un ami. Il le voit souvent ; il a par lui des nouvelles de ceux qui l'intéressent, il le charge des commissions et des courses qu'il ne

---

1. Nous ne pouvons mettre ici qu'un point d'interrogation.

peut faire lui-même. Ainsi, c'est Girard qui va voir un prisonnier mystérieux, dont il est question pour la première fois dans une lettre du 9 décembre 1793, et qui est désigné sous le simple prénom de Thomas.

Ce malheureux dévore les faibles ressources de Crèvecœur. C'est 25, puis 50 livres par mois qu'il faut payer pour lui; on lui donne des vêtements, des draps, des couvertures, de l'argent, et encore il est mécontent. Cet homme si peu reconnaissant, dont son bienfaiteur ne parle qu'avec un dégoût mal déguisé, ne serait-ce pas Thomas Paine[1], ce quaker anglais, américanisé puis francisé, ce conventionnel jadis si populaire qui expiait en prison ses liaisons avec les brissotins, ce « Tyrtée de bas étage », habitué à chercher l'inspiration dans sa bouteille d'eau-de-vie? Crèvecœur l'avait beaucoup connu autrefois; peut-être l'avait-il vu plus intimement depuis ces dernières années. Mais ce n'est là qu'une simple présomption, dénuée de toutes preuves.

Crèvecœur, dans ses fréquents séjours à San-

---

1. Paine fut arrêté en décembre 1793, et non en 1794, comme le dit la *Biographie Michaud*. Voir la *Revue britannique*, juin 1860. Il fut mis en liberté sur la demande de Monroë.

nois, avait fait quelques connaissances dans les environs. Il parle souvent dans ses lettres d'un M. de Gouves, qui demeurait à Taverny avec ses deux sœurs. Ancien conseiller au Châtelet, M. de Gouves de Vitry avait été ruiné par la Révolution; mais, doué d'un heureux caractère, c'était, malgré tout, l'homme le plus insouciant et le plus aimable; ses sœurs étaient tout aussi gaies et résignées. Tous les trois faisaient souvent le voyage de Paris. Au mois de mars, ils viennent passer la soirée chez Mme Otto. Ils ont fait la course à pied et déjeuné, à moitié route, dans un cabaret où l'on a pu leur donner de la viande et du beurre, denrées presque introuvables à Paris[1]; aussi Crèvecœur le lendemain s'empresse-t-il de les reconduire jusqu'à ce bienheureux bouchon, d'où il rapporte un respectable morceau de bœuf.

Voici maintenant un vrai drame, toujours dans la vallée de Montmorency :

Tu te souviens sans doute d'un vieux brick appelé *Mar...y*, sur lequel j'aimais peu à aller, quoique l'équipage te plût beaucoup. Tu te rappelles un certain G... que l'équipage avait pris pour passager. Eh bien! ce

---

1. C'est quelques jours auparavant, le 21 février 1794, que le boucher Legendre demandait à la Convention que, vu la rareté de la viande, on ordonnât un carême civique.

G... a trouvé moyen de renfermer tout l'équipage sous les écoutilles, de sorte qu'il a pour lui le brick et la cargaison...; cela est une vengeance.... On dit que G... a porté accusation devant les hauts amiraux, ce qui pourrait être suivi d'une conséquence fatale... La Cha... et sa femme sont fous de rage [1].

Nous ne savons si Ally était capable d'interpréter à première vue une pareille énigme. Pour nous, le hasard seul nous a permis de la déchiffrer. Il s'agit ici de La Chabeaussière, l'homme de lettres [2]. Il avait épousé une veuve, Mme de Maleyssie, qui lui avait apporté le château de Montgarny, près Margency. Il fut arrêté, a-t-on dit, sur la dénonciation d'un gendre de sa femme, comme ayant donné asile au conventionnel Julien de Toulouse, alors décrété d'accusation. Nous ne reproduisons pas ici le nom de l'homme fort connu que l'on accusait de cette infamie, assez peu vraisemblable d'ailleurs [3].

---

1. Lettre du 31 janvier 1794.
2. Voir les *Biographies*. Arnault parle de la connaissance qu'il fit de La Chabeaussière à Margency en 1795. (*Souvenirs d'un sexagénaire*, tome II, p. 160 et suiv.)
3. C'est en parcourant l'*Histoire de la vallée de Montmorency*, par Lefeuve, que nous avons, sans les chercher, trouvé les noms à mettre sous les initiales. La *Biographie moderne* (Leipzig, 1806) nous a donné l'anecdote.

Une autre lettre d'août 1794 dit que les gens de Mar (gency) sont encore « sous deux clefs ». Il aurait pu dire trois. Le père était en effet aux Madelonnettes, la femme à la Bourbe et les deux filles à Sainte-Pélagie [1]. Ils sortirent de prison quelque temps après le 9 thermidor.

Louis, le second fils de Crèvecœur, était, comme on l'a vu, resté au Havre après le départ de son frère, attendant une occasion pour le rejoindre; mais l'occasion ne vint pas, et, le négociant chez lequel il était placé ayant quitté la ville, il dut, au milieu de février 1794, revenir près de son père [2]. Ce fut seulement au mois d'avril que ce dernier réussit à le faire partir pour Bordeaux, d'où il devait gagner Hambourg [3]. Le jeune homme s'embarqua en effet le 2 mai sur un navire danois, qui faisait voile pour l'Amérique en touchant à Lisbonne. Il devait débarquer dans ce port, et de là se rendre à Hambourg; mais il avait l'idée fixe d'aller s'établir aux États-Unis et d'essayer, lui aussi, de cette vie de pionnier, décrite

---

1. *Biographie moderne.*
2. Passeport délivré au *Havre-Marat* le 23 pluviôse an II (11 février 1794).
3. Passeport délivré à Sainport (*sic*) le 11 avril 1794, par G. Morris, à Philip-Lewis Saint-John, citoyen des États-Unis, allant à Philadelphie.

d'une façon si séduisante par les *Lettres d'un cultivateur*. Il s'embarqua donc pour Boston (son père
n'en fut informé qu'à la fin d'août) et fort à court
d'argent, mais avec toute l'ardeur de la jeunesse,
il se mit sur-le-champ à l'œuvre pour essayer
de fonder un établissement presqu'à la limite du
désert.

Son père, lorsqu'il l'avait su hors de France,
avait repris une vie nouvelle. Ses lettres, jusqu'a-
lors empreintes du plus profond découragement,
montrent, dès le mois de mai, une certaine anima-
tion. Sa position était cependant loin d'être heureuse : tremblant à chaque instant pour sa famille
ou pour lui, ayant à craindre les dénonciations,
les perquisitions, tout l'imprévu de cette terrible
époque, en outre, à peu près dénué de ressources, il vivait d'emprunts et d'expédients.
Étroitement resserré dans le modeste logement
de sa fille qui, par économie, avait dû prendre
encore un pensionnaire[1], il était obligé, pour
écrire à son fils, de se réfugier dans le bruyant

---

1. Un vieil homme de lettres désigné par la seule initiale
de R. « Il passe ses soirées, dit Crèvecœur, à nous faire de
fatigantes lectures, et il me chasse du coin du feu où je pour-
rais écrire et travailler tranquillement; mais il nous paye 125
livres par semaine pour manger du riz au beurre et boire de
l'eau, car c'est un fervent adepte du régime pythagoricien. »

comptoir de la maison Swan. Il souffrait plus qu'un autre peut-être, parce que son esprit hypocondriaque ne lui avait jamais permis d'acquérir cette insouciance que l'habitude du danger avait alors donnée même aux plus faibles et aux plus timides.

Cependant, lorsqu'il sent ses deux fils en sûreté, un rayon de soleil illumine ses ténèbres. Il peut enfin recourir au travail, le grand consolateur ; il a repris la plume, et le voilà bientôt en pleine fièvre de composition. Il rêve d'ajouter un quatrième volume à son *Cultivateur américain*, et les lettres qu'il adresse à Ally sont toutes remplies de ses projets littéraires. Aussitôt que la saison le permet, il va prendre un peu de repos dans la vallée de Montmorency, qu'il surnomme très heureusement *Cherry Valley*[1] (la vallée des Cerises). Il est chez un ami qu'il ne nomme pas[2]. « La propriété est si petite, dit-il, la maison si peu visible, qu'on y est à l'abri des curieux et des malveillants. » Il y écrit huit heures par jour avec une ardeur de jeune homme[3].

---

1. C'est le nom d'une localité dans l'État de New-York.
2. Peut-être Target, qui avait une petite maison à Montmorency. (Lefeuve, *Vallée de Montmorency*, p. 98.)
3. Les compositions qu'il destinait alors à un quatrième volume des *Lettres d'un cultivateur* furent utilisées plus tard dans le *Voyage en Pensylvanie*.

Son installation à la campagne n'est pourtant pas complète. Partagé entre l'amour de la tranquillité et le désir de voir sa fille et de correspondre facilement avec son fils, il profite de la détente qui se produit dans le régime de la Terreur pour se déplacer fréquemment. Une lettre qui lui était adressée d'Eaubonne le 26 août 1794 et qui est signée Joguet[1], contient quelques détails sur ses allées et venues, sur ses relations et sur ses travaux. L'auteur de cette lettre venait de sortir de prison; son père, sa sœur et son oncle étaient encore sous les verrous; il faisait des démarches multipliées afin d'obtenir leur mise en liberté. En même temps il avait entrepris un travail qui, semble-t-il, n'eût pas dû beaucoup séduire une victime de Robespierre : il composait des discours patriotiques sur chacune des fêtes décadaires instituées le 18 floréal an II[2]

---

1. M. de Joguet, que nous retrouverons un peu plus tard, est peut-être ce neveu du marquis de Bièvre dont parle Arnault (*Souvenirs d'un sexagénaire*, tome I, 91) comme ayant été son camarade de collège à Juilly. Quérard mentionne un Joguet (A.-M.), sous-préfet de La Réole, qui publia en 1803 une étude sur la législation anglaise. Une fille de Gérard de Rayneval, premier commis aux Affaires étrangères et conseiller d'État, avait épousé un M. de Joguet. (Masson, p. 23, note.)

2. Il y en avait trente-six : à l'Être suprême et à la nature,

(7 mai 1794), à la demande de l'incorruptible, et il priait son correspondant de lui donner quelques idées sur les sujets à traiter. Il lui parlait aussi de relations communes :

Je vous remercie bien de la complaisance que vous m'annoncez pour le mari de l'*amante de la mort*. Il a une aussi vaste imagination et autant de sensibilité que sa femme, mais dirigées par une tête d'homme. Il est neveu de Lavater et est aussi lui-même excellent physionomiste.

Il nous est impossible de donner le moindre éclaircissement sur ce personnage mystérieux, pas plus que sur sa femme, dont le surnom étrange est fait pour piquer la curiosité [1]. La lettre se termine par des réflexions sur les travaux littéraires de Crèvecœur, et aussi par quelques appréciations sur les événements politiques [2].

---

au genre humain, etc., même à la justice! Poultier, le conventionnel, avait déjà fait paraître plusieurs discours sur ces sujets (*Conservateur décadaire* du 30 thermidor an II). Il a publié la série complète en 1794 et 98.

1. Aussi avons-nous fait plus de recherches peut-être que n'en comportait le fait à éclaircir. Nous avons même mis à contribution l'obligeance de l'honorable M. Lavater-Weigmann, de Zurich, qui conserve précieusement les souvenirs de sa famille; mais il n'a pu nous donner aucune explication.
2. Voir cette lettre à sa date (*Correspondance*).

Crèvecœur, dans sa correspondance, était loin d'être aussi hardi. Même après le 9 thermidor, il a bien de la peine à se rassurer, et garde longtemps encore la prudente réserve dont il s'est fait une habitude. Ce qui l'occupe le plus, ce sont les bruits qui courent sur le remplacement de Morris comme ministre des États-Unis. Au mois de janvier, on avait parlé pour ce poste de M. Bingham, de Philadelphie, ou de M. Pinkney, ministre à Londres, puis de Jefferson[1], ce que Crèvecœur aurait vu avec beaucoup de satisfaction, mais dont il douta toujours, connaissant la prudence extrême du personnage. A la fin de juillet il apprend la nomination de Monroë[2], et aussitôt il bâtit mille projets sur les bons rapports qu'il ne peut manquer d'entretenir avec le nouveau représentant des États-Unis. C'est en effet

---

1. Ces nouvelles étaient colportées par un officier américain, le major Jackson, alors à Paris. Morris en parle avec quelque amertume dans une lettre à Washington du 13 mars 1794 (*Mémorial*).

2. Ce fut seulement le 28 mai, et sur une demande expresse du gouvernement français, que Washington signa la nomination du colonel Monroë en remplacement de Morris. La Convention avait réclamé le rappel de ce dernier, à la suite de la mesure dont avait été frappé Genêt, notre ministre en Amérique, dont le président des États-Unis avait provoqué le renvoi.

une vieille connaissance pour lui comme pour Otto, et Mme Otto est l'amie intime de sa femme.

Enfin Monroë arrive, et le 14 août il est reçu avec cordialité par la Convention. Crèvecœur et Otto le voient souvent. Le ministre américain ne parle pas français ; ni lui ni son secrétaire ne sont au courant de la situation politique, et ils sont très heureux de trouver pour les guider des amis obligeants. Crèvecœur se multiplie pour conquérir les bonnes grâces du diplomate ; il lui cherche une maison de campagne ; il surveille la confection d'un drapeau américain destiné à être arboré sur la légation, d'un autre aussi qui doit être placé sur la voiture du ministre, où sont peintes en outre les armes du Congrès. La Convention avait décidé que, pour symboliser l'alliance des deux républiques, le drapeau américain serait uni au drapeau français dans la salle de ses séances. Le 11 septembre 1794, le capitaine Bernery apporte de la part de Monroë cet étendard symbolique, prononce un discours et reçoit l'accolade fraternelle. C'est encore Crèvecœur qui a commandé cette nouvelle bannière, « et elle est vraiment magnifique, dit-il : quatorze pieds sur sept ; quinze étoiles brillantes et superbes, et tout cela en soie ! »

Monroë est naturellement ravi de tous ces services ; émerveillé du bon accueil qu'il reçoit à Paris, il boit à longs traits la coupe de la popularité ; mais, comme tout bon démocrate, il a en même temps une peur affreuse de se compromettre. Aussi, lorsque Crèvecœur, croyant avoir suffisamment mérité ses bonnes grâces, lui fait quelques ouvertures timides sur son désir d'obtenir une mission, prétexte honnête qui lui permette de colorer son départ, Monroë se montre très froid et coupe court à toute nouvelle démarche. C'est le 19 septembre 1794 que Crèvecœur annonce assez tristement à son fils la perte d'un espoir si longtemps caressé. Sa correspondance cesse alors brusquement, et quelques jours après il part pour Caen, où sa fille l'avait précédé.

Après de si terribles épreuves, il n'y avait plus de place pour de chétifs dissentiments de famille. On était heureux, presque étonné de se retrouver. M. de Crèvecœur, le père, avait du reste assez tranquillement passé les mauvais jours : retiré à Pierrepont, il avait, avec bien d'autres, eu à supporter la disette et le manque d'argent ; mais en somme il avait vécu, comme disait Sieyès, et il avait réussi à conserver sa terre, qu'il aimait presque autant que la vie. Le reste de la famille avait plus ou moins souffert; quelques-uns avaient émigré et vivaient péniblement à l'étranger; d'autres avaient été incarcérés; un oncle de Crèvecœur, M. Cairon de la Varende, était mort dans les prisons de Caen.

Crèvecœur passa quelque temps à Pierrepont et ne revint à Paris qu'à la fin du mois de novembre, rappelé par l'arrestation de son gendre Otto.

La chute de Danton avait entraîné celle du ministre Deforgues, qui fut arrêté le 1er avril 1794 et remplacé le 18 par un étrange personnage nommé Buchot. Ce démagogue de bas étage passait ses journées au café, et les chefs de service avaient dû renoncer à travailler avec lui [1]; mais, froissé du mépris qu'ils ne pouvaient s'empêcher de lui témoigner, il les avait dénoncés : un peu tard par bonheur. Le mandat d'amener avait été lancé le 8 thermidor (7 juillet) contre Colchen, Reinhard [2] et Otto. Les grands événements du lendemain sauvèrent les premiers; mais, le 2 novembre, nous dit M. Masson [3], Otto fut brusquement arrêté, conduit au Luxembourg et mis au

---

1. *Mémoires du comte Miot.* 2e édition, tome I, p. 50.
2. Depuis le comte Reinhard. Il était chef de division aux Affaires étrangères depuis novembre 1793.
3. Page 320.

secret. Les scellés furent apposés sur ses papiers à la suite d'une ordre spécial de Merlin de Douai.

Otto était sous le coup de plusieurs imputations dont il ne lui était pas difficile de démontrer la fausseté[1], mais les prisons avaient peine à lâcher leur proie. Il fallut que Deforgues, mis en liberté depuis le 9 thermidor, se livrât aux démarches les plus actives, qu'il fît intervenir des personnages puissants, pour obtenir l'élargissement de son ami, dont la détention avait duré six semaines[2].

La comtesse Pelet de La Lozère, fille d'Otto, qui vivait encore il y a quelques années, nous a souvent raconté que, pendant ces jours d'angoisse, sa mère la menait au jardin du Luxembourg et, la soulevant dans ses bras, lui montrait de loin la fenêtre du prisonnier[3].

Otto, à sa sortie de prison, fut réintégré dans ses fonctions, qu'il conserva jusqu'à la réorganisation du service par le ministre Delacroix en 1795.

---

1. D'après un mémoire remis par lui au Comité de salut public le 25 brumaire an III. (Note de M. Masson.)
2. *Mémoires de Miot,* tome I, p. 48, note.
3. Un beau portrait d'Otto (œuvre du peintre américain Trumbull) a pour fond le palais du Luxembourg. C'était un souvenir qu'Otto avait voulu conserver de sa captivité. Ce portrait a été gravé en 1802 par P. Roberts, à Londres.

CHAPITRE X

Séjour à Altona. Les négociants. Les émigrés. Mme de Lafayette. Retour en France. L'Institut. L'établissement de Louis de Crèvecœur aux États-Unis. Crèvecœur et Otto achètent Lesches. La vie à la campagne sous la Révolution. Mme de Damas à Livry. La famille de Gouves à Taverny. Mme Cadet de Vaux à Franconville. Otto part avec Sieyès pour Berlin. Volney revient d'Amérique. Le physicien Charles. Otto est envoyé à Londres. Sémonville, Mme Joubert. Le *Voyage dans la haute Pensylvanie*. Trouvé. Un condisciple de Bonaparte. Les préliminaires de la paix d'Amiens. Crèvecœur à Londres. Retour à Lesches. Le voisinage. Mort d'Ally.

Crèvecœur, croyons-nous, passa à Paris l'hiver de 1794 à 1795. Au mois de mai nous le retrouvons à Altona[1], où il était allé rejoindre son fils Ally. Celui-ci ayant été obligé de se rendre pour ses affaires à Paris et à Londres, son père resta seul à Altona, afin de surveiller ses intérêts. C'était un dévouement méritoire et le ton de ses lettres[2]

---

1. On sait qu'Altona est en quelque sorte un faubourg de Hambourg.
2. Elles sont au nombre de vingt-six, toutes en anglais (1er mai au 28 août 1795).

montre combien il eut à souffrir de cet isolement. Il est difficile d'être plus découragé, plus dépaysé ; il n'a d'autre société que les négociants avec lesquels Ally est en relations journalières, et c'est bien à contre-cœur qu'il accepte les invitations qu'on lui adresse de toutes parts. Les dîners de parade auxquels il lui faut assister le dimanche dans de tristes maisons de campagne, avec des gens qui n'ont ni ses goûts ni ses habitudes, sont un supplice périodique auquel il ne peut se faire. Il est exaspéré et devient injuste :

Tout dans ce pays est marqué au coin de l'étrangeté et de l'antiquité. Chaque porte est non seulement fermée, mais barrée et enchaînée, et il faut sonner toute la journée. Les habitants sont pâles, petits ; nulle part on ne voit tant d'estropiés ; sur dix personnes, il y a un nain et un infirme. Pas de livres, pas de conversation !...

Heureusement pour lui, une ancienne connaissance de Paris, Walter Boyd[1], vient s'installer pour quelque temps à Altona, dans le logement que venait de quitter Gouverneur Morris[2]. Il apporte

---

1. Voir chapitre précédent.
2. G. Morris, en quittant Paris, avait gagné la Suisse et, traversant l'Allemagne, était venu s'établir à Altona. Il y passa l'hiver et le printemps. En juin 1795, il partit pour Londres et fit un nouveau séjour à Altona de juin à juillet 1796.

un peu de diversion aux idées sombres de l'exilé volontaire, dont l'esprit inquiet se forge toujours mille craintes chimériques. C'est à peine pourtant si dans sa correspondance on rencontre çà et là un éclair de gaieté, causé par quelque excentricité du monde de viveurs cosmopolites qui entourent le nouveau venu.

Les émigrés étaient fort nombreux dans le pays, surtout depuis que les Français étaient maîtres de la Hollande ; il y avait à Hambourg et à Altona plusieurs réfugiés bien connus de Crèvecœur [1], et ces deux villes étaient un lieu de passage, une sorte de carrefour entre l'Angleterre et l'Allemagne. Les lettres que nous avons sous les yeux sont pourtant à peu près muettes sur ce chapitre ; une initiale, une allusion discrète permettent bien de temps à autre de deviner quelque relation de ce genre, mais la prudence enveloppe d'un voile presque impénétrable tout ce qui se rapporte à ce sujet dangereux.

Quant aux nouvelles, ce n'était pas à Altona qu'il fallait chercher celles de France, et il n'était

---

1. Mme de Tessé, tante de Lafayette et amie de Mme d'Houdetot, la famille de Laborde de Méréville, etc., etc. Un cousin de Crèvecœur, M. de Cairon, passa quatre ans à Hambourg. Il n'en est pas plus question que des autres.

guère possible de parler sans danger des incidents de la guerre. A de longs intervalles on trouve une mention des événements survenus à l'étranger, comme le grand incendie de Copenhague du 10 juin 1795 [1], incendie que Crèvecœur, d'après les rumeurs de Hambourg, attribue aux agents russes et anglais qui espéraient ainsi détruire la flotte [2]. Il parle incidemment de la descente de Quiberon, mais il demande beaucoup plus de nouvelles qu'il n'en donne.

Les perpétuelles agitations de cette année, où la France se débat entre les terroristes et les modérés, lui causent à bon droit des inquiétudes sans cesse renaissantes. Ses amis de Paris occupent aussi beaucoup son esprit. Ally a été reçu à bras ouverts par la *bonne comtesse,* et c'est pour son père une grande joie que de voir la bienveillance flatteuse que l'on montre à ce fils dont il est si fier.

---

1. Il y avait eu déjà à Copenhague, en février 1794, un incendie terrible qui avait dévoré près de mille maisons et le palais du roi.
2. On sait que le Danemark avait refusé d'entrer dans la coalition contre la France et il était en termes assez froids avec les puissances coalisées. L'accusation de Crèvecœur n'est peut-être pas fondée; cependant il ne faut pas oublier que quelques années après, en 1807, l'Angleterre faisait bombarder Copenhague sans pitié et s'emparait de la flotte danoise.

La comtesse de Damas, la famille de Gouves, le bon Girard sont, comme toujours, les noms qui reviennent le plus souvent sous sa plume.

En septembre, Ally est de retour à Altona ; naturellement la correspondance a pris fin et les détails nous manquent. Nous savons seulement, par une lettre du général Lafayette [1], que Crèvecœur eut l'occasion d'offrir ses services à Mme de Lafayette lorsqu'elle passa à Altona, se rendant à Olmutz près de son mari prisonnier [2].

Crèvecœur passa tout l'hiver à Altona et quitta définitivement cette ville au mois d'avril 1796. Son retour en France ne souffrit aucune difficulté, quoique les ports fussent soigneusement surveillés, et qu'à la suite de la rupture des négociations entre la France et l'Angleterre, la police fît subir de nombreuses vexations aux nouveaux débarqués.

Il se rendit directement à Paris, où, après une

---

1. La lettre est du 25 octobre 1800 ; la voir à cette date dans la *Correspondance*.

2. En septembre 1795. Mme de Lafayette était partie de Dunkerque le 5 septembre avec un passeport pour l'Amérique. Elle prit passage sur un petit bâtiment américain et débarqua à Hambourg après une traversée de huit jours. Elle vit à Altona Mmes de Montagu et de Tessé. (*Vie de Mme de Lafayette,* par Mme de Lasteyrie, p. 349.)

si longue séparation, il avait hâte de revoir sa fille et son gendre.

L'ancienne Académie française venait d'être réorganisée sous le nom d'Institut, et le 24 février 1796 il avait été appelé à faire partie de la classe des sciences morales et politiques, section de morale, en qualité de membre non résidant. Il dut profiter de son retour à Paris pour nouer quelques relations avec ses nouveaux collègues.

Bientôt après il partait pour la Normandie, où son séjour se prolongea près de quatre ans.

Nous avons laissé Louis de Crèvecœur aux États-Unis, s'essayant au pénible métier de pionnier. Au commencement de 1796 il n'était pas encore découragé. Il avait, en 1794, acheté du chancelier Livingston un terrain de 220 acres, situé en Pensylvanie, au milieu des bois et tout près des montagnes Bleues. La localité s'appelait Naversink, et son père la connaissait de longue date pour y avoir fait autrefois des arpentages. Quelques anciens habitants des environs se souvenaient encore de Crèvecœur, et firent le meilleur accueil à son fils. Celui-ci procéda à son petit établissement, bâtit son *log-house* à toit d'écorces, dont un gros tronc d'arbre scié, tenant encore au sol par ses racines, formait le meuble principal; puis il commença le dur travail du défrichement. Il vivait complètement isolé, n'ayant pour tout voisin qu'un jeune Français[1], propriétaire d'une concession contiguë, et qui ne pouvait manquer de devenir son ami intime; malheureusement, au commencement de 1796, cet ami perdit courage et retourna à New-York.

Louis, plus persévérant, ne se montrait nullement disposé à quitter sa ferme, et il se préparait à monter un moulin à scie sur la chute d'eau voisine. Il avait eu cependant de pénibles moments à traverser. Nous lui avons, dans notre enfance, entendu raconter combien étaient longues ces journées d'hiver où la neige couvrait tout le pays. Un porc gelé, pendu dans le grenier de sa cabane, formait alors le fond de ses provisions, et tous les matins il coupait avec une hache le morceau qui devait fournir à ses repas. Mais robuste et courageux, amoureux de l'indépendance, il faisait bon marché de tout, dans l'espoir de se

---

1. Nommé Leddet, dont le père habitait New-York. Nous pensons que c'est lui que nous trouvons un peu plus tard sous le nom de Leddet de Segray dans l'intimité de la famille. Après avoir eu une très belle position de fortune, il fit de mauvaises affaires et, pour les rétablir, alla aux Indes, où il mourut.

créer une position, comme son père l'avait fait avant lui.

Crèvecœur, qui d'abord avait vu avec quelque fierté l'énergique initiative de ce jeune homme de vingt ans, se lassa plus vite que lui d'un exil que les circonstances avaient cessé de rendre utile. Il prit donc le parti de le rappeler, et Louis, cédant sans trop de regrets, s'embarqua à New-York le 7 juillet 1796. Un mois après il était à Hambourg où il croyait trouver son père et son frère, mais tous deux étaient partis depuis quatre mois; il se rembarque sur-le-champ pour Londres, et c'est seulement le 15 septembre qu'il embrasse à Paris son frère et sa sœur, tout étonnés de la mâle prestance du jeune pionnier qui rapportait de ses forêts, non seulement la force et la santé, mais une gaieté et un entrain inépuisables.

Crèvecœur continuait à séjourner en Normandie, s'occupant de quelques travaux littéraires [1]. M. Otto, toujours sans emploi et prévoyant qu'il resterait longtemps à l'écart, se décida à la fin de l'année à acheter près de Meaux une pe-

---

1. Nous avons de cette époque un petit manuscrit intitulé : *Pensées sur le départ des hirondelles*, Amblye, 28 septembre 1796, qui fut sans doute inséré dans un journal du temps. Voir lettre du 18 décembre 1796 (*Correspondance*).

tite propriété de rapport, appelée Leschs [1]. Son beau-père fut de moitié dans l'acquisition. Situé dans un pays charmant, entouré de voisins aimables, Lesches devint bientôt pour toute la famille un séjour de prédilection. Crèvecœur, qui maintenant se consacrait tout entier à son vieux père, n'y passa d'abord que fort peu de temps; mais c'était lui qui de loin en dirigeait la culture, à laquelle M. Otto s'adonnait avec ardeur. Nous avons de ce dernier toute une série de lettres, écrites de sa belle écriture nette et ferme, dans lesquelles il n'est question que d'assolements, de coupes de bois, de culture potagère. Il ne se bornait pas à diriger les ouvriers, il travaillait lui-même vaillamment, secondé par son beau-frère Louis, dont les bras robustes n'avaient pas encore désappris les rudes travaux des champs. Mme Otto, de son côté, s'occupe du ménage et de la basse-cour; la vieille mère de M. Otto a le soin du fruitier. C'est un joli tableau champêtre, rendu plus piquant par cette sorte de masca-

---

[1]. « Il faut du temps, écrivait-il à son beau-père en décembre 1796, pour faire sortir de l'administration les hommes auxquels j'ai l'honneur de déplaire; ce temps peut être utilement employé à la campagne. »

rade où chacun prend au sérieux un rôle si loin de ses anciennes habitudes.

Cette vie, du reste, était devenue celle de beaucoup de familles. Jamais les maisons de campagne des environs de Paris n'avaient été aussi peuplées[1]. C'est qu'aussi, sauf quelques nouveaux enrichis, tout le monde était à peu près ruiné. Heureux encore ceux qui n'avaient à regretter que la perte de leur fortune ! tant d'autres pleuraient des parents, des amis victimes de la Terreur ! tous, découragés, inquiets, cherchaient quelque coin ignoré, pour vivre économiquement des débris sauvés de leur aisance passée, en attendant les événements.

C'est là un côté assez peu connu de la vie de cette époque, et l'on nous permettra de compléter par quelques citations le tableau que nous avons ébauché.

Nous trouvons, dans les correspondants de Crèvecœur, trois personnes dans des positions sociales différentes, vivant toutes les trois à la campagne.

---

[1]. Il n'en était pas tout à fait de même dans le reste de la France. « Les chicanes dont vous parlez, écrivait Otto le 18 décembre 1796, ne sont pas à craindre dans une terre rapprochée de Paris ; les agents du gouvernement ne sont despotiques et insolents qu'à une grande distance du centre. »

Voici d'abord la grande dame, la comtesse Charles de Damas. Moralement, c'est la plus malheureuse de toutes : elle a subi un long emprisonnement; ses parents sont morts ou dispersés. Mais au point de vue matériel elle est moins à plaindre; elle est gênée sans être pauvre. Elle peut encore passer quelques mois à Paris, donner à sa fille une éducation soignée. Elle écrit en janvier 1798 de sa maison de Livry :

> Je ne vous ferai point de détails sur ma ferme...; j'ai recueilli cette année dix septiers de blé et deux mille de foin...; j'ai de tous les genres de culture, des vignes, un beau potager ; chaque instant est marqué par un soin nouveau et une production nouvelle...; mais il a fallu tout créer, tout ordonner. Ce bien avait été négligé, mal administré...; j'ai très peu de domestiques, ce qui aide à être bien servi; mon ci-devant cocher Moreau est devenu mon laboureur, il conduit la charrue tout aussi bien qu'il menait un phaéton, et il se plie comme moi aux événements qui ont diminué nos aisances. Il faut absolument que vous m'accordiez le plaisir de vous recevoir dans ma champêtre demeure, *my dear sir,* si toutefois je ne suis ni déportée, ni exportée, ni exilée, ni bannie, ni emprisonnée, ni guillotinée, etc., etc., quoiqu'il soit un peu étrange d'avoir tout cela à redouter lorsqu'on passe une moitié de sa vie à souffrir, l'autre à élever son enfant [1]... Ne me refusez pas

---

1. Ces craintes paraissent un peu en retard pour l'époque,

l'espérance de vous montrer mes champs, mes prés, mon potager, et surtout un joli bosquet funèbre, *with ever greens and weeping willows* [1], où je compte faire déposer mes cendres.

C'est encore, on le voit, la femme bel esprit, teintée de philosophie sentimentale; elle pense, elle parle à peu près comme avant la Révolution, sauf en politique, cependant, car son libéralisme s'est évanoui depuis longtemps.

Voici maintenant une autre personne moins haut placée dans le monde, Mlle de Gouves, dont nous avons déjà parlé. Elle vit avec son frère

---

mais il semble que ce soit un pressentiment. Mme de Rémusat nous apprend en effet dans ses *Mémoires*, tome II, p. 101, que l'imprudence des propos de Mme de Damas la fit soupçonner, après l'affaire de la machine infernale du 24 décembre 1800, d'avoir donné asile à des chouans. Dans l'automne de 1804, elle fut dénoncée à la suite de quelques intempérances de langage et exilée à quarante lieues de Paris, au moment où sa fille (Mme de Vogué) allait accoucher. Mme de Rémusat eut assez de crédit pour faire révoquer cet ordre, mais la pauvre Mme de Damas avait, paraît-il, grand'peine à se taire. Aussi fut-elle dénoncée de nouveau, et on lui signifia un second ordre d'exil qui, cette fois, fut mis à exécution. Elle dut rester longtemps éloignée de Paris. (*Mémoires de Mme de Rémusat*, tome II, p. 105 et 165.) Voir à la *Correspondance* (22 juin 1787) la note sur Mme de Damas.

1. « Avec des arbres verts et des saules pleureurs. »

et sa sœur à Taverny, dans une petite habitation entourée de quelques terres. Pécuniairement, ils ont beaucoup souffert ; ils sont dans une gêne réelle et ne quittent plus la campagne.

Je me tairai avec vous, mon ami, sur le chapitre du rapport de Taverny, de nos récoltes et enfin du bien-être pécuniaire ; tout cela va fort mal. Les moyens nous manquent pour tirer de nos vingt-six arpents tout ce qu'ils pourraient rendre. Si cet état de choses devait durer, il y aurait de quoi se désoler et perdre la tête ; mais j'espère, voilà tout ce qui me reste. Nous sommes en pourparler pour toucher au moins les arrérages échus depuis 1789 des biens d'Arras, et alors nous serons mieux. Voilà mes espérances, si elles manquent..., je m'arrête là, je veux espérer.

La lettre est de juillet 1800. M. de Gouves et ses sœurs n'avaient pas émigré, et pourtant, depuis dix ans, ils n'avaient rien touché des fermages de leurs terres et ne les reçurent certainement jamais.

Encore une citation, et ce sera la dernière, la plus intéressante sans contredit. La date de la lettre est un peu plus ancienne : elle est du 20 janvier 1797. Aussi est-elle beaucoup plus triste. C'est une mère de famille qui parle, et l'avenir l'inquiète encore plus que le présent. Voici ce qu'écrit de Franconville Mme Cadet de Vaux :

Ni argent, ni crédit, ni honneur, voilà pour la nation ; pour les individus honnêtes, l'horrible misère qui amène le désespoir, le luxe insultant des nouveaux riches ! Je cultive mon champ et je m'occupe le moins possible de politique, mais le froissement, qui ne m'épargne pas plus qu'un autre, y ramène souvent mes idées. Mes fils deviennent grands ; point d'état en vue..., ce sont là des chagrins bien réels, Monsieur ; puis ajoutez-y notre fortune réduite à rien. Le hasard nous a fourni le moyen de faire donner de l'éducation à mon jeune Marcellin : n'ayant pas la faculté de faire seule les frais d'un instituteur, je me suis chargée des deux petits-fils de Mme Broutin [1]. Cela me réduit à un tiers de dépenses... Benjamin [2] est toujours le champion de notre agriculture et laboure à la charrue, soigne les chevaux ; il ne quitte le soc que pour s'occuper encore avec Virgile des travaux champêtres.....

Cadet de Vaux n'était pourtant pas un aristocrate ; c'était un de ces hommes modestes et instruits qui font surtout de la science pratique, et dont les services devraient être appréciés de tous ; cependant il n'avait pas seulement souffert comme tout le monde dans sa fortune, il avait même couru des dangers personnels [3].

---

1. Mme Broutin, connue par sa liaison avec beaucoup d'hommes de lettres, avait une fort belle habitation à Cernay, dans la vallée de Montmorency (près de Sannois et d'Ermont).
2. Son fils aîné.
3. Il raconte dans une de ses brochures (*Moyen de pré-*

Mais revenons à M. Otto, que nous avons laissé tout occupé des soins de son exploitation rurale. Près de trois ans s'étaient déjà écoulés depuis qu'il avait perdu ses fonctions au ministère ; il souffrait au fond du cœur de cette longue interruption dans une carrière pour laquelle il avait autant de goût que d'aptitude. Au commencement de mai 1798, une occasion inespérée vint s'offrir à lui. On sait que depuis le commencement du Directoire, Sieyès, quoique dévoué aux idées révolutionnaires qui prévalaient dans le Gouvernement depuis le coup d'État de fructidor, n'en était pas moins considéré comme un homme assez gênant par son esprit frondeur. On eut l'idée de l'éloigner pour quelque temps en lui donnant l'ambassade de Berlin, le plus haut poste diplo-

---

venir le retour des disettes, p. 179) qu'au commencement de la Révolution, il avait été dénoncé au club de Franconville pour avoir planté des pommes de terre dans des terres qui auraient pu produire du blé. Il dut quitter la commune pour laisser passer l'orage. Notons qu'il venait d'être obligé de partir de Paris comme ayant contribué à faire planter en pommes de terre la plaine des Sablons. Quelques années plus tard, au contraire, s'il faut en croire les mémoires du temps, à l'époque où Chaumette faisait garnir de pommes de terre les parterres des Tuileries, la marquise de Marbeuf était guillotinée pour avoir refusé de consacrer à cette culture ses vastes et magnifiques jardins.

matique que la République possédât alors[1].

Peu versé dans la partie technique de la diplomatie, il pensa à s'adjoindre Otto qu'il connaissait de longue date, et lui écrivit une lettre très flatteuse et très pressante pour lui proposer le poste de premier secrétaire, lui disant « qu'il aurait plus de confiance dans le succès de sa mission, si Otto consentait à la partager[2] ». Une pareille démarche ne pouvait être qu'extrêmement flatteuse de la part d'un homme qui avait à cette époque, comme le dit M. Thiers, le plus grand nom de France après Bonaparte.

Otto eût préféré une position indépendante; il accepta cependant sans hésitation, et ce fut avec une véritable joie qu'il rentra dans sa carrière de prédilection. Il se rendit sur-le-champ à Paris pour conférer avec son nouveau chef « qui le combla de caresses et de bontés[3] ». Peu de jours après, il partait pour Berlin, et il y trouva le moyen, tout en ne négligeant rien de ses devoirs officiels, de mériter même l'estime des émigrés[4], alors fort

---

1. Thiers, *Révolution*, tome X, p. 156.
2. Lettre de Mme Otto du 14 mai 1798.
3. Lettre de la même du 25 mai 1798.
4. Voir *Mémoires de Dampmartin*, p. 401 (édition Lescure, *Mémoires sur l'émigration*). Nous avons quelques lettres in-

nombreux en Prusse, et qui n'avaient pas vu sans défiance la nomination d'un révolutionnaire comme Sieyès au poste d'ambassadeur de la République.

Crèvecœur continuait à s'occuper de son ouvrage ; toujours en défiance de lui-même, il envoyait à ses enfants et à ses intimes des fragments, même des chapitres entiers, sur lesquels il voulait avoir leur opinion. En juin 1798, il apprend que Volney vient d'arriver des États-Unis, après y avoir passé trois ans. Il s'en émeut beaucoup ; il cherche à savoir si Volney compte publier le récit de son voyage[1]. C'est M. de Joguet[2] qui se charge de l'enquête, mais Volney n'a fait que passer à Paris ; il est allé en Anjou, dans sa famille, et l'on ne peut rien apprendre de précis.

Une jeune et charmante femme, une voisine de Lesches, Mme Esmangard[3], reçoit une autre

---

times d'Otto datées de Berlin ; on en trouvera des extraits dans la *Correspondance*.

1. Volney publia en effet, mais seulement en 1803, le *Tableau du sol et du climat des États-Unis*. Voir sur le voyage et l'ouvrage de Volney les notes du chapitre XII.
2. Voir page 197.
3. Née Sanlot de Bospin. Elle habitait Anet. Nous ne savons rien sur son mari, sauf qu'il avait fait le tour du monde en 1791 avec d'Entrecasteaux. Il y avait eu autrefois à Caen un intendant de ce nom, qui fut remplacé par M. de Brou en 1783.

mission : il s'agit de demander au physicien Charles l'explication d'un phénomène d'optique produit par la chute du Niagara, phénomène que Crèvecœur voudrait décrire sans tomber dans une erreur scientifique [1].

Mais des événements de famille allaient modifier son genre de vie. Ally venait de se marier en Normandie, et sa jeune femme était venue augmenter la colonie de Lesches; l'année suivante, le vieux chef de la famille mourait doucement de ses quatre-vingt-douze ans dans son cher Pierrepont. Rien ne retenait plus Crèvecœur en Normandie; aussi, dès le commencement de 1800, le trouvons-nous établi dans ce petit domaine de Lesches, où il devait passer quelques heureuses années.

Il n'y retrouva pas sa fille, qui était allée rejoindre Otto à Berlin dans l'automne de 1799. Depuis le mois de mai, époque à laquelle Sieyès avait été rappelé en France pour faire partie du Directoire, Otto était resté chargé d'affaires et avait fait preuve de beaucoup de tact et d'habileté. Il en fut récompensé, après le 18 brumaire,

---

[1]. Probablement les trois arcs-en-ciel de la branche orientale. (*Voyage en Pensylvanie*, tome II, p. 182.)

par sa nomination à Londres, où il avait simplement le titre de commissaire pour l'échange des prisonniers [1], tout en étant effectivement chargé d'entamer les négociations qui aboutirent si glorieusement pour lui, le 1er octobre 1801, par la signature des préliminaires du traité d'Amiens.

Parti de Berlin, Otto chercha vainement dans les ports de la Hollande un bâtiment pour passer en Angleterre; il dut venir jusqu'à Calais, où il put enfin trouver à s'embarquer [2]. Sa femme s'arrêta à La Haye, chez Sémonville, qui y occupait le poste de ministre de France depuis la fin de décembre 1799, et elle y passa quelque temps dans une étroite intimité avec la charmante et malheureuse Mme Joubert qui, mariée en juillet 1799, était déjà veuve le 15 août de la même année [3].

---

1. Lord Grenville avait refusé, le 4 janvier 1800, de renouer toute relation avec la France.
2. Nous trouvons ce détail dans un livre de M. Pelet de La Lozère intitulé : *Opinions de Napoléon sur divers sujets de politique et d'administration*, Paris, 1833, in-8. M. Pelet y donne quelques détails intéressants sur la carrière diplomatique de M. Otto, son beau-père. L'ouvrage est du reste curieux dans son ensemble, et il est encore fréquemment consulté.
3. Sémonville avait épousé Mlle de Rostaing, veuve en premières noces du comte de Montholon. Mme Joubert était

Mme Otto, qui voulait rejoindre son mari à Londres, faillit prendre passage sur un bâtiment de guerre anglais. C'est du moins ce qui résulte d'un projet de lettre, tout entier de la main de Sémonville, et qui s'est trouvé, nous ne savons comment, dans les papiers de Crèvecœur[1]. Une circonstance inconnue fit manquer cette combinaison; ce qui est certain, c'est que Mme Otto revint à Paris, d'où elle se rendit un peu plus tard en Angleterre.

La principale préoccupation de Crèvecœur

---

une demoiselle de Montholon et avait deux sœurs qui épousèrent, l'une le général de Sparre, l'autre le maréchal Macdonald.

[1]. La lettre est adressée au capitaine Shirley de la marine royale d'Angleterre. En voici quelques extraits :

« Monsieur, des circonstances étrangères à vous et à moi se sont opposées à ce que j'eusse l'honneur de vous recevoir à La Haye; il m'eût été précieux de vous remercier de votre obligeance pour la femme de l'homme estimable, aujourd'hui le seul lien entre nos deux gouvernements... Je vous engage ma parole d'honneur qu'aucune raison politique quelconque n'entre dans les motifs de ce voyage. Mme Otto ne portera en Angleterre qu'une lettre ouverte de moi à son mari... Permettez-moi de vous offrir, etc. — S.

« P. S. J'ose espérer, Monsieur, que vous ne trouverez pas mauvais que le porteur de cette lettre dépose à votre bord un panier de vin de Sillery, que je regrette de n'avoir pu vider avec vous à la prospérité de deux nations plus faites pour s'estimer que pour se combattre. »

était alors l'ouvrage qu'il devait publier l'année suivante, et depuis quelque temps, comme on l'a vu, il en faisait circuler parmi ses amis des fragments sur lesquels il provoquait leurs observations. A la fin de 1800, l'impression en était commencée et il faisait parvenir les épreuves à sa fille.

L'Angleterre avait fait jadis l'accueil le plus bienveillant à ses *Lettres d'un cultivateur;* il avait donc quelque raison de penser que son nom n'était pas tout à fait oublié du public, et qu'un éditeur se chargerait volontiers de publier la traduction de son nouveau livre. M. et Mme Otto s'en occupèrent; les épreuves furent communiquées à plusieurs libraires et quelques négociations furent entamées. L'affaire ne put cependant pas se conclure [1].

L'ouvrage [2] parut à Paris au commencement de 1801; il avait, à un certain point de vue, plus de mérite que les *Lettres d'un cultivateur;* il était plus soigneusement écrit, plus travaillé; il se recommandait en outre par des notes qui, maintenant

---

1. Voir *Correspondance* : lettre du 6 avril 1800
2. *Voyage dans la haute Pensylvanie et dans l'État de New-York*, 3 volumes in-8, 1801. Paris, Maradan. Voir *Bibliographie*.

encore, sont fort goûtées. La vogue cependant fut bien loin d'égaler celle du premier livre de Crèvecœur. C'est que les temps étaient bien changés ; les États-Unis n'inspiraient plus cette ardeur de curiosité, cet enthousiasme un peu exagéré qui avaient rejailli jadis sur les *Lettres d'un cultivateur*. Le *Voyage en Pensylvanie* fut lu et apprécié ; mais il produisit assez peu d'impression sur la masse du public.

L'ouvrage fut présenté au premier Consul et à l'Institut ; *le Moniteur* publia un compte rendu élogieux de Trouvé [1], Andrieux fit un article bienveillant dans *la Décade* ; ce fut tout ou à peu près, et la petite notoriété littéraire de l'auteur n'en fut que bien peu ravivée.

Crèvecœur passa à Lesches la plus grande partie de 1801, et le 9 juin il était reçu membre de la Société d'agriculture, sciences et arts de Meaux, « pour la partie des sciences et de l'économie politique »[2]. L'année précédente, il avait

---

1. Il était alors membre du Tribunat. Nous avons de lui plusieurs lettres intimes dans lesquelles il est question de ce compte rendu ; c'est lui qui engagea Crèvecœur à offrir son ouvrage au premier Consul. (Voir *Correspondance*.)

2. Nous avons eu la curiosité de rechercher si cette société n'avait pas conservé quelque communication inédite de Crèvecœur, mais elle n'a pas d'archives de cette époque.

été compris dans la réorganisation de la Société d'agriculture de Caen, dont il était un des plus anciens membres[1].

Il retrouva en 1801 un vieil ami qu'il n'avait pas vu depuis la Révolution, et qui avait eu bien des aventures : le chevalier Casimir de l'Église. C'était, croyons-nous, un officier de l'armée de terre ; ce qui est certain, c'est qu'il était parti de Brest en 1792 pour accompagner Dupetit-Thouars dans son voyage autour du monde. On sait que ce navigateur, capturé au Brésil par les Portugais, avait, avec ses compagnons, subi une longue détention à Lisbonne. Délivré après plusieurs années, et appelé à un commandement, il avait péri glorieusement à Aboukir. M. de l'Église avait-il été retenu plus longtemps ou s'était-il attardé à l'étranger ? Le fait est qu'en 1801 il venait seulement de rentrer en France.

Nous avons une lettre de lui adressée au premier Consul, par laquelle il réclame sa protection en invoquant sa qualité d'ancien condisciple, à Brienne, sans doute[2].

---

1. Lair, *Précis des travaux de la société...* Caen, 1827.
2. « Je viens réclamer votre justice et vos bontés ; vous êtes le premier magistrat de la République, et j'ai eu l'honneur d'être élevé avec vous... Signé : Casimir de l'Église, rue Bellefonds, 229. »

Otto, cependant, était toujours à Londres, menant avec tact et habileté la tâche ardue qui lui était confiée ; malgré le caractère officiellement peu défini de sa mission, il était pris fort au sérieux par le gouvernement et par le public. La correspondance de son beau-frère Ally, qui se trouvait à Londres à ce moment, rapporte mille petits faits qui prouvent combien le diplomate français était personnellement apprécié de tous les partis [1]. La satisfaction que lui témoignaient le premier Consul et Talleyrand le soutenait dans ses efforts. Il n'ignorait pas pourtant que d'anciens amis, jaloux de sa position, cherchaient à lui nuire, mais Bonaparte et son ministre savaient protéger les bons agents [2]. Le succès attendu ne tarda pas à les récompenser ; après bien des contretemps et des difficultés, les négociations, entamées en mars 1801, rompues en avril et reprises à la fin de mai, aboutirent enfin au résultat tant désiré. C'est avec les transports d'une joie délirante que fut accueillie à Londres, le 2 octobre 1801, l'annonce de la signature des préliminaires de la paix. Le 10, le colonel de Lauriston, aide de camp

---

1. *Correspondance.* 9 juin 1801.
2. *Correspondance.* Lettre de Mme Otto du 2 juin 1801.

du premier Consul, apportait l'acte de ratification ; le 12, les ratifications étaient échangées, et la population, ivre d'enthousiasme, dételait les chevaux de MM. Otto et de Lauriston pour traîner elle-même leur voiture. Une gravure anglaise fort curieuse, dont Otto rapporta plusieurs exemplaires, représente l'illumination de la légation française entourée d'une foule immense.

Ainsi se termina pour Otto une négociation qui fut l'œuvre la plus importante peut-être de sa carrière diplomatique. S'il n'eut pas l'honneur de signer la paix d'Amiens, c'est lui qui, en réalité, l'avait conclue, et il est inutile de peindre ses sentiments : « Joie profonde, sans égale, dit M. Thiers [1], car jamais négociateur n'avait eu le bonheur d'assurer par sa signature tant de grandeurs à sa patrie. »

Otto resta en Angleterre après la paix ; mais les attaques jalouses dont il avait eu à souffrir, même avant son succès, redoublèrent encore. Crèvecœur, qui vint passer quelques jours à Londres dans l'été de 1802, trouva son gendre déjà avisé de son remplacement [2]. On lui avait offert l'am-

---

1. *Consulat et Empire,* tome III, 180.
2. Le général Andréossy fut le successeur d'Otto à Londres ; il y resta jusqu'à la rupture de la paix d'Amiens, en 1804.

bassade des États-Unis, qu'il avait refusée à cause de la santé de sa femme, réellement fort compromise ; mais il ignorait quelle destination lui serait donnée. Il souffrait de se voir enlever un poste auquel ses services récents semblaient lui donner tant de droits, et que cependant son rang dans la hiérarchie diplomatique rendait difficile de lui conserver ; mais, « ferme et impassible, écrit Crèvecœur, il ne laisse échapper aucun signe de déplaisir ».

Le chagrin que causa à Crèvecœur l'apparente disgrâce de son gendre et l'état de santé de Mme Otto ne lui permirent pas de jouir beaucoup de son séjour à Londres. Ses lettres d'Angleterre sont tristes et froides [1] ; à peine fait-il une excursion à Greenwich, et il ne trouve pas pour la raconter sa verve habituelle. Il rentre bientôt dans sa chère retraite de Lesches, vivant tranquillement auprès de son fils et de sa belle-fille, et s'occupant de quelques travaux littéraires. Le peu qui nous a été conservé se rapporte aux États-Unis et paraît avoir été rédigé d'après des correspondances ou des journaux d'Amérique, ou sur des notes recueillies dans des ouvrages contemporains.

---

1. Aussi avons-nous jugé inutile de les reproduire.

Nous n'avons que des détails assez succincts sur les années qui s'écoulèrent jusqu'en 1806; nous savons seulement qu'elles furent les plus calmes et les plus heureuses de la vie de Crèvecœur.

En dehors du plaisir qu'il trouvait dans son petit cercle de famille, dans les occupations agricoles pour lesquelles il avait toujours eu tant d'attraits, il entretenait des relations suivies avec un certain nombre d'aimables voisins, parmi lesquels nous citerons M. et Mme Esmangard, au château d'Anet [1], puis M. et Mme Bonfils, à Coupvray. Mme Bonfils était comme Mme Esmangard une demoiselle Sanlot [2]. Son mari s'était lié très intimement avec Crèvecœur; il avait dessiné pour lui plusieurs des figures du *Voyage en Pensylvanie* et ajouté à l'ouvrage quelques notes un peu déclamatoires qui font plus d'honneur à ses bons sentiments qu'à ses talents littéraires [3]. Au Martroy demeurait une famille amie; Mme du Martroy, dont le fils et le petit-fils ont un nom si honorablement connu dans l'administration et au Con-

---

1. Il en a été déjà question dans ce chapitre.
2. Une troisième sœur avait épousé le général Corbineau.
3. Elles sont ainsi désignées : *Note communiquée à l'éditeur par le cit. B...*

seil d'Etat, a été jusqu'à la mort de Crèvecœur la correspondante la plus aimable et la plus assidue. Nommons encore à Montigny M. Denniée, qui occupait une haute position dans l'administration militaire [1] et facilita à Louis de Crèvecœur l'entrée de cette carrière.

Cette période de repos allait malheureusement se terminer par l'événement le plus douloureux.

Ally, ce jeune homme charmant, la joie et l'orgueil de son père, qui était devenu un homme élégant et distingué, accompli à tous égards, Ally mourut le 13 juillet 1806, à peine âgé de trente-quatre ans. Ce fut pour son père, pour sa jeune femme, qui l'un et l'autre lui avaient voué une sorte de culte, une perte irréparable, et Crèvecœur ne put jamais se consoler de cette fin prématurée, dont le souvenir jeta un voile de tristesse sur les dernières années de sa vie.

---

1. Il avait été chargé, comme commissaire des guerres, de l'examen des papiers de Bonaparte, lorsque celui-ci fut arrêté, en 1794, par l'ordre de Salicetti. (*Mémoires de Marmont et de la duchesse d'Abrantès.*)

CHAPITRE XI

Crèvecœur rejoint M. Otto à Munich. Grande situation du ministre de France. Visite au Roi de Bavière. Dîner à Nymphenbourg. Caractère et habitudes du Roi. La Reine, le Roi de Suède. M. de Montgelas. Le baron de Hompesch. Le commandeur Salabert. L'aristocratie et la bourgeoisie bavaroises. Les savants et les artistes. Jacobi, Manlich, les Baader, Utzschneider, Reichenbach. La lessive à vapeur; les paratonnerres. Voyage aux salines de Reichenhall. La campagne de 1806. Personnages divers.

L'existence paisible que Crèvecœur menait depuis quelques années venait de prendre fin brusquement par la mort de son fils. Cette grande douleur le décida à rompre toutes ses habitudes; quoiqu'il eût soixante et onze ans, et que l'âge commençât à lui faire sentir son poids, il se décida à accepter l'invitation que son gendre et sa fille lui avaient renouvelée bien des fois depuis quatre ans, et dès le mois de septembre 1806, il venait les rejoindre à Munich.

Autant la période de sa vie qui fait l'objet du chapitre précédent nous a présenté de lacunes, autant celle-ci, au contraire, nous offre de matériaux de toute espèce : lettres, notes, opuscules, on ferait plus d'un volume avec ce qu'il a écrit dans ces trois années.

Tout cela n'est certes pas intéressant au même degré. Le rôle de Crèvecœur à Munich a été surtout celui d'un observateur ; il a vu d'assez près des événements considérables, mais qui sont du domaine de l'histoire et sur lesquels les documents ne font pas défaut. Ses observations sur les mœurs, sur la société, sur la cour, sur certains personnages qu'il a pu étudier de près, sont plus curieuses et contiennent quelques particularités qui méritent d'être conservées.

On sait que M. Otto avait été envoyé à Munich aussitôt après son retour de Londres, en 1802. Il avait montré beaucoup d'habileté dans ce poste, fort important pour la politique de l'Empereur ; il avait réussi à maintenir l'Électeur dans l'alliance française, malgré les manœuvres des Anglais[1] et l'influence de l'Autriche, malgré le mauvais vouloir de l'Électrice[2], dominée par le Roi de Suède,

---

1. Le grand quartier général des menées de l'Angleterre en Allemagne était à Munich, où Drake, envoyé de la Grande-Bretagne, en avait la haute direction. (*Mémoires de Bourrienne,* tome VI, p. 106.) Ce ministre ne fut éloigné de Munich qu'en 1804.

2. Le baron Pelet de La Lozère (*Opinions de Napoléon,*

son beau-frère[1], et en dépit de la haine de toute l'aristocratie. En 1805, lorsque Munich fut occupé par les Autrichiens, il avait pu décider Maximilien Joseph à se retirer devant eux, et à conclure un traité avec la France. A la fin de l'année, l'Empereur victorieux faisait son entrée dans la capitale de la Bavière; l'Électeur prenait le titre de Roi, et donnait au prince Eugène de Beauharnais la main de sa fille aînée.

On sent quelle devait être à Munich la position du diplomate qui avait coopéré si activement à tous ces grands événements. Crèvecœur, arrivant en 1806, au moment où l'influence de la France, et par conséquent de son représentant, était à son apogée, fut naturellement très bien accueilli; il reçut de toutes parts des avances et des politesses auxquelles il ne put se soustraire complètement, en dépit de sa modestie et de son goût pour la retraite.

---

p. 98 et suiv.) cite de curieux extraits des lettres écrites par Maximilien à M. Otto en 1805, où il est question de cette hostilité.

1. Gustave IV, celui qui, d'après *le Moniteur*, n'avait de Charles XII que ses bottes et son entêtement. (Jal, *Souvenirs d'un homme de lettres*, p. 238.) « Il porte, dit Crèvecœur dans une lettre, d'immenses gants de buffle dont l'extrémité lui atteint le coude, un gros habit bleu à boutons de cuivre ; il a l'air féroce, avec des yeux qui annoncent la méditation. »

C'est ainsi qu'il dut, presque malgré lui, être présenté au Roi. Laissons-lui raconter l'histoire assez bizarre de sa première entrevue avec Maximilien vers le commencement d'octobre 1806.

Lundi dernier, M. de Fontenet[1], qui m'avait à plusieurs reprises invité à visiter les beaux appartements de la résidence royale, insista longtemps pour m'y faire aller ce jour-là et, quoique ma curiosité fût épuisée par tout ce que j'avais vu à Sleisheim, j'y consentis. Au lieu d'entrer dans les appartements d'en bas, à mon grand étonnement je fus conduit à ceux du second... Nous arrivons à une longue galerie,... nous pénétrons dans une pièce... En entrant, je vois un grand et bel homme, que je crois être le gouverneur du château, lorsque, s'approchant de moi avec une physionomie souriante, il me dit : « Monsieur de Crèvecœur, vous ayant en vain invité, par l'entremise de M. Otto, à venir me voir à Nymphenbourg,... j'ai pris le parti

---

1. Nous croyons qu'il faut plutôt lire Fontenay. Un général de Fontenay était ministre de Saxe à Paris à la fin du règne de Louis XV. Le personnage dont il s'agit ici était peut-être son fils. D'après une note de Crèvecœur, il avait été élevé à Deux-Ponts et avait entrepris avec Jacobi, devenu depuis un philosophe célèbre (voir ci-après), un voyage d'instruction en Italie. Il était lié avec Jacobi depuis cinquante-sept ans, dit Crèvecœur. Jacobi étant né en 1743, ils se seraient donc connus tout enfants. M. de F. avait un logement à Paris dans l'hôtel de M. de Cetto, ministre de Bavière, et était en relations avec Mme d'Houdetot. (Voir à la *Correspondance* la lettre du 1er janvier 1807.)

de vous recevoir dans mon cabinet en simple particulier. »

Tout d'abord fort surpris et un peu troublé, Crèvecœur se remit bientôt, grâce à l'extrême bienveillance du Roi. Celui-ci lui fit voir en détail les tableaux de son cabinet et lui parla très aimablement des *Lettres d'un cultivateur*, qu'il avait, disait-il, lues en anglais et en français. Une invitation à dîner à Nymphenbourg suivit de près cette première entrevue [1].

Il est assez curieux de voir chez le Roi une table de vingt couverts, autour de laquelle on n'entend pas prononcer un seul mot allemand; et les domestiques ne savent pas un mot de français. Je trouve qu'en adoptant l'usage sévère de la Prusse, qui n'admet jamais les ministres étrangers à la table du Roi, celui-ci a beaucoup perdu [2]. Il n'est entouré que d'hommes

---

1. Lettre de Crèvecœur à sa belle-fille. Voir aussi la *Correspondance* de 1806 et 1807.
2. Maximilien, qui s'était si longtemps trouvé dans une position politique très délicate, n'avait pas dû regretter beaucoup l'étiquette qui lui permettait de tenir à l'écart certains diplomates étrangers. Après la mort du duc d'Enghien, il s'était, paraît-il, retiré quelques jours à la campagne, pour éviter de recevoir les ministres de Russie et de Suède, qui avaient pris le deuil. Le Roi de Suède, d'après M. Pelet, qui tenait cette anecdote de son beau-père (*Opinions de Napoléon*), était en ce moment à Munich et insista beaucoup pour

qui sont, il est vrai, de grands personnages, mais fort peu instruits, et dont la conversation n'a pas beaucoup d'intérêt. Si j'osais, je vous dirais que, moi chétif, j'étais une espèce d'aigle, le jour où je dînai à Nymphenbourg.

Les lettres, les cahiers de notes que nous avons sous les yeux, sont remplis de détails sur Maximilien [1]. Ce « grand bel homme, au teint frais, aux yeux bleus, à la figure souriante et gracieuse », avait dès l'abord tout à fait séduit Crèvecœur, flatté du reste, et à bon droit, de l'accueil qu'il en avait reçu. Il revient souvent sur la bonhomie de ce souverain et se plaît à en multiplier

---

que l'Électeur protestât avec la Russie et la Suède. Gustave se faisait suivre partout du chien qui avait appartenu au malheureux duc d'Enghien et s'exprimait avec une liberté qui mettait Maximilien au supplice.

1. Nulle part Crèvecœur ne fait allusion au temps où Maximilien menait joyeuse vie à Paris et se faisait payer par Louis XVI un million de dettes. C'était alors un assez mince personnage que le prince Max des Deux-Ponts, colonel du régiment d'Alsace; mais il avait les manières d'un grand seigneur, était gai, spirituel et fort à la mode. Son histoire avec Mme Dupin, l'ancienne maîtresse du duc de Choiseul, fit beaucoup de bruit en 1785. (*Correspondance secrète publiée par M. de Lescure*, tome I, p. 562 et 574, et *Mémoires de Mme d'Oberkirch*, tome I, p. 110, etc.) Crèvecœur ne pouvait manquer d'avoir entendu parler de tout cela dans la société de Mme d'Houdetot.

les exemples. Survient-il un accident : le Roi paraît sur la porte de son palais, la tête nue, s'enquérant de ce qui arrive. Un incendie éclate : aussitôt on lui amène un cheval toujours préparé, et il court au lieu du sinistre. Le jour du marché, il se promène au milieu des paysans et converse familièrement avec eux.

Cette simplicité enchante Crèvecœur; bientôt pourtant son enthousiasme devient moins vif; il commence à voir le revers de la médaille. L'ignorance de Maximilien le stupéfie, ses propos plus que légers le scandalisent. Il va cependant de temps à autre faire une visite à la Résidence; mais il n'est plus que poli et reconnaissant, il n'est plus admirateur.

La Reine[1], elle, ne lui avait jamais été sympathique. Il lui trouve l'air froid et indifférent, il peint sa démarche traînante et embarrassée; puis elle est curieuse comme une souveraine seule peut se permettre de l'être, questionneuse infati-

---

1. Maximilien avait épousé en premières noces une princesse de Hesse-Darmstadt qui mourut en 1796 ; elle était la mère de la princesse de Bavière qui devint la femme d'Eugène de Beauharnais. La Reine dont il est question ici est Frédérique-Wilhelmine-Caroline, née en 1776, fille de Charles-Louis, prince héréditaire de Bade. La sœur de cette princesse avait épousé en 1797 Gustave IV de Suède.

gable et indiscrète; malgré tout, fort instruite et excellente mère de famille.

M. de Montgelas[1], premier ministre, l'homme le plus considérable de la Bavière, tient naturellement une des premières places dans les notes de notre observateur. Il en trace un portrait que nous copions sur son mémorandum, dans toute son incorrection et sa saveur primesautière. On sent que c'est M. Otto qui parle et que son beau-père ne fait que tenir la plume.

Caractère singulier; grandes conceptions, idées justes sur tout ce qui est arrivé; voit dans l'avenir; haï de la noblesse; d'une apathie extraordinaire; cause et perd son temps avec tout le monde. Rien ne l'émeut. — Son indifférence à quitter Munich à l'époque où les Autrichiens allaient y entrer. — Quatre heures de toilette. Il s'occupe à lire pendant ce temps. Vaste mémoire des hommes et des choses; beaucoup d'éloquence. Grande confiance que le roi a en lui, parce

---

1. Maximilien-Joseph Garnerin, comte de Montgelas (1759-1838), d'une famille originaire de la Savoie. Il avait été ministre de Maximilien dans le duché de Deux-Ponts depuis 1795, et le suivit à Munich. Il fit en Bavière de nombreuses réformes et restreignit les privilèges de la noblesse et du clergé. Ce fut lui qui décida l'Électeur à se tourner vers la France. Il avait épousé en 1803 la comtesse d'Arco et avait pour beau-frère un M. de Lapérouse que Crèvecœur vit à Munich.

qu'il ne se presse jamais de faire ni d'agir, ce qui fait croire au Roi que c'est lui qui agit.

Voici maintenant le ministre des finances, le baron de Hompesch[1], ancien administrateur de Berg et de Juliers. Le portrait, comme le personnage, est plus effacé. Il a quarante ans, une figure distinguée, « qui n'a rien du monde germanique ». Destiné d'abord à l'Église, il avait reçu fort jeune les ordres mineurs, dont le Pape n'avait jamais voulu le relever; il était donc resté garçon. Très mondain, d'un caractère aimable et gai, il était en même temps très laborieux et très actif. Le Roi le tenait en haute estime.

Une autre personnalité curieuse est celle du commandeur Salabert[2]. Simple prêtre de Paris, il avait été appelé à Deux-Ponts pour l'éducation du prince Maximilien; sage et instruit, mais sans grande portée intellectuelle, il était devenu mi-

---

1. Frère du dernier grand maître de Malte et chevalier de cet ordre, il était né à Dusseldorf vers 1770, d'une ancienne famille attachée depuis un siècle à la maison Palatine.
2. Il était en 1795 chargé d'affaires de Maximilien, alors duc des Deux-Ponts, et fut arrêté à Manheim par ordre du général en chef de l'armée autrichienne comme ayant manifesté des sentiments favorables aux Français. Il ne fut mis en liberté qu'en 1797, après le traité de Campo-Formio.

nistre d'État et commandeur de Malte. Une habitation charmante, qu'il avait fait construire à l'entrée du parc, lui servait à exercer une hospitalité très large, principalement envers les étrangers. « Mieux que les Bavarois, dit Crèvecœur, il faisait les honneurs de la Bavière. » Par malheur, il avait un peu trop l'amour de la table, et l'apoplexie le prit au commencement de 1807, à la suite d'un dîner chez le banquier Seligman.

La haute société de Munich est l'objet de remarques nombreuses et jugée avec une sévérité à laquelle n'est peut-être pas étrangère l'attitude hostile de cette aristocratie à l'égard des Français. Crèvecœur la dépeint comme hautaine, ignorante, entichée de ses titres, parlant beaucoup de domaines et de châteaux qu'elle n'habite jamais et qui tombent en ruines, obérée d'ailleurs, soit par la prodigalité des générations passées, soit par la guerre. Mécontents pour la plupart et plutôt Autrichiens, Russes ou Prussiens que Bavarois, les nobles vivent en général renfermés dans leurs hôtels, voyant peu de monde, acceptant les invitations, mais sans les rendre.

Le jeu (l'ombre et le whist) est pour la plupart l'unique occupation. Dès le matin, on se met au jeu jusqu'à midi, pour reprendre ensuite à cinq heures, jusque fort avant dans la nuit; les pertes sont souvent considérables. Crèvecœur raconte que dans un bal donné par sa fille, presque tous les hommes demandèrent des cartes et du vin. Au souper, les jeunes gens envahirent les tables, laissant les femmes seules, et se mirent à manger et à boire comme des Allemands seuls sont capables de le faire, se servant de leurs doigts pour dévorer plus gloutonnement.

Les femmes heureusement font contraste ; généralement instruites, elles parlent plusieurs langues et sont en même temps de bonnes ménagères. Quelques-unes, comme la comtesse de Laskenfelds, ont su se former un cercle choisi, trop rare exception dans ce milieu déshérité.

Les seules relations de Crèvecœur dans le monde aristocratique étaient le baron et la baronne de Ghove, Alsaciens tous les deux et par conséquent Français; le baron de Ghove était grand maréchal du palais.

Les appréciations sur la classe moyenne sont toutes différentes. Crèvecœur n'en voit guère, il est vrai, que les représentants les plus distingués.

Il insiste d'abord sur la ligne de démarcation qui sépare les différentes classes, ligne pour ainsi dire infranchissable. Les médecins seuls sont parfois reçus par la noblesse ; mais les savants, les artistes, quelles que soient leurs qualités personnelles et leur notoriété, ne sont jamais invités. Aussi sont-ils fort sensibles aux avances, et Crèvecœur, dès son arrivée à Munich, se plut à nouer avec plusieurs d'entre eux des relations qui furent pour lui la source de mille jouissances.

Presque à chaque page de ses cahiers, on rencontre le nom d'un artiste ou d'un savant. C'est d'abord Jacobi, le célèbre philosophe, président de l'Académie de Munich, « le plus aimable, le plus clair, le plus intelligent métaphysicien de l'Europe ». C'est le principal convive des petits dîners de savants que donnait fréquemment M. Otto, à l'instigation de son beau-père, et auxquels il prenait lui-même beaucoup d'intérêt.

Les autres habitués de ces réunions étaient M. Manlich[1], peintre distingué, directeur des

---

1. Grimm en parle (janvier 1772) comme « d'un jeune peintre de beaucoup de talent que le duc de Deux-Ponts a fait élever et voyager en Italie et en France » (édition Tourneux, tome IX, p. 411). « Il nous fit voir, dit Crèvecœur, quatre volumes d'histoire naturelle d'oiseaux, la plupart grands comme nature, peints à la gouache avec un art, un goût et une précision admirables. » (*Mémorandum*.) On le retrouvera au chapitre XII.

musées de Munich et de Sleisheim, homme aimable et bon avec lequel Crèvecœur conserva des relations jusqu'à la fin de sa vie ; M. Seyfer, astronome du Roi ; les deux frères Baader, l'hydrostatique et le galvanique, comme les appelle Crèvecœur ; M. Kirschbaum, ancien précepteur du prince royal ; le baron de Glebestable, doyen du grand chapitre de Wurtzbourg ; enfin, M. de Fontenay, dont nous avons déjà parlé [1].

Toutes ces personnes parlaient le français et plusieurs l'anglais. On ne manquait donc pas de mots techniques ; « si le français n'en fournit pas, on passe la Manche et l'on en trouve des magasins ».

Grâce à ces relations, Crèvecœur fut bientôt en rapports avec tout ce que Munich comptait d'hommes instruits [2].

---

1. La famille Otto voyait aussi fréquemment, mais tout à fait dans l'intimité, un vénérable prélat français établi à Munich, l'évêque de Gap, dont Crèvecœur se plaît à vanter la conversation sérieuse et instructive. Quoique son nom ne soit pas prononcé, il s'agit de Mgr de La Broue de Vareilles (François-Henri), né en 1734 et sacré évêque en 1784. Il avait émigré et, son siège épiscopal n'ayant pas été rétabli en 1802, il était resté à l'étranger ; nous ignorons l'époque de son retour en France. Il mourut en 1829 dans le diocèse de Poitiers.

2. Sans compter les savants de passage, tels que M. de Zaag, l'astronome, avec lequel il dîna chez le ministre des

Un de ceux dont le nom se trouve le plus souvent sous sa plume est M. Utzschneider, référendaire, président de la section des salines, directeur de la monnaie, inspecteur du cadastre, etc. Avec tous les dehors de l'homme le plus calme, il avait une activité, une puissance de travail extraordinaires, qui lui permettaient de mener de front, avec ses nombreuses fonctions, la direction de plusieurs affaires agricoles et industrielles : une belle tannerie aux portes de Munich, une immense ferme de quatre cents vaches à Benedict-Bayern, une usine où l'on fabriquait le flint-glass d'après des procédés de son invention, d'autres entreprises encore, qui donnaient du travail à de nombreux ouvriers[1].

Cet homme réellement hors ligne avait su distinguer les aptitudes de Reichenbach, qui, de simple capitaine d'artillerie, était devenu un des premiers constructeurs d'appareils de précision

---

finances, mais qui répondit froidement à ses avances. Très aimé du feu duc de Saxe-Gotha, de Zaag était aussi fort estimé de sa veuve, qu'il accompagnait dans ses voyages. Quoique Hongrois de naissance, il avait pris tout le flegme germanique.

1. Un frère de M. Utzschneider dirigeait déjà, à cette époque, la fabrique de produits céramiques de Sarreguemines ; elle est encore sous le même nom.

de l'Allemagne et peut-être de l'Europe. M. Utzschneider avait formé une association avec MM. Reichenbach, Lieber[1] et Rach et créé des ateliers pour la fabrication des instruments de mathématiques, d'optique et d'horlogerie.

Crèvecœur dut à ses relations avec ces modestes savants de nombreux détails sur des instruments et des machines de nouvelle invention, dont il envoya à Paris des plans, des descriptions et même des modèles réduits.

Les artistes excitaient presque autant son intérêt. Il fut tout d'abord frappé de l'aptitude que montrent les Bavarois pour les arts. « Il y a ici, écrit-il dans ses notes, un fonds de talents qui ne demandent pour éclore qu'un peu d'encouragement. J'ai pris la liberté d'en parler au Roi toutes les fois que j'ai pu convenablement introduire ce sujet. »

Nous avons mentionné plus haut Manlich, qui pratiquait déjà cette peinture allégorique dont on a tant abusé depuis à Munich. Kobell[2], le premier

---

1. Inventeur d'un échappement d'horlogerie.
2. Il y a eu plusieurs peintres allemands de ce nom. Celui dont il est question ici est, croyons-nous, Guillaume Kobell (1766-1853), qui fut professeur à l'Académie des beaux-arts de Munich. Le *Publiciste* du 10 janvier 1807 parle de trois

peintre du roi, peignait, paraît-il, les batailles avec succès; les sujets ne lui manquaient pas. Le maréchal Berthier lui avait commandé à la fois huit tableaux de ce genre à cinquante louis pièce[1]. Un peintre de gouache de quelque talent, du nom de Hunts, était en même temps musicien et homme d'esprit; ses trois enfants, qu'il avait élevés lui-même, faisaient avec lui de charmants concerts de famille, que Crèvecœur entendit quelquefois.

La petite bourgeoisie et les habitants des campagnes sont jugés très favorablement. « Les Bavarois, dit-il, sont le peuple le plus respectable de l'Allemagne; pleins de probité, de loyauté et de franchise, soumis aux lois, aimant leur prince et faisant tous les sacrifices sans murmurer », avec cela doux et tranquilles, mais un peu indolents, aimant trop à manger et à fumer.

Ce qui le frappe beaucoup, c'est l'amour de la

---

des tableaux commandés par Berthier : la Prise d'Ulm, l'Entrée des Français à Munich et la Prise de Braunau. (*Correspondance de Munich.*)

1. Citons, à propos de peinture, une anecdote que Crèvecœur nous a conservée sur le roi de Suède. « Ce prince, dit-il, ne s'est jamais laissé peindre qu'une fois; encore, dans un accès d'impatience, donna-t-il un coup de couteau dans le tableau, blessure qui, quoique ayant été artistement réparée, est encore sensible. »

musique si répandu en Bavière. Nous trouvons de très longues dissertations à ce sujet dans un petit manuscrit intitulé : *Réflexions sur la puissance et les effets de l'harmonie aérienne,* daté du 1er janvier 1807[1], et auquel nous avons fait déjà quelques emprunts; mais il serait superflu de s'étendre ici sur un sujet aussi banal.

On vient de lire le résumé des appréciations de Crèvecœur sur la Bavière. Le rôle de simple observateur, quoiqu'il satisfît en partie ses goûts, ne suffisait pourtant pas d'une manière complète à son activité. S'il notait tout ce qu'il rencontrait de nouveau et d'utile, ce n'était pas seulement pour satisfaire sa curiosité, c'était surtout pour le propager. Il avait, comme on l'a vu, envoyé à Paris des plans et des modèles de machines, il transmettait aussi à ses correspondants des descriptions d'appareils de chauffage, de meubles, d'ustensiles divers, même de vêtements.

La lithographie, une invention bavaroise fort récente, ne pouvait manquer de l'intéresser. Il parle dans ses notes d'un naturaliste espagnol[2]

---

[1]. Voir la *Correspondance* à cette date et page 172.
[2]. Crèvecœur ne donne ni le nom du savant ni la date. Nous croyons que c'était au commencement de 1807.

avec lequel il a dîné chez M. Otto, et qui se propose de reproduire d'après sa propre écriture la relation d'un voyage qu'il vient de faire dans le Tyrol.

C'est l'Espagnol lui-même, qui a obtenu le secret de cette nouvelle manière d'imprimer d'un Anglais qui l'avait eu du fils d'un acteur munichois mauvais sujet [1]. Il va lui-même imprimer son journal de voyage dans le Tyrol et fait graver les coupes et les hauteurs de cette chaîne.

La culture, le jardinage attirent aussi son attention, et il a laissé un petit traité manuscrit sur le procédé employé par les jardiniers de Munich pour obtenir du terreau végétal [2].

Il cherchait en même temps à introduire en

---

1. Nul n'est prophète en son pays. Il s'agit évidemment ici de Senefelder, l'inventeur de la lithographie (1771-1834), qui avait été pendant quelque temps comparse au théâtre de Munich. On voit de quel ton en parle Crèvecœur, qui n'est que l'écho de ses amis bavarois. Senefelder avait cependant, en 1799, obtenu de Maximilien-Joseph un brevet de quinze ans, et peu de temps après le départ de Crèvecœur, en 1810, il fut nommé directeur d'un atelier de lithographie établi par le gouvernement pour le service du cadastre.
2. Il avait eu la satisfaction de trouver à Munich une espèce de pomme de terre importée par lui en 1786. (Voir page 126.)

Bavière diverses inventions ou pratiques nouvelles. Ses relations fréquentes avec Cadet de Vaux lui fournissaient des indications précieuses. C'est ainsi qu'il se fit le propagateur de la lessive à vapeur[1]. Mme de Montgelas, la femme du premier ministre, et la baronne de Ghove furent au nombre de ses prosélytes. « Je fais des miracles avec la lessive à vapeur, écrit-il en décembre 1806, dans un mois il y aura plus de trente cuves établies dans cette ville. »

Il fabrique lui-même, chez Manlich, du pain de pommes de terre, d'après le système de Parmentier. Au baron de Ghove il prêche le système d'arcure des arbres fruitiers préconisé par Cadet de Vaux[2]. Toujours fidèle disciple de Franklin, il cherche à combattre les préjugés qui existent encore en Bavière contre l'usage des paratonnerres ; un long article de lui[3] à ce sujet paraît dans la *Gazette de Munich* du 7 septembre 1808[4].

---

1. Cadet de Vaux a publié un *Traité de blanchissage domestique à la vapeur*. Paris, 1805, in-8º.

2. Nous avons publié dans la *Revue horticole* de 1882 (p. 431) une curieuse lettre de Crèvecœur sur ce procédé que l'on a essayé de faire revivre de nos jours.

3. L'article est anonyme, mais nous avons l'original français.

4. En 1807, Crèvecœur assista à une ascension aérosta-

A peu près à la même époque, il cède aux aimables instances du ministre des finances, M. de Hompesch, et consent à entreprendre une excursion aux salines de Reichenhall. Ils font le voyage avec M. Utzschneider et un M. d'Asbec, employé supérieur des finances. La haute position de ses compagnons mit Crèvecœur à même de recueillir des informations de tout genre et de visiter non seulement les salines, mais encore tout ce que le pays pouvait offrir de curieux. Aussi ces intéressantes journées lui ont-elles inspiré un récit assez étendu qu'il eut un moment l'idée de publier, mais qui est resté inédit [1].

La Bavière, à cette époque, offrait dans un ordre d'idées différent bien d'autres sujets de curiosité. Les événements se pressaient en Allemagne, et le récit en arrivait presque quotidienne-

---

tique du célèbre Garnerin. Dans ses notes, il décrit en détail le ballon dont il donne les dimensions exactes. On fit l'expérience du parachute avec un chat.

1. Voir *Correspondance*, octobre 1808. M. de Barbé-Marbois, l'ancien consul général des États-Unis, avait aussi fait l'excursion des salines en 1776 et en avait publié la relation sous le titre de : *Voyage d'un Français aux salines de Bavière*. Paris, Baudouin, 1800, in-18. Peut-être est-ce le motif qui empêcha Crèvecœur de donner son récit au public. Il en fit seulement une esquisse rapide dont la traduction parut dans *la Gazette de Munich*.

ment à la légation. Les notes de Crèvecœur suivent donc pas à pas la marche triomphale de nos armées. Il recueille des nombreux officiers de passage mille détails, mille anecdotes sans intérêt aujourd'hui, mais qui devaient être fort goûtées de ses correspondants de Paris, réduits aux récits officiels du journalisme impérial [1].

Lors de son arrivée à Munich, dans l'été de 1806, il y avait eu un moment de détente ; on avait cru à la paix, mais presque aussitôt éclatait la quatrième coalition, et il put suivre jour par jour cette magnifique campagne qui, commencée le 9 octobre 1806, amenait, le 25 du même mois, l'Empereur à Berlin, après cette victoire d'Iéna, que nous avons payée assez chèrement pour aimer à la rappeler [2].

---

[1]. Nous ne pouvons cependant passer sous silence cette note de son *Mémorandum*, qui se rapporte à la campagne de 1806. « Soldats français couchés par terre examinant une carte. L'armée française achète toutes les cartes en passant à Augsbourg et à Wurtzbourg. Les officiers allemands n'en avaient que de petites et de mauvaises. » *Quantum mutati !!*

[2]. C'est principalement sur cette campagne que portent les souvenirs de Crèvecœur; quand le théâtre de la guerre s'éloigne et se porte vers l'orient, ses notes deviennent plus rares et plus confuses. Il n'a plus évidemment à sa disposition les informations qu'Otto recevait directement du quartier général en 1806.

M. Otto était investi de toute la confiance de l'Empereur, et son beau-père surprenait parfois quelques aperçus politiques, mais il était loin de les chercher. Voici ce qu'on lit dans son mémorandum à la date du 9 octobre 1806 :

Le nombre des courriers adressés à Otto augmente ; il ne se passe pas de jour qu'il n'en arrive. Un voile épais, qu'il serait imprudent de soulever, couvre les ordres qu'ils apportent... Je suis attristé toutes les fois que j'ai des conversations intimes avec Otto ou quelques autres personnes instruites de ce qui se passe derrière le rideau. Que cette introduction dans le secret des affaires est affligeante ! Il n'y a pas de jour où ce malheur ne m'arrive. Je veux me retirer et passer mon temps à lire.

Il aimait, par contre, cette sorte de défilé de personnes de tout genre qui passaient devant ses yeux, suivant dans un sens ou dans l'autre la route de France ou d'Italie.

C'est le maréchal Berthier, très lié avec M. Otto[1], qui séjourne quelque temps à Munich, et avec lequel il dîne chez le commandeur Salabert ; le général alsacien de Peully[2], commandant

---

1. Voir à la *Correspondance* une lettre de Berthier du 20 avril 1807.
2. Le général Randon de Pully, croyons-nous.

une division de cuirassiers venant de Milan (novembre 1806); M. Clary, premier aide de camp du roi Joseph, venant de Posen et retournant en Italie (décembre 1806), avec lequel Crèvecœur peut s'entretenir de son fils Louis, alors employé à l'armée de Naples; le maréchal Masséna, qui passe avec tout son état-major, allant à Varsovie (janvier 1807)[1]; le général Fournier[2], « beau jeune homme, modeste, instruit, la perle de ce que j'ai vu de plus distingué parmi les officiers » (janvier 1807); le comte de Pocchy, « un bel homme, habillé en Turc, turban, moustache », venant du quartier général et allant à Constantinople[3], et bien d'autres qu'il serait trop long de nommer.

La plupart de ces personnages ne font que traverser Munich, d'autres y séjournent un certain temps; parmi ces derniers, citons M. de La Saussaye, commissaire ordonnateur, « homme d'un

---

1. Masséna, qui n'avait pu s'entendre à Naples avec le roi Joseph, avait été rappelé par l'Empereur après la bataille d'Eylau.
2. C'est évidemment le général Fournier Sarlovèse.
3. C'était, dit Crèvecœur, un officier bavarois attaché au quartier général français (*Mémorandum*). L'Empereur, au commencement de 1807, avait envoyé un certain nombre d'officiers au sultan Sélim, menacé par la Russie et l'Angleterre.

rare mérite[1] », que Crèvecœur trouva à Munich, et avec lequel il se lia beaucoup pendant les quelques mois qu'ils passèrent ensemble ; M. Martin, consul général de France à Galatz, qui avait dû quitter son poste[2] à la suite des mauvais traitements infligés par les Russes à M. Reinhart, consul général en Moldavie[3]. Vieil habitant de l'Orient, M. Martin était très intéressant à entendre, et Crèvecœur écrivit une partie de ses récits. Il eut même l'idée de rédiger en anglais, d'après une anecdote de Constantinople, un petit conte en style oriental, intitulé *les Trois Sultanes,* qu'il dédia à sa petite-fille, Sophie Otto[4].

---

1. M. de La Saussaye avait été témoin oculaire de la profanation des tombeaux de Saint-Denis, et en avait fait à Crèvecœur un récit qui l'avait beaucoup frappé, mais qu'il ne nous a pas conservé.
2. Il était arrivé à Munich à la fin de mars 1807.
3.. Reinhart (1761-1837), que nous avons vu chef de division aux Affaires étrangères, avait été ministre sous le Directoire et prédécesseur de Talleyrand. Il fut envoyé ensuite en Suisse, puis à Hambourg et, en juillet 1806, nommé résident et consul général à Yassy. Il y fut enlevé par les Russes à la fin de l'année. Sa carrière diplomatique ne se termina qu'en 1832.
4. Nous avons un titre imprimé, mais nous ne croyons pas que le conte l'ait jamais été. Le manuscrit qui est dans nos mains est du reste incomplet.

M. de Mur, consul à Odessa, était dans la même position que son collègue de Galatz. Crèvecœur recueillit de sa bouche de nombreuses informations sur le Levant, Chypre, l'Égypte et le Maroc [1].

Si nous n'avions craint de fatiguer le lecteur, nous aurions pu multiplier encore les citations, mais nous nous sommes peut-être déjà trop laissé entraîner par l'abondance des matériaux ; on trouvera à la correspondance (1806 à 1808) quelques détails que nous n'avons pas utilisés ici et qui nous paraissent cependant présenter un certain intérêt.

---

[1]. Il est un nom que l'on peut s'étonner de ne pas trouver dans ces souvenirs : c'est celui du docteur Gall, qui, arrivé à Munich à la fin de mars 1807 avec son élève Spurzheim, y fit un séjour assez long. En mai, il y ouvrait un cours dont l'inauguration fut très brillante. (*Publiciste* des 8 avril et 10 mai 1807. *Correspondance de Munich.*)

CHAPITRE XII

La guerre éclate de nouveau. Crèvecœur quitte la Bavière. Retour à Lesches. Sarcelles. Il y retrouve Volney. Détails sur la vie de campagne de Volney. Son mariage. L'abbé Grégoire. Mme Dubois. La comtesse d'Houdetot et M. de Somma-Riva. M. de Gouves. Deforgues. Gillet de Laumont. Reichenbach et l'Observatoire de Paris. Joël Barlow et Fulton. Sophie Otto. Elle épouse M. Pelet de la Lozère. Louis de Crèvecœur à la retraite de Russie. Mort de Mme d'Houdetot. Mort de Crèvecœur.

L'année 1809 s'ouvrait en Allemagne sous d'assez tristes auspices, et la Bavière, après la déclaration de guerre des Autrichiens, se trouvait fort exposée à devenir le théâtre des hostilités.

Nous voilà de nouveau à la veille d'une quatrième guerre (écrivait Crèvecœur [1]), tout est en armes chez nos voisins, tout est en réquisition. Cette ville (Munich) n'est pas à quarante lieues de ce formidable appareil... A dire le vrai, je ne puis m'empêcher de souhaiter d'en être un peu éloigné. Tout ce fracas infernal me noircit l'esprit. Il ne l'était déjà que trop avant cette levée de boucliers.

---

1. A Mme du Martroy.

Bientôt les événements se pressent : l'armée autrichienne n'est plus qu'à seize lieues de Munich, et, le 12 avril, M. Otto fait partir sa femme et sa fille, que Crèvecœur accompagne. Il écrit en route à son fils Louis :

Otto s'apprête aussi à se rendre à Augsbourg et de là à Sellingue sur le Danube, deux jours après que le Roi et sa famille auront quitté Munich. L'Empereur, auquel Otto a envoyé la déclaration de guerre de l'Autriche, est en route pour Strasbourg, d'où il doit se rendre à Donauwerth [1]. Là, Otto doit le voir et lui donner les informations qu'il possède, aussi bien que les cartes et itinéraires qu'il s'est procurés en Bavière et ailleurs.

Après onze jours d'un voyage fatigant qui « ébranla beaucoup sa vieille tête », Crèvecœur arrivait à Paris et allait se reposer à Lesches. Au mois d'août, il s'installe à Sarcelles, dans une charmante habitation que M. Otto venait d'acquérir. Ses lettres sont pleines de descriptions enthousiastes de ce joli séjour ; il s'occupe avec une ardeur et une activité surprenantes des arrange-

---

1. C'est le 12 avril au soir que Napoléon apprit le mouvement des Autrichiens. Il partit dans la nuit et était à Donauwerth le 17 au matin. (Thiers, tome X, p. 125.)

ments, des plantations surtout, que l'on a eu soin de confier à l'expérience consommée du cultivateur américain. La situation de Sarcelles avait du reste pour lui un charme tout particulier. Il se trouvait là dans cette ravissante vallée de Montmorency, qui lui rappelait tant d'heureux jours passés auprès de sa vieille amie, Mme d'Houdetot. A Sarcelles même, il revoyait de bien anciennes connaissances.

Hier (écrit-il [1]), j'aperçois au milieu de la cour un homme d'une apparence vieillotte et tant soit peu voûté, au visage plat, à la physionomie austère, qui était entré sans parler à personne. Cependant, à la vue d'un ruban rouge et d'un habit de drap fin, je le considère attentivement et je m'en approche à pas lents, sans pouvoir me rappeler avoir jamais vu cette figure. Mais bientôt, à certain mouvement ou plutôt au pincement sucré de ses lèvres, je reconnais le grave et froid sénateur Volney, celui qu'à l'époque de mes beaux jours j'avais présenté à Mme d'Houdetot et aux académiciens d'Alembert, Morellet, Marmontel ; celui qu'au moment le plus terrible de la Révolution [2]

---

1. Nous ignorons la date exacte de cette lettre dont nous n'avons que la minute, mais il est certain qu'elle est de l'automne de 1809.

2. Ce n'est pas précisément « au moment le plus terrible de la Révolution » que Volney partit pour l'Amérique : ce fut seulement à la fin de mai 1795 qu'il reçut l'autorisation du Comité de salut public ; mais, d'après les détails curieux et

j'avais osé recommander au Président des États-Unis, le général Washington.

Un abord glacial, un mouvement de tête assez insignifiant, tel fut le rapprochement mesuré de deux personnes jadis intimement liées [1]... Il y avait longtemps que je n'avais réprimé avec autant de soin l'expansion spontanée du cœur, l'effusion involontaire que l'on ressent ordinairement à la vue inespérée d'un ancien ami [2]...

Je propose à M. le sénateur d'entrer dans le salon; arrivant de Paris, il me dit préférer la promenade; à pas lents et comptés, nous faisons donc plusieurs fois le tour du petit parc...

---

inédits recueillis par M. Masson (*le Département des Affaires étrangères*, p. 331), le ministre Deforgues avait, en octobre 1793, proposé de lui donner une mission aux États-Unis. Cette proposition n'eut pas de suite; mais ce fut peut-être alors que Crèvecœur remit à Volney la lettre de recommandation pour Washington.

1. Les détails nous manquent complètement sur les débuts de cette liaison qui, d'après ce qui est dit ci-dessus, remontait à une époque antérieure à la Révolution.

2. Volney, dans son *Tableau des États-Unis*, dont la première édition parut en 1803, avait traité un peu sévèrement *le Cultivateur américain*. Parlant des désastres de la colonie française de Gallipoli : « Il y a, dit-il, un peu loin de là au bonheur poétique chanté par *le Cultivateur américain* » (ici il cite un autre écrivain); « si les faiseurs de pareils romans pouvaient s'entendre panégyriser sur place, sûrement ils se dégoûteraient de ce banal talent de rhétorique (p. 391). » Crèvecœur ne pouvait être très bien disposé pour celui qui avait écrit ces lignes amères et injustes. (Voir *Bibliographie*.)

La froideur de Volney l'exaspère, il le compare à une momie. Il ajoute :

L'ayant enfin reconduit jusqu'à notre grande porte, qui est placée vis-à-vis de l'une de celles de son parc [1], il m'invita à le suivre... Rien de plus doux, de plus propre que ses allées. — « Excepté le corps de logis que j'ai fait rafraîchir, me dit-il, et quelques parties de mes basses-cours, tout le reste est de ma création : disposition du terrain, culture, plantations, jardins... Je n'ai de goût que pour ce qui est utile, propre et commode, le reste n'est que *whims* [2]. » (Il parle très bien l'anglais.) « Au moyen d'un taraud, je suis parvenu à connaître parfaitement la topographie inférieure de cette propriété [3]... »

Volney l'entretient ensuite de ses procédés de

---

1. « Volney, dit J.-F. Bodin (*Recherches sur l'Anjou*, 2 vol. in-8°, 1822-1823, tome II, p. 412), avait repris avec tant d'ardeur ses travaux de cabinet qu'il s'aperçut bientôt que sa santé en était altérée ; il voulut, pour les tempérer, les partager avec ceux de l'agriculture... Il acheta une propriété rurale à Sarcelles, à quatre lieues de Paris... Ce fut là qu'il composa ses *Recherches nouvelles sur l'histoire ancienne*... Peu après la seconde Restauration, il se défit de sa campagne. »
2. Caprices.
3. Crèvecœur a laissé des notes très étendues sur les occupations rurales de Volney ; on y trouverait encore quelques détails intéressants, mais nous avons dû nous borner à un aperçu.

culture, de ses pépinières, particulièrement de ses acacias, dont son interlocuteur lui demande du plant et de la graine, qu'il promet aussitôt « avec une espèce de chaleur et de promptitude dont je ne le croyais pas susceptible ».

Malgré le désir qu'aurait eu Crèvecœur d'entretenir quelques relations avec ce voisin, sinon aimable, du moins intéressant, leurs rapports restèrent toujours très froids, et il écrivait à M. Otto quelque temps après :

Il est venu me voir une fois, j'ai été chez lui deux fois ; jamais il ne m'a parlé de Fanny[1]. Ce n'est pas un voisin, il s'en faut bien; froid, concentré, tout occupé de ses études et de ses travaux[2].

Pour terminer ici avec ce personnage, nous citerons seulement ce que Crèvecœur écrivait en décembre 1810 au sujet de son mariage.

Le sénateur Volney vient de se marier à une espèce

---

1. Mme Otto.
2. « On a souvent reproché à Volney un caractère misanthropique », dit Adolphe Bossange, dans la notice placée en tête des *Œuvres de Volney* (8 vol. in-8º, 1821). « Ce reproche, il faut l'avouer, n'a pas toujours été sans fondement. Ces dispositions furent quelquefois l'effet d'une santé trop languissante; peut-être aussi doit-on les attribuer à cette étude approfondie qu'il avait faite du cœur humain. » Volney vécut encore dix ans. Il mourut le 10 avril 1820.

d'antiquaille de nièce[1]... *a house-keeper and a nurse*[2]. C'est probablement pour remplir ces deux fonctions qu'il a épousé une vieille fille dont il a fait la fortune[3].

Un autre voisin était l'ex-évêque de Blois, le célèbre abbé Grégoire, que Crèvecœur n'avait pas revu depuis la Terreur. Voici ce qu'il écrit au mois d'août 1809 :

Je crois vous avoir dit que, le lendemain de mon installation ici, je lui avais adressé une lettre très courte, mais inspirée par l'estime et l'amitié la plus vraie. Il a reconnu la source d'où mes expressions

---

1. Mlle Chassebœuf, sa cousine et non pas sa nièce, d'après Eugène Berger. (*Études sur Volney et ses œuvres. Revue de l'Anjou*, 1882, 2e partie.)

2. Une ménagère et une garde.

3. Quelle différence de ton avec celui de Bossange ! « Les regrets de toute la France, dit-il en parlant de la mort de Volney, se sont mêlés aux larmes d'une épouse, modèle de son sexe, dont la bienfaisance fait oublier aux pauvres la perte de leur protecteur, et dont les vertus rappellent les qualités de celui dont elle sut embellir la vie. » (Notice déjà citée.) Ce fut certainement une femme dévouée, qui non seulement entoura de soins la vieillesse de Volney, mais qui encore, après sa mort, sut défendre vaillamment sa mémoire. D'après Durozoir (*Biographie Michaud*), elle soutint en 1823 une polémique fort vive, dans le *Journal des Débats*, contre Bodin qui avait jugé Volney très sévèrement dans ses *Recherches sur l'Anjou*. (Voir page 261, note 1.) Ce fut elle qui eut le dernier mot.

étaient sorties, et, plutôt que de me répondre officiellement, il est venu avec Mme Dubois revoir un instant ses pénates et payer mon attachement et mon amitié par le retour de la sienne... De retour d'un long voyage en Alsace et dans les Vosges, il est venu tout exprès de Paris passer quelques heures chez lui pour voir et embrasser Mme Otto et son vieux père. Je suis encore tout ému... Que ne puis-je répéter tout ce qu'il m'a dit et comme il me l'a dit! sa voix, son accent, ses yeux et son cœur!... Comme nous nous sommes embrassés, comme il m'a serré les mains à plusieurs reprises!... Quelle rapidité d'idées, quelle vivacité et quelle netteté d'expressions! quelle suave *mellifluence*[1]! Il connaît à fond toutes les universités d'Allemagne, il a résidé à Gœttinguen, l'*alma mater* de tous les séminaires instructifs et littéraires qu'il y a dans le monde civilisé, et, sans savoir l'allemand, il apprécie les richesses inconnues de cette antique et belle langue.

Grégoire habitait assez rarement Sarcelles, mais il y était fort aimé.

---

1. Lady Morgan (*la France,* 1818, tome II, p. 286) parle aussi de l'originalité et de l'attrait irrésistible de Grégoire, de la volubilité et en même temps de la simplicité de son langage. Les mémoires du comte Dufort de Cheverny, dont nous préparons la publication, donnent sur l'épiscopat de Grégoire des détails très circonstanciés. Dufort est aussi sévère que Crèvecœur est indulgent. C'est que l'un juge l'homme public et que l'autre s'attache aux qualités privées.

Il se fait donner tous les ans une liste des familles indigentes, des veuves, des orphelins, auxquels on distribue tous les mois un secours en argent. Suivant les besoins, pendant l'hiver, il fait vêtir ceux qui n'ont point de hardes, chausser ceux qui sont nu-pieds et donne un certain nombre de bourrées.

Tout ce qu'on vous a dit de Mme Dubois est pure calomnie. Cette dame, épouse d'un riche bourgeois de Paris, rue du Pot-de-Fer [1], chez laquelle j'ai été et où loge depuis maintes années le sénateur Grégoire, n'a eu la complaisance de l'accompagner ici que pour conduire sa maison [2] ; jamais il n'y a passé un mois de suite.

Sannois est assez voisin de Sarcelles, et Crèvecœur ne pouvait tarder bien longtemps à aller voir l'excellente Mme d'Houdetot. Voici le récit de sa visite :

J'ai enfin tâché de réparer mes torts envers la bonne comtesse, torts qui certainement ne sont pas venus du cœur, mais uniquement de l'indéfinissable paresse, de

---

[1]. N° 22. Adresse de Grégoire dans l'*Almanach impérial*.
[2]. Quand l'Assemblée quitta Versailles pour Paris, après les journées des 5 et 6 octobre, l'abbé Grégoire vint loger chez M. et Mme Dubois, qui lui offrirent la table et le logement. M. Dubois vécut encore vingt ans. Sa veuve fut dépositaire des papiers de Grégoire après sa mort. (Notice de Carnot en tête des *Mémoires de Grégoire*. 1837, 2 vol. in-8°.)

l'inactivité septuagénaire... J'ai pris le parti d'aller déjeuner avec la plus ancienne et la plus respectable de mes amies, mon appui, ma protectrice, celle à qui j'ai dû tant de jours prospères, tant d'honorables connaissances, une existence enfin d'autant plus délicieuse que je sortais des prisons de New-York et des noires inquiétudes auxquelles j'avais été en proie pendant mon séjour à Dublin et à Londres...

La paix n'a éprouvé aucune difficulté; je lui avouai ma faiblesse, reconnus mes torts; le peu que je dis à table[1] a eu le bonheur de plaire au signor Somma-Riva.

Ici, Crèvecœur, avec une amertume bien rare chez lui, parle de M. de Somma-Riva[2], de l'origine de sa fortune, de ses mauvais rapports avec ses voisins de campagne, et il ajoute :

C'est là cependant le héros du jour, le successeur de Saint-Lambert, de Jean-Jacques! A quoi servent donc les lumières, l'esprit, l'expérience d'un âge avancé?

---

1. La duchesse de Rohan-Chabot, que l'on surnommait la petite duchesse, assistait à ce déjeuner.

2. « Mme d'Houdetot, dit lady Morgan (*la France*, tome I, p. 227), retrouva dans la vallée de Montmorency un autre Saint-Lambert, M. de S... Chaque matin voyait arriver chez lui un bouquet aussi frais, aussi élégant que l'esprit de celle qui l'envoyait... La brutalité d'Horace Walpole forme un contraste frappant avec l'indulgence aimable de M. de S... »

C'était montrer beaucoup de sévérité pour un homme qui, d'après les témoignages contemporains[1], était fort séduisant et faisait un très noble usage de sa grande fortune. Crèvecœur trahit évidemment ici une jalousie involontaire contre ce nouveau venu si fort dans les bonnes grâces de sa protectrice. Du reste, son amitié ne devait-elle pas souffrir avec quelque raison de *l'aimable indulgence* que cette femme, jadis si charmante et si adorée, était trop heureuse de rencontrer maintenant, en échange d'une affection surannée et dont on riait autour d'elle[2] ?

Trois années d'absence, à Paris, c'est presque un siècle. On ne retrouve plus ses amis, on est oublié de ses connaissances, et c'est œuvre de patience que de renouer toutes ses relations interrompues. Aussi, dès son retour, voyons-nous notre voyageur se mettre en quête de ceux qui lui tiennent le plus au cœur. C'est l'excellente famille

---

1. Mme de Genlis, dans ses *Mémoires* (tome VI, p. 218), fait de lui le plus grand éloge : « Un homme qui a le plus noble caractère et qui est, d'ailleurs, un ami si éclairé des talents et des arts... Je fus charmée de sa conversation qui est aussi spirituelle qu'instructive. » Voir aussi Sainte-Beuve, *Portraits de femmes*, p. 463-66.

2. Mme d'Houdetot, née en 1730, avait alors près de quatre-vingts ans.

Turpin de Crissé[1], avec laquelle depuis de longues années il entretenait d'affectueux rapports ; c'est de Gouves, son vieil ami, qu'il retrouve plus ruiné que jamais, mais toujours gai et actif, et qui lui donne d'intéressants détails sur l'installation du roi Louis à Saint-Leu[2]. C'est Salgues, l'homme de lettres, une connaissance du temps de la Révolution, qu'il revoit avec un vrai plaisir.[3]

Une rencontre fortuite le met en présence d'un homme singulier que nous avons déjà présenté au lecteur [4], Deforgues, l'ex-ministre des relations extérieures en 1793[5]. Comme tant d'autres premiers rôles de la Révolution, Deforgues avait depuis lors été réduit à des positions subalternes. En 1806, il avait cependant réussi à se faire nommer consul à la Nouvelle-Orléans, mais, ayant quitté son poste sans autorisation et étant revenu à Paris après des aventures assez mal connues, il fut révoqué et envoyé en exil à La Ferté-sous-Jouarre[6]. Crèvecœur annonçait le récit curieux

---

1. *Correspondance*, lettres de janvier 1811 et 11 février même année.
2. Voir pages 192 et 216 et lettre du 11 février 1811.
3. Même lettre.
4. Voir pages 173 et 203.
5. Lettre du 11 février 1811.
6. Masson, *le Département des Affaires étrangères*, p. 304.

des pérégrinations de Deforgues ; par malheur la lettre qui le contenait a été égarée.

On trouvera aussi à la correspondance quelques détails sur de jeunes diplomates, MM. de Nerciat, Jouannin et Guérard, que Crèvecœur rencontrait fréquemment chez sa fille [1].

Il n'oubliait pas d'ailleurs les hommes distingués qui lui avaient fait passer à Munich de si douces heures. Il continue à correspondre avec plusieurs d'entre eux, et nous avons retrouvé notamment des fragments de ses lettres au bon Manlich, qui le mit en rapport avec un de ses anciens condisciples de l'école de Rome, l'architecte Heurtier [2].

Le séjour de Munich avait du reste imprimé à son esprit une direction nouvelle. Il s'était de tout temps beaucoup intéressé à l'application pratique des sciences ; mais, si l'habitude des mathématiques lui donnait une certaine aptitude générale à comprendre les formules, son défaut de connaissances techniques ne lui avait permis de suivre le progrès des inventions que d'une façon assez vague et avec plus d'intérêt que de discernement.

---

1. *Correspondance.* Décembre 1810 et février 1811.
2. *Ibid.* Septembre 1809.

Les rapports fréquents qu'il avait entretenus en Bavière avec des hommes instruits dans presque toutes les branches des sciences, l'étude qu'il avait pu faire, sous leur direction, d'appareils et d'instruments de toute sorte, lui donnaient maintenant plus de compétence pour apprécier tous les perfectionnements nouveaux. Aussi est-ce pour lui une sorte de révélation, et il montre une ardeur, un enthousiasme qui font parfois sourire.

Ses lettres à Gillet de Laumont[1] sont curieuses à ce point de vue, et l'inventeur Donavy, bien oublié maintenant, n'eut jamais sans doute d'admirateur plus convaincu. Bien d'autres nouveautés attirent son attention : c'est une machine à filer la laine, inventée par White et Bavillon, qu'il va voir rue Bretonvilliers; une seconde qui fabrique mécaniquement les clous[2]; d'autres encore que ses cahiers mentionnent brièvement à titre de mémento.

Reichenbach, l'ingénieur bavarois dont il admire tant le génie, est venu à Paris. Les notes de

---

1. *Correspondance.* 7 octobre 1808 et 23 septembre 1809.
2. Probablement celle dont parle Félix Beaujour dans son *Aperçu des États-Unis* (Paris, 1814, in-8º, p. 103), qui aurait été importée en France par MM. Degrand et Ellis en même temps que la machine à fabriquer les cardes.

Crèvecœur sont en ce moment toutes pleines de son nom. Reichenbach a laissé à M. de Laplace, le grand astronome, un bloc considérable de flint-glass de sa fabrication; il lui a aussi vendu un grand cercle divisé par ses procédés[1], et M. de Laplace l'a donné ou prêté à l'Observatoire, « établissement déchu dont le gouvernement ne s'occupe point ».

Son ancien ami, Joël Barlow[2], est arrivé en France en 1811 comme ministre des États-Unis. Crèvecœur a renoué avec lui ses vieilles relations, et il en tire force renseignements de toute nature sur l'Amérique. C'est avec un intérêt particulier qu'il enregistre les détails que lui fournit le nouveau venu sur la navigation à vapeur qui, grâce à Fulton, vient enfin d'entrer dans la pratique. Fulton, sans nul doute, lui était connu de longue date : on sait, en effet, que cet inventeur avait passé plusieurs années à Paris (1796-1803). Déjà lié à cette époque avec Barlow, Fulton avait, en 1801, fait connaissance avec Robert Livingston, alors ministre des États-Unis, et celui-ci qui, depuis plusieurs années déjà, s'occupait de l'application

---

1. *Correspondance.* 7 octobre 1808.
2. Voir p. 188.

de la vapeur à la navigation, appréciant toute la valeur du mécanicien, signait avec lui un acte d'association et fournissait les fonds nécessaires à la continuation de ses expériences. Si les notes prises par Crèvecœur à cette époque nous avaient été conservées, on y trouverait à coup sûr des détails sur les essais tentés par Fulton à Plombières, puis, en 1802 et 1803, sur la Seine, à l'île des Cygnes. Ces remarquables expériences, on le sait, n'avaient pas réussi à émouvoir le public ni les corps savants, mais Fulton avait enfin trouvé dans son pays natal le succès qui le fuyait depuis tant d'années. Il avait, en 1807, terminé son steamer le *Clermont*, et depuis lors la navigation à vapeur avait pris aux États-Unis un certain développement.

Crèvecœur, dans son mémorandum de 1812, après avoir donné les dimensions d'un steamboat qui, d'après les chiffres, paraît être le *Clermont*, énumère, sur la foi de Barlow, les navires à vapeur faisant un service de voyageurs[1]. Ce dut être pour lui une jouissance réelle de constater la réussite d'une invention sur laquelle, vingt-cinq ans aupa-

---

1. Voici cette note qui, malgré son laconisme, nous semble curieuse : « Trois steamboats entre New-York et Albany; un entre (?) et New-York; un sur la Delaware à

ravant, il avait appelé l'attention du gouvernement français.

Les questions scientifiques ne sont du reste pas seules à l'occuper. Ses cahiers sont remplis de notes de lectures : ouvrages historiques, voyages, littérature. Quoique éloigné du monde par goût et par raison de santé, il recueille avec soin toutes les nouvelles qui arrivent jusqu'à lui. Ce sont les matériaux des lettres qu'il écrit chaque jour, et dont quelques-unes seulement nous ont été conservées[1].

Une nouvelle et chère correspondante vient, dans ces derniers temps, grossir le nombre des personnes avec lesquelles il aime à échanger ses idées. Sophie Otto, sa petite-fille, est parvenue à l'âge de femme ; Crèvecœur lui a voué une affection profonde, à laquelle se mêle un sentiment assez difficile à définir, mais que l'on peut presque qualifier de vénération. C'est que, quoique élevée

---

New-Castle ; un du Mississipi aux Natchez, construit à Pittsburg ; deux sur le lac Champlain, qui font deux lieues et demie à l'heure, entre Saint-Jean et les établissements des États-Unis dans la partie méridionale de ce lac. Le bac de New-York muni d'une machine à vapeur. »

1. Voir septembre 1809 : Rumford et Mme Lavoisier. Janvier 1811 : Mme Visconti, etc.

par une mère fort mondaine, vivant, soit à Vienne, soit à Paris[1], dans une société assez frivole, cette jeune fille intelligente et instruite, à l'esprit sérieux, à la piété sincère et élevée, montrait déjà le germe des hautes qualités qui firent d'elle plus tard une femme vraiment remarquable. Aussi son vieil aïeul, au fond plus déiste que chrétien, prend avec elle un ton tout nouveau, et laisse voir un respect sincère pour cette foi si vraie, qu'il a le malheur de ne pas partager; il se garde de révéler à l'enfant si confiante, si imperturbable dans sa croyance, l'amertume et les révoltes d'un cœur depuis longtemps brisé[2].

La vie qu'il menait était du reste assez triste, et dans ses dernières années la correspondance fut à peu près son unique distraction. Il se trouvait alors fort isolé : son gendre et sa fille étaient à Vienne ; sa belle-fille, depuis son veuvage, passait les hivers en Normandie. Cette solitude était lourde à porter pour un vieillard déjà trop enclin au découragement.

---

1. M. Otto avait été nommé à l'ambassade de Vienne après le traité de 1809.

2. Nous aurions aimé à donner des fragments de cette correspondance, mais son caractère tout intime nous a arrêté.

En 1812, le mariage de sa petite-fille lui rend un moment de bonheur et d'oubli ; elle avait, avec une prudence et une sagesse au-dessus de son âge et négligeant bien des partis peut-être plus séduisants, choisi un jeune homme grave, aux mœurs austères, protestant comme elle, et qui, à vingt-sept ans, occupait déjà une situation élevée : le baron Pelet de La Lozère[1].

Ce nouveau membre de la famille eut bien peu le temps de connaître et d'apprécier Crèvecœur ; mais il sut s'associer aux sentiments de tendresse que sa jeune femme avait voués à son vénérable aïeul, et leurs témoignages d'affection furent un adoucissement pour ses derniers jours, qui devaient compter encore bien des heures sombres.

Il eut en effet à subir, au commencement de 1813, de longues et cruelles angoisses. Son fils Louis servait dans la grande armée comme commissaire des guerres, et il avait pris part à la campagne de Russie. Après la désastreuse retraite de Moscou, ses nouvelles manquèrent complètement

---

1. Né en 1785, mort en 1871. Il était, au moment de son mariage, auditeur au Conseil d'État et intendant général des forêts de la Couronne. Il a été depuis lors préfet, député, pair de France et enfin ministre à deux reprises sous le gouvernement de Juillet.

et ce fut au bout de trois mois seulement que l'on apprit qu'après des souffrances inouïes il avait pu rejoindre les débris de l'armée[1]. « La résurrection de Louis m'a rajeuni de dix ans », écrivait son vieux père; mais il était déjà marqué du sceau fatal.

La mort de son amie, la comtesse d'Houdetot, survenue le 13 janvier 1813, avait été pour lui un coup très sensible. Quoique leurs relations se fussent un peu refroidies, que Crèvecœur, avec cette jalousie inconsciente que nous avons déjà signalée, souffrît de la voir entourée de personnes tout à fait étrangères à l'ancien milieu où il l'avait connue, il avait toujours conservé pour elle l'affection et la reconnaissance les plus profondes. Il eut encore la force de consacrer à sa mémoire quelques pages émues, où il donne le récit de ses derniers moments[2].

Au mois de mars 1813, malgré son âge et sa santé chancelante, cherchant sans doute à se distraire de ce dernier chagrin, il entreprend le voyage de Normandie et va passer quelques se-

---

1. *Correspondance*. Lettre du 10 mars 1813.
2. Voir aux *Pièces justificatives* : *Souvenirs consacrés à Mme la comtesse d'Houdetot*.

maines au château d'Argeronnes, près de Louviers, chez la marquise de Guenet, sœur de sa belle-fille. Là il jouit « du bonheur de ne plus entendre parler de ce qui arrive ou doit arriver. Cette espèce de surdité morale, ajoute-t-il, a pour moi un charme inexprimable et environne mon corps, mon cœur et mon esprit d'une quiétude dont je ressens les bons effets. »

Il retourne en avril à Paris, où l'on attendait M. et Mme Otto qui revenaient de Vienne[1]. Une lettre du mois de mai nous le montre à Lesches, « jouissant du plus magnifique printemps qu'il se

---

1. Ambassadeur à Vienne depuis 1809, le comte Otto avait, dans ce poste difficile, fait preuve une fois de plus de ses hautes qualités diplomatiques ; mais, après les désastres de la campagne de Russie, l'Empereur, voyant l'Autriche près de se soustraire à son influence, jugea qu'Otto n'avait pas assez d'empire sur M. de Metternich, et lui donna pour successeur le comte de Narbonne (mars 1813). Le rappel d'Otto fut du reste motivé de la façon la plus honorable. « Les connaissances spéciales de ce diplomate sur les affaires de l'Angleterre et des États-Unis rendaient, dit le duc de Bassano, sa présence indispensable à Paris. » Otto fut, à son retour, nommé ministre d'État. Sous les Cent-jours, il devint sous-secrétaire d'État aux Affaires étrangères. Exilé de Paris à la seconde Restauration, il alla s'établir dans une ferme lui appartenant, nommée Mosloy, près de La Ferté-Milon, puis à Villers-Cotterets. Ce ne fut qu'à grand'peine et étant déjà fort malade qu'il obtint l'autorisation de revenir à Paris, où il mourut en 1817.

souvienne d'avoir vu ». La joie de retrouver sa fille, les illusions qu'entretenaient les nouvelles victoires de l'Empereur avaient rasséréné son esprit.

Vers l'automne il se rendit à Sarcelles, et c'est là que, le 12 novembre 1813, il succomba à la maladie de cœur qu'il avait contractée, plus de trente ans auparavant, dans les prisons de New-York.

Il manqua malheureusement à cette longue et honorable carrière le couronnement d'une mort chrétienne. Crèvecœur croyait fermement à Dieu et à l'immortalité de l'âme ; son esprit poétique et enthousiaste admirait le Créateur dans ses œuvres ; mais un séjour prolongé parmi les protestants d'Amérique l'avait détaché du catholicisme, et plus tard le scepticisme railleur de ses amis du salon d'Houdetot avait achevé d'éteindre en lui le souvenir de la foi de son premier âge. Ses malheurs avaient aigri son âme ; les horreurs de la Révolution, qu'il avait vues de si près, lui avaient laissé une impression ineffaçable, et il s'était fait une sorte de philosophie chagrine qui attrista beaucoup ses derniers jours.

Sa mort passa à peu près inaperçue. Il était presque un inconnu pour la génération d'alors, et la plume, plus amie qu'éloquente, qui rédigea son éloge funèbre[1] n'était pas faite pour réveiller, même un instant, l'attention publique.

Depuis l'ombre s'est encore épaissie, et ce n'est pas après trois quarts de siècle qu'on peut tenter de faire revivre un nom tombé dans l'oubli. Mais, si le lecteur a eu la patience de nous suivre jusqu'à la fin de ce long récit; si, malgré l'insuffisance du peintre, il a pris quelque intérêt au tableau si varié que nous avons essayé de lui mettre sous les yeux, il aura, nous l'espérons, appris à juger à sa valeur le caractère de notre aïeul.

La personnalité de Crèvecœur n'est certes pas de celles qui s'imposent à l'admiration de la postérité, mais elle a droit tout au moins au respect et à l'estime. Profondément honnête et dévoué à son pays, homme intelligent et pratique, vulgarisateur infatigable, écrivain sincère et bien intentionné, il a, au bonheur d'avoir fait quelque bien, ajouté le mérite, trop rare chez ses contemporains, de n'avoir jamais fait de mal.

---

1. Voir aux *Pièces justificatives*.

NOTES

ET

PIÈCES JUSTIFICATIVES

ÉTAT CIVIL ET FAMILLE

La plupart des biographies donnent des indications inexactes sur la date de naissance et sur les véritables noms de Crèvecœur [1]. Ce sont des erreurs dont il est en grande partie responsable. On a vu en effet (p. 18) que, lors de son établissement en Amérique, il avait volontairement altéré son nom patronymique; ses ouvrages sont signés : Saint-John de Crèvecœur et, dans les éditions anglaises des *Lettres d'un cultivateur*, il s'est attribué des prénoms de fantaisie (J. Hector), qui ont été reproduits par les biographes.

L'acte de baptême que nous reproduisons plus loin rectifie ces erreurs. Mais si le nom de Saint-John [2] n'a pu être pour Crèvecœur qu'une sorte de pseudonyme, il est devenu légalement le nom de ses enfants; nés tous les trois en Amérique, baptisés sous le nom que s'était donné leur père, ils l'ont conservé toute leur vie, et c'est celui que porte encore la famille.

On trouvera ci-après :

1º L'acte de naissance de Crèvecœur;

2º Son acte de mariage;

---

1. Deux biographies normandes, celles de Boisard (Caen, 1848, in-12) et de Th. Lebreton (Rouen, 1857-1861, 3 vol. in-8º), font seules exception.

2. Ou Saint-Jean. Ses provisions de consul sont au nom du sieur de Saint-Jean de Crèvecœur. Il signait officiellement Saint Jean de Crèvecœur et dans les actes : Michel-Guillaume Jean dit Saint-John de Crèvecœur.

3º L'acte de baptême de ses enfants ;
4º Son acte de décès.

Nous donnons ensuite une courte notice sur la famille et sur l'origine du nom de Crèvecœur.

ÉTAT CIVIL

ACTE DE NAISSANCE

Extrait des registres des actes de baptême de la paroisse Saint-Jean de Caen de l'an 1735.

« Le mardi premier février mil sept cent trente-cinq, a esté par nous, François Le Cornu, prestre, vicaire de la paroisse Saint-Jean de Caen, baptisé un fils né d'hier du légitime mariage de Guillaume Jean de Crèvecœur [1], écuyer, et de noble dame Marie-Anne-Thérèse Blouet et a esté nommé Michel-Jean-Guillaume [2] par Michel-Jacques Blouet, écuyer, seigneur et patron de Cahagnolles, trésorier de France et général des finances de Caen [3], assisté de noble dame Anne de Bourges [4], veuve de monsieur Blouet [5].

« Signé : de Bourges Blouet ; Blouet de Cahagnolles ; Le Cornu, vicaire. »

---

1. On a omis un prénom. Il se nommait Guillaume-Augustin.
2. Le nom patronymique a été intercalé par erreur entre les deux prénoms. Crèvecœur n'a jamais porté que les prénoms de Michel-Guillaume.
3. C'était le grand-oncle de l'enfant. Il avait épousé une demoiselle Turgot. (Voir p. 67.)
4. Grand'mère.
5. François Blouet, écuyer, seigneur et patron de Cahagnolles. Il était en 1731, d'après le contrat de mariage de sa fille, conseiller du Roi, trésorier de France au bureau des finances et commissaire nommé de la cour pour le département des tailles de la généralité de Caen.

ACTE DE MARIAGE

(Traduction[1])

« A tous qu'il appartiendra,
« Ceci est pour certifier que le vingt septembre 1769, en présence de M. Isaac Willett[2] et de madame Margaret Willett, j'ai uni en légitime mariage M. Michel-Guillaume Saint-Jean[3] de Crèvecœur, communément appelé M. Saint-John, natif de la Normandie, dans la vieille France, et Mehetable[4] Tippet, du comté de Duchesse, province de New-York.

« En foi de quoi, j'ai sur le présent apposé ma signature et mon sceau, à West-Chester, les jour et an ci-dessus.

« Signé J.-P. Têtard[5], N. D. M. et ci-devant pasteur de l'Église française réformée à Charles-Town, Caroline du Sud. En présence de : ... — Signé : Isaac Willett ; Margaret Willett. »

ACTE DE BAPTÊME

DES TROIS ENFANTS DE CRÈVECŒUR

(Traduction[6])

« Ceci est pour certifier à tous ceux qu'il appartient, que le 27 décembre 1776, dans le comté d'Orange, province de

---

1. L'original anglais est en notre possession.
2. Alors grand shérif du comté de Westchester.
3. Saint-Jean est en français dans le texte anglais.
4. C'est un nom biblique : *et appellabatur uxor ejus Meetabel.* — GENÈSE, XXXVI, 39. (*Intermédiaire* du 10 mai 1882.)
5. Têtard (Jean-Pierre). Il avait été un moment ministre de l'Église française à New-York en 1764, puis dépossédé en 1766, ensuite réintégré sur sa réclamation en 1769. (*Documentary history of New-York, III.*) En 1777, il était chapelain du 4ᵉ régiment d'infanterie de New-York ; il fut aussi secrétaire et interprète auprès du chancelier Livingston.
6. L'original anglais est en notre possession.

New-York, j'ai administré le sacrement de baptême à America-Francès, née le 14 décembre 1770; à Guillaume-Alexandre, né le 5 août 1772, et à Philippe-Louis, né le 22 octobre 1774, fille et fils de M. Michel-Guillaume Saint-John de Crèvecœur, autrement appelé M. Saint-John, et de Mehetable, sa femme, présentés l'un après l'autre par M. Verdine Elsworth et Dorothée Elsworth, parrain et marraine. En foi de quoi, j'ai apposé ici ma signature et mon sceau, les jour et an susmentionnés.

« Signé : J.-P. Têtard, N. D. M. et pasteur de l'Église française réformée de New-York.

« Verdine Elsworth ; Dorothée Elsworth [1]. »

ACTE DE DÉCÈS

Extrait des registres de l'état civil de la commune de Sarcelles, département de Seine-et-Oise.

« Aujourd'hui treize novembre mil huit cent treize, neuf heures du matin, par-devant nous Desaisement (Pierre-Antoine), maire et officier public de l'état civil de la commune de Sarcelles, sont comparus les sieurs Daniel Boulière, chirurgien adjoint de la maison d'éducation d'Écouen, âgé de quarante-quatre ans, et Philippe Gérard, menuisier, âgé de trente-neuf ans, tous deux demeurant à Sarcelles; lesquels nous ont déclaré que Michel-Guillaume Saint-Jean de Crèvecœur, né à Robehomme, près Caen, département du Calvados [2], âgé de quatre-vingt-un ans [3], fils de Michel-Augustin

---

1. Née Gale, sœur de Samuel Gale, de Galesborough. (Voir p. 24, note.)
2. Robehomme est une commune du canton de Troarn, où la famille possédait un petit manoir. Crèvecœur, comme on l'a vu, était né à Caen, et non à Robehomme.
3. En réalité de soixante-dix-huit ans et demi.

Saint-Jean de Crèvecœur et de dame Blouet Saint-Jean de Crèvecœur, et veuf de Mehetable Trippet (*sic*), avec laquelle il a été marié dans le canton d'Orange, province de New-York, faisant partie des États-Unis de l'Amérique, est décédé hier, à sept heures du soir, audit Sarcelles, maison de monsieur le comte Otto, son gendre, de laquelle déclaration nous avons donné acte aux comparants qui ont signé avec nous après lecture faite.

« Signé au registre : Boulière, Ph. Gérard et Desaisement. »

LA FAMILLE

Une généalogie complète offrirait au lecteur assez peu d'intérêt, mais il nous a semblé indispensable de donner tout au moins quelques indications sommaires sur la famille et sur l'origine du nom de Crèvecœur. Un dossier provenant du cabinet de d'Hozier, conservé à la Bibliothèque nationale, les registres paroissiaux de Caen, des documents retrouvés aux archives du Calvados, nous ont, avec quelques papiers échappés à la Révolution, permis de reconstituer la filiation jusqu'au XVIe siècle. La voici brièvement :

I. Robert *Jean*, sieur de Launay (15.. 16..), gentilhomme ordinaire de la Reine Marguerite de Valois en 1610, puis conseiller référendaire à la Cour des aides de Normandie. (Son frère, N. Jean, sieur de la Rosière, lieutenant au régiment de Canisy, fut tué à la bataille de Morbegno ; il est cité dans la *Gazette de France* du 23 novembre 1635.)

Robert eut deux fils dont un seul laissa des descendants ; ce fut :

II. Nicolas *Jean*, sieur de Bellengreville (16.. 1710), qui acquit par mariage le fief de Crèvecœur. Il fut père de :

III. François *Jean de Crèvecœur* (1665-1716), chevalier,

seigneur de Crèvecœur, la Londe et Blonville en partie, conseiller au bailliage et siège présidial de Caen. Il eut trois fils :

1º Charles-Pierre-Jacques (1693-17..), conseiller au bailliage, mort sans postérité.

2º Jacques (1701-1760), conseiller au bailliage après son frère aîné. Sa fille unique, Marie, hérita de la terre de famille, et épousa M. Cairon de La Varende. (Voir ci-après la note sur le nom.)

3º Guillaume-Augustin, qui suit.

IV. Guillaume-Augustin *Jean de Crèvecœur*, dit le marquis de Crèvecœur (1707-1799), qui figura en 1789 à l'assemblée de la noblesse du bailliage de Caen. Il eut deux fils :

1º Michel-Guillaume, qui suit.

2º Alexandre, dit le chevalier de Crèvecœur (1738-180..), retraité avec le grade de lieutenant-colonel et la croix de Saint-Louis, mort sans postérité.

V. Michel-Guillaume *Jean* ou *Saint-John de Crèvecœur* (1735-1813), consul de France à New-York, qui eut pour enfants :

1º America-Francès, 1770-1823 (la comtesse Otto).

2º Guillaume-Alexandre, dit Ally (1772-1806), sans postérité.

3º Philippe-Louis qui suit.

VI. Philippe-Louis *Saint-John de Crèvecœur* (1774-1850), sous-intendant militaire de première classe, chevalier de la Légion d'honneur et de Saint-Louis, qui eut pour fils unique :

VII. Guillaume-Alexandre *Saint-John de Crèvecœur* (1802-1877), préfet du Tarn, de l'Oise, de l'Aisne, du Puy-de-Dôme, des Bouches-du-Rhône, commandeur de la Légion d'honneur, dont le seul enfant survivant est :

VIII. Robert *Saint-John de Crèvecœur,* né en 1833, ancien auditeur au Conseil d'État.

Les armes de la famille sont blasonnées par d'Hozier ainsi qu'il suit :

De sable à trois fasces d'or, coupé de gueules à un aigle d'argent volant, tenant dans sa serre dextre un cœur de même.

LE NOM DE CRÈVECŒUR

Comme on l'a vu ci-dessus, le nom de Crèvecœur n'apparaît dans la famille qu'au milieu du XVIIe siècle. Nicolas Jean, sieur de Bellengreville, avait épousé en 1660 une demoiselle Jeanne d'Auge, fille de Guillaume d'Auge, seigneur de Beaulieu, et il reçut, en payement de la dot de sa femme, le fief de Crèvecœur, situé dans la paroisse de Blonville (arrondissement de Pont-l'Évêque).

Crèvecœur était un fief quart de haubert, qui appartenait à la famille d'Auge comme héritière de Guillaume de Hérouval, seigneur de la Londe, Blonville et de Crèvecœur, mort en 1593. La terre, à laquelle étaient venus se joindre par des acquisitions successives les fiefs de la Londe, Blonville, Thilliard et Aiguillon, resta environ un siècle dans la famille et fut vendue en 1766 à Armand-Louis-Joseph Pâris de Montmartel, marquis de Brunoy, par Jean-François Cairon de La Varende, qui la possédait du chef de sa femme, Marie de Crèvecœur. Elle appartenait, au moment de la Révolution, à Geoffroy de Limon, contrôleur général des finances du duc d'Orléans, et fut confisquée comme bien d'émigré. (Archives du Calvados, cartons G. de Limon.)

ÉLOGE FUNÈBRE

DE CRÈVECŒUR

(*Journal de l'Empire,* du 21 novembre 1813.)

« La mort vient d'enlever à la patrie, à sa famille, à l'amitié, aux lettres et aux arts utiles, M. Saint-Jean de Crèvecœur, ancien consul général de France à New-York, correspondant de l'Institut impérial, auteur des *Lettres d'un cultivateur américain* et de plusieurs ouvrages d'économie rurale et politique très estimés. Il a fini sa carrière à Sarcelles, âgé de quatre-vingt-deux ans.

« Personne, peut-être, n'a réuni à un plus haut degré une sensibilité exquise, un esprit solide, une imagination ardente, de vastes connaissances, l'amour du bien et la persévérance nécessaire pour le faire triompher.

« Éloigné depuis plus de vingt ans des fonctions publiques, M. de Crèvecœur employait tous ses loisirs à répandre en France le goût d'une agriculture perfectionnée et à recommander par un grand nombre d'écrits, la plupart anonymes, l'introduction de beaucoup de plantes utiles et des instruments les plus propres à les cultiver. Son *Voyage en Pensylvanie et dans l'État de New-York,* publié il y a douze ans environ, renferme des détails extrêmement curieux, des épisodes touchants et des aperçus de morale pratique qui révèlent toute la bonté du cœur de cet écrivain vertueux, savant, et dont la devise semble avoir été constamment : *Homo sum, et nihil humani a me alienum puto.*

« Un tel citoyen dut avoir des relations honorables. En Amérique, le grand Washington, MM. Thomas Jefferson et Adams ; en France, le duc de La Rochefoucauld, la duchesse d'Enville, feu M. le duc d'Harcourt, l'auteur du poème des *Saisons*, Saint-Lambert, Mme d'Houdetot, récemment décédée ; en Angleterre, le lord Stanhope [1] et plusieurs autres personnages du même mérite, le comptèrent au nombre de leurs amis. Tous l'accueillirent avec empressement à son retour des États-Unis ; tous le recherchaient avec ardeur et trouvaient dans sa conversation vive, animée, brillante et instructive un charme inexprimable. Les gens de lettres, les savants, les artistes, ceux d'entre eux surtout dont les travaux ont un but essentiel d'utilité, excitaient tout son intérêt. Il les fréquentait avec plaisir, aimait à leur communiquer ses observations ou ses découvertes.

« Modeste, on pourrait dire jusqu'à l'humilité, M. de Crèvecœur ne plaçait son orgueil que dans la haute et universelle considération dont jouit sa famille. M. le comte Otto, son gendre, Mme la comtesse Otto, sa fille, et Mme la baronne Pelet (de la Lozère), sa petite-fille, ont adouci par leur tendresse et leurs soins la perte irréparable qu'il eut à déplorer dans la personne de M. Alexandre Saint-John de Crèvecœur, son fils aîné, trop légitime objet d'un regret éternel, et pour un père couvert de cheveux blancs, et pour une sœur tendrement chérie, et pour une épouse douée d'un mérite accompli, et pour un frère digne d'une famille si respectable et qui sert aujourd'hui l'État et son prince avec une grande distinction dans l'une des premières places de l'administration des armées.

« M. de Crèvecœur a conservé jusqu'au terme de sa longue carrière cette aménité de caractère et cette verve admirable

---

1. Nous n'avons trouvé aucune trace de ces relations

de sentiment qui l'avaient rendu, pendant tout le cours de sa vie, si précieux à ses amis et dont le souvenir aujourd'hui leur fait déplorer encore plus douloureusement sa perte. De tels hommes honorent en même temps leur pays et l'humanité : leur mémoire doit vivre dans tous les cœurs [1]. »

---

1. Cet article ne porte pas de signature. Nous serions disposé à l'attribuer au baron Trouvé. V. p. 225.

BIBLIOGRAPHIE

DES OUVRAGES DE CRÈVECŒUR

ARTICLES DE JOURNAUX ET APPRÉCIATIONS

I. BIBLIOGRAPHIE

Quoique les ouvrages de Crèvecœur ne soient pas fort nombreux, ils ont eu une quantité d'éditions assez considérable, dont nous donnerons une liste aussi complète que possible.

Outre les bibliographies françaises, nous avons consulté les ouvrages suivants :

Rich. *Bibliotheca Americana nova.* Londres et New-York, 1835.

Allibones's *Dictionary of english literature, and british and american authors.* Philadelphie, 1872.

Joseph Sabin. *Dictionary of books relating to America.* New-York. (Cet ouvrage, très volumineux et qui n'est pas terminé, donne pour les ouvrages de Crèvecœur la nomenclature la plus complète que nous connaissions.)

Kayser. *Bücher Lexicon.* Leipzig, 1834.

Les ouvrages de Crèvecœur sont au nombre de trois :

I. Le *Traité de la culture des pommes de terre.* 1782.

II. Les *Lettres d'un cultivateur américain*, en anglais, 1782, etc.; en français, 1784 et 1787. (Plusieurs traductions hollandaises et allemandes.)

III. Le *Voyage dans la haute Pensylvanie et dans l'État de New-York*, 1801. (Une traduction allemande.)

Nous commencerons par décrire les éditions françaises et anglaises qui reproduisent le texte original de l'auteur. Nous indiquerons ensuite les traductions hollandaises et allemandes.

(Les éditions que nous possédons sont marquées d'un astérisque.)

I

* *Traité de la culture des pommes de terre,* in-12, III — 72 pages, sans date ni nom d'imprimeur, avec le sous-titre : *Aux habitants de la Normandie. Traité de la culture des pommes de terre et des différents usages qu'en font les habitants des États-Unis de l'Amérique.* Pour épigraphe : *Si invenire non licuit, imitari non pigeat.* L'opuscule est précédé d'une dédicace au duc d'Harcourt, gouverneur de Normandie, datée de Caen, le 1er janvier 1782, et signée : *Normanno-Americanus.*

Cette brochure, aujourd'hui presque introuvable, est, comme tout ce qu'a écrit Crèvecœur sur des sujets pratiques, remplie de détails intéressants et curieux. On voit que l'auteur s'appuie sur son expérience personnelle. Il commence par parler brièvement de l'origine de la pomme de terre, raconte son introduction en Angleterre et s'étend longuement sur l'importance qu'elle a prise dans l'alimentation des Irlandais. Il examine ensuite toute l'utilité que présenterait en Normandie cette nouvelle culture; il explique avec beaucoup de détails l'usage que font les Américains du précieux tubercule et les différentes manières dont ils le préparent, soit pour eux-mêmes, soit pour la nourriture de leurs bestiaux. Passant ensuite à la question agricole, il décrit les instruments qui, quelques années plus tard, firent de sa part l'objet d'une communication à la Société d'agriculture (voir p. 125) et entre dans les détails les plus complets sur la culture. Malgré son petit volume, l'ouvrage est un manuel complet, un vrai livre de vulgarisation. Par malheur, comme nous l'avons dit ailleurs, il fut assez peu répandu et ne sortit guère des limites de la province.

II

A. — ÉDITIONS ANGLAISES.

* *Letters from an american farmer, describing certain provincial situations, manners and customs not generally known ; and conveying some idea of the late and present interior circumstances of the British colonies in North America.* — *Written for the information of a friend in England, by J.-Hector Saint-John, a farmer in Pennsylvania.* — Londres, Thomas Davies et Lockier Davis, 1782, in-8°, 318 pages, 2 cartes.

Ce volume dont le manuscrit avait été vendu à des éditeurs anglais, comme on l'a vu, page 64, contient un avertissement de l'éditeur, une épître dédicatoire à l'abbé Raynal et douze lettres. — La première sert d'introduction, la deuxième est intitulée : Situation, sentiments et plaisirs d'un cultivateur américain; la troisième : Qu'est-ce qu'un Américain? les quatrième, cinquième, sixième, septième et huitième sont consacrées aux îles de Nantucket et de Martha's Vineyard; la neuvième est une description de Charlestown avec des réflexions sur l'esclavage ; la dixième, un charmant morceau sur les serpents et les oiseaux-mouches; la onzième relate la visite d'un voyageur russe au botaniste John Bertram ; la douzième enfin est intitulée : Malheurs de l'homme des frontières.

— D'après J. Sabin, le livre aurait été imprimé la même année à Dublin, chez John Enshaw (in-12, 256 pages, 2 cartes).

— Les catalogues de Londres indiquent en 1783 une autre édition in-12, parue à Belfast.

* En 1783, les éditeurs primitifs donnaient une seconde édition in-8°, exactement semblable à la première, sauf l'addition d'un index. On trouve au commencement la note suivante que nous traduisons : « Depuis la publication de ce volume, nous avons appris que M. Saint-John a accepté un emploi public à New-York. Il est donc douteux qu'il puisse bientôt reviser ses papiers et donner au public un second recueil de lettres du *Cultivateur américain*. »

* Une édition américaine a été publiée en 1793 chez Mathieu Carey, à Philadelphie, in-12, VIII — 240 pages [1]. Le titre est semblable à celui que nous donnons plus haut, sauf la fin ainsi modifiée : *And conveying some idea of the state of the people of North America*. Nous ne pensons pas que Crèvecœur ait eu aucune part à cette publication.

— L'*Allibones's Dictionary* indique une autre édition publiée également à Philadelphie, chez le même éditeur, en 1794. J. Sabin en mentionne une autre de 1798, aussi chez M. Carey. Nous les avons fait inutilement rechercher et nous croyons qu'au moins pour celle de 1794 il y a erreur, et que l'*Allibones*, qui ne cite pas celle de 1793, s'est trompé sur la date.

B. — ÉDITIONS FRANÇAISES.

* *Lettres d'un cultivateur américain, écrites à* W. S. [2], *écuyer, depuis l'année* 1770 *jusqu'à* 1781. *Traduites de l'anglais,*

---

1. M. Marshall, de Buffalo, a bien voulu nous en envoyer un exemplaire.

2. William Seton, l'ami de Crèvecœur dont nous avons eu souvent à parler. Mme de Barberey, dans son ouvrage sur Elisabeth Seton (3e édition, I, 61), assure que c'est pendant un séjour que fit W. Seton en Angleterre, de 1770 à 1773, que Crèvecœur lui adressa les lettres publiées plus tard. Nous en doutons beaucoup, et nous sommes même disposé à croire que le correspondant supposé de Crèvecœur n'a jamais existé. Si l'auteur a donné à son ouvrage la forme épistolaire, c'est qu'elle lui permettait d'aborder les sujets les plus variés et autorisait un style plus familier. Ce qui est certain, c'est que les initiales de W. Seton ne figurent pas dans les éditions anglaises; le correspondant de Crèvecœur y est indiqué par les lettres F. B. (Edition anglaise originale. *Introductory Letter*, p. 5, 10, 11, etc.)

par ***. Paris, chez Cuchet, libraire, rue et hôtel Serpente, 1784, 2 vol. in-8.

Cette première édition française ne porte pas sur le titre le nom de l'auteur, mais il est indiqué dans une lettre de Lacretelle qui sert d'introduction : « L'auteur, dit-il, est M. de Crèvecœur, gentilhomme de Normandie, qui a quitté la France dès l'âge de seize ans, etc. » On trouve en tête de l'ouvrage une épître dédicatoire à La Fayette.

Cette édition reproduit avec beaucoup de modifications le volume publié en Angleterre; elle donne en outre un grand nombre de lettres nouvelles. Nous avons le manuscrit primitif écrit en anglais, manuscrit qui paraît avoir été composé en Amérique, et peut-être terminé pendant le séjour de l'auteur en Irlande et en Angleterre. Il comprend 3 volumes in-folio, dont le tiers à peine figure dans l'édition anglaise. Une partie du surplus a été utilisée dans l'ouvrage français, mais avec des changements considérables. Beaucoup de morceaux sont restés inédits. Nous mentionnerons notamment une suite de scènes dialoguées très originales, et dont le ton satirique détonne singulièrement avec le style ordinaire de Crèvecœur; elles paraissent avoir été écrites au début de la guerre de l'Indépendance.

J. Sabin indique un second tirage de cette édition en 1785; nous ne l'avons, pour notre part, jamais rencontré, et Quérard ne le mentionne pas.

* Par contre, nous pouvons signaler une édition in-12, sans nom d'éditeur ni lieu d'impression, datée de 1785; elle reproduit à peu près page pour page la précédente. C'est évidemment une contrefaçon. L'exemplaire qui est dans nos mains a été acheté à Londres il y a quelques années.

* *Lettres d'un cultivateur américain, adressées à* W. S..on, *Esq., depuis l'année 1770 jusqu'en 1786, par* M. Saint-John *de Crèvecœur. Traduites de l'anglais; avec l'épigraphe :* Keen feelings inspire resistless thoughts. *Paris, Cuchet, 1787, 3 vol. in-8, avec frontispices gravés, cinq cartes et trois gravures; épître dédicatoire à La Fayette.*

Cette édition reproduit la précédente avec des additions

considérables, dont nous possédons le manuscrit. L'ouvrage est très soigné ; les gravures et les cartes sont d'une bonne exécution.

III

* *Voyage dans la haute Pensylvanie et dans l'État de New-York, par un membre adoptif de la nation Onéida. Traduit et publié par l'auteur des Lettres d'un cultivateur américain.* De l'imprimerie de Crapelet, à Paris, Maradan, an IX (1801). 3 vol. in-8, sept gravures et trois cartes, avec une épître dédicatoire à Washington, signée : S. J. D. C.

Il fut tiré un certain nombre d'exemplaires sur grand papier, les gravures in-folio.

Crèvecœur suppose, dans l'introduction, que le manuscrit de cet ouvrage a été trouvé dans les débris d'un navire naufragé et qu'une partie était devenue illisible. Il en profite pour interrompre de temps à autre son récit. — Nous supposons que, travaillant sur ses anciennes notes et d'après des correspondances d'Amérique, il dut plus d'une fois se trouver embarrassé de remplir le cadre qu'il s'était tracé; grâce à la fable un peu usée du naufrage, il a évité la nécessité de rattacher par un lien serré toutes les parties de l'ouvrage. Il n'a du reste pas abusé de ce procédé et le livre se suit d'une façon très suffisante. Écrit avec plus de soin que le *Cultivateur américain*, l'ouvrage, sauf quelques hors-d'œuvre un peu romanesques, présente un véritable intérêt. Les notes fort nombreuses qui l'accompagnent sont regardées comme ayant une très réelle valeur.

TRADUCTIONS HOLLANDAISES ET ALLEMANDES
des *Lettres d'un cultivateur* et du *Voyage en Pensylvanie*.

Les ouvrages de Crèvecœur eurent beaucoup de vogue en Hollande et en Allemagne, si nous en jugeons par le nombre des traductions. L'auteur n'eut, croyons-nous, aucune part à ces publications. Il semblerait presque, si cela n'était pas aussi invraisemblable, qu'il n'en a jamais eu connaissance ; du moins n'en trouve-t-on aucune trace dans ses papiers.

Nous procéderons par ordre de dates. Voici d'abord les traductions des *Lettres d'un cultivateur*.

— *Brieven van eenen Amerikaenschen Landman van Carlisle in Pennsilvanien, geschreven an eenen zijner Vrienden in Engeland. Uit het Engelsch* (en hollandais). Leyde, L. Herdingh, 1784, in-8º, XVI — 328 pages.

— *Brieven behelzende der Toestand, Zeden, Landbouw, en Gewoonten der Inwoonders van eenige der nu vereenidge dertien Gewesten van Noord America, voor en in den nu geeindigden oorlog. Uit het Engelsch* (en hollandais). Leyde, 1784, in-8º.

J. Sabin pense que c'est le même ouvrage que le précédent sous un autre titre.

— *Sittliche Schilderungen von Amerika in Briefen eines Amerikanischen Gutsbesitzers an einen Freund in England. Aus dem Englischen* (en allemand). Leipzig et Liegnitz, David Geigert, 1784, in-12, 462 pages, deux cartes.

— *Briefe eines Amerikanischen Landmanns an den Ritter W. S. in den Jahren 1770-1781. Aus dem Französischen übersetzt und mit einigen Anmerkungen begleitet von J. A. E. Götze* (en allemand). Leipzig, Vogel, 1788-89, 3 vol. in-8.

Sabin n'indique pas cette édition qui est mentionnée dans le *Kayser. Bücher Lexicon*.

Voici maintenant une traduction du *Voyage en Pensylvanie*.

— *Reise in Ober-Pensylvanien und im Staate Neu-York von einem adoptirten Mitgliede der Oneida Nation. Aus dem Französischen übersetzt und mit Anmerkungen begleitet von Dieterick Tiedemann. Mit zwei Kupfern* (en allemand). Berlin, 1802, in-8.

II. ARTICLES DE JOURNAUX

ET APPRÉCIATIONS

I. — *LETTRES D'UN CULTIVATEUR AMÉRICAIN.*

Le nombre des éditions anglaises des *Lettres d'un cultivateur* montre quel fut le succès de l'ouvrage auprès du public britannique. Nous aurions voulu pouvoir mentionner quelques-unes des appréciations auxquelles il donna lieu dans les journaux et les revues; mais cette recherche, après un siècle d'intervalle, devient une tâche difficile, lorsqu'il s'agit surtout de périodiques étrangers. Nos indications seront donc assez limitées.

Signalons d'abord les articles publiés par le *Monthly Review* dans ses numéros de juin, août et octobre 1782, articles qui ne sont qu'une suite de citations reliées par d'intéressantes réflexions. Le jugement du critique est très favorable à Crèvecœur. Sans lui attribuer un mérite littéraire auquel celui-ci n'a aucune prétention, il apprécie ses descriptions pittoresques de la vie du cultivateur, son ton de sincérité et de simplicité, et enfin la saveur originale qui se dégage de tout le livre et qui est, croyons-nous, plus sensible encore en anglais que dans la version française.

Le succès du livre ne manqua pas du reste de susciter des contradicteurs. Un érudit, bibliothécaire au British Museum, le révérend Samuel Ayscough, prit la peine d'écrire une brochure intitulée : *Remarks on the letters from an american farmer; or a Detective of the errors of M. J.-Hector Saint-John; pointing out the pernicious tendency of these letters to Great Britain.* Londres, John Fielding, 1783, in-8, 26 pages[1]. D'après Rich, Ayscough regardait les *Lettres d'un cul-*

---

[1]. Nous avons inutilement fait rechercher à Londres cet opuscule, que l'on ne trouve même pas au British Museum. Il est cité par Rich (*Bibliotheca Americana nova*) dans l'*Allibones's Dictionary*, dans le *Dictionary* de Joseph Sabin, etc.

tivateur comme tendant à encourager l'émigration, et, pour infirmer la valeur des assertions de l'auteur, il lui reprochait d'avoir altéré la vérité en se présentant comme un Américain de naissance, descendant de puritains écossais, tandis qu'au su de tout le monde il était né en Normandie. C'était, il faut l'avouer, se montrer bien rigoureux pour un homme qui n'avait pas eu la prétention d'écrire ses mémoires et avait seulement voulu donner à ses descriptions et aux réflexions qu'elles lui suggéraient un cadre d'imagination.

Franklin, qui jugeait l'ouvrage au point de vue américain, était du reste de l'avis d'Ayscough, en ce qui concernait son influence sur l'émigration. Il écrivait de Passy, le 17 mai 1783, au comte de Buchan : « Je ne puis vous donner de meilleurs renseignements que ceux qui se trouvent dans un livre récemment publié à Londres à peu près sous ce titre : *Lettres d'un cultivateur de Pensylvanie,* par Hector Saint-John[1]. »

Washington, quelques années plus tard, dans une lettre où il appréciait divers ouvrages sur l'Amérique, disait que le livre de Crèvecœur contenait « beaucoup de renseignements utiles et intéressants sur la vie privée des Américains et sur les progrès de l'agriculture, des manufactures et des arts dans ce pays. Cependant, ajoute-t-il, le tableau qu'il en donne, quoique peint d'après nature, est quelquefois paré de couleurs trop brillantes[2] ».

Près d'un demi-siècle plus tard, un éminent critique, dans un article remarquable de l'*Edinburgh Review* (octobre 1829), consacré à la littérature américaine[3], portait sur l'œuvre de Crèvecœur un jugement très flatteur et longuement déduit. Il apprécie avec une rare sagacité le caractère de l'écrivain;

---

1. *Franklin's Writings*, IX, 497.
2. *Washington's Writings*, IX, 384. Lettre à Richard Henderson, du 19 juin 1788. Washington ne savait pas le français; son jugement ne peut donc s'appliquer qu'à l'édition anglaise.
3. L'article n'est pas signé. Rich l'attribue à William Hazlitt, d'après un passage, croyons-nous, d'une lettre de Lamb (cité par l'*Allibones's Dictionary*, v° *Ayscough*).

on voit qu'il s'est pénétré de son livre, qu'il l'a étudié avec un soin et un goût particuliers. Nous avons donné, aux chapitres II et III, quelques passages de cet article dont la traduction a paru, en janvier 1832, dans la *Revue britannique*, et a été reproduite ensuite par Philarète Chasles dans ses *Études sur la littérature et les mœurs des Anglo-Américains au XIXe siècle* (Paris, Amyot, 1851, in-18).

Nous nous occuperons maintenant des éditions françaises.

On a vu, page 84, comment la première s'était trouvée retardée dans sa publication ; annoncée dès le commencement de 1783, elle ne parut que dans le courant de 1784 [1]. Un littérateur distingué, dont Crèvecœur dut sans doute la connaissance à son excellente protectrice, Louis Lacretelle [2], chargé, en l'absence de l'auteur, de surveiller l'impression du livre, l'avait annoncé au public par deux lettres qui parurent dans le *Mercure*. L'une était datée de janvier 1783, l'autre de janvier 1784. Ces deux lettres, antérieures à la publication, étaient accompagnées de morceaux assez étendus, entre autres de la charmante lettre sur le sassafras et la vigne sauvage [3]. Elles figurent en tête des deux éditions du *Cultivateur*.

Grimm, en janvier 1785, est un des premiers à juger l'ouvrage [4].

« Ce livre, dit-il, écrit sans méthode et sans art, mais avec beaucoup d'intérêt et de sensibilité, remplit parfaitement l'objet que l'auteur semble s'être proposé, celui de faire aimer l'Amérique. On y trouve des détails minutieux, des vérités très communes, des répétitions et des longueurs ; mais il attache par des peintures simples et vraies, par l'expression d'une âme honnête... »

Le jugement de La Harpe est à peu près le même. Il parle d'abord des incorrections et des anglicismes de l'auteur.

---

1. Voir p. 84 la note sur la démarche du prince de Beauvau auprès du ministre des Affaires étrangères.
2. Nous n'avons aucune donnée sur les relations de Crèvecœur avec cet écrivain, qui dut cependant être lié assez intimement avec lui.
3. *Cultivateur américain*, 1787, I, 249.
4. *Correspondance de Grimm*. Edition Tourneux, tome XIV, p. 88.

« Cependant, ajoute-t-il, comme il n'y a pas dans son style la plus légère trace d'affectation, de recherche ni de déclamation, l'air un peu étranger et le goût de terroir qui se fait sentir dans sa manière d'écrire ne lui nuit point du tout et ajoute même encore à la vérité de son expression… Il ne peint que ce qu'il a vu, il n'exprime que ce qu'il a senti ; il revient très souvent sur les mêmes idées, mais elles sont si attachantes et si importantes qu'on y revient sans peine avec lui [1]… »

Le *Journal de Paris* (7, 10 et 12 février 1785) publia trois grands articles, accompagnés de longues citations qui donnent une idée générale de l'ouvrage. La *Feuille du jour*, l'*Esprit des journaux*, insérèrent aussi d'importants extraits. D'autres articles ont sans doute échappé à nos recherches.

L'édition de 1787 eut autant de succès que la première, mais elle paraît avoir donné lieu à des appréciations moins nombreuses de la part des journaux. Le public n'était pas aussi blasé que de nos jours et n'avait pas encore eu le temps d'oublier les jugements portés en 1785. Beaucoup plus soignée que la précédente, augmentée d'un volume intéressant, cette édition fut promptement enlevée.

La *Gazette de France* (17 avril 1787), le *Journal de Paris* (27 avril), le *Journal général de France* (12 mai), le *Mercure* (1er juillet), lui consacrent de courts articles qui rappellent seulement le succès de la première édition. Le *Journal de Normandie* (reproduit par l'*Esprit des journaux*, de juillet, 331-333), donne un extrait assez étendu. Le *Journal de Paris*, dont le propriétaire, Cadet de Vaux, était fort lié avec Crèvecœur, insère trois articles avec de longues citations (17, 21 et 27 août).

« De tous les ouvrages qui ont paru sur l'Amérique, lit-on au début du premier article, ce sont peut-être les *Lettres d'un cultivateur américain* qui ont eu le plus de succès. Quelle en

---

1. *Correspondance littéraire adressée à S. A. I. Mgr le Grand-Duc aujourd'hui Empereur de Russie…*, par J.-F. La Harpe. Paris, an IX. In-8°. Lettre 213, tome IV, p. 278.

est la cause ? Nous croyons qu'il faut l'attribuer surtout au talent singulier qu'a cet écrivain de faire passer toutes ses affections dans l'âme de ses lecteurs. Ces affections sont vives, pleines et abondantes. C'est un ami qui parle avec effusion de ses amis, de ses compatriotes, de son peuple chéri; aussi se fait-il pardonner ses incorrections et sa verbeuse prolixité. Il intéresse, il fait même quelquefois couler des larmes [1]. »

Ces extraits suffisent pour donner une idée du jugement des critiques contemporains.

On peut encore citer quelques recueils littéraires qui ont parlé avec un certain développement des *Lettres d'un cultivateur,* tels que la *Bibliothèque d'un homme de goût,* par Barbier et Desessarts, 1808, t. IV, p. 442 ; — la *Bibliothèque universelle des voyages,* par Boucher de La Richarderie, t. VI, p. 61-63. Leurs appréciations sont toutes favorables.

Il ne faut pas croire cependant que les *Lettres d'un cultivateur* aient complètement échappé à la critique. Citons ce que dit à ce propos M. Weiss dans la notice, très bienveillante d'ailleurs, qu'il a consacrée à Crèvecœur (*Biographie Michaud*) :

« Les peintures ravissantes qu'on y trouve (dans les *Lettres d'un cultivateur*) du climat de l'Amérique et du bonheur dont jouissent ses habitants contribuèrent beaucoup à tourner les idées vers cette terre de promission, et l'on sait que plus de cinq cents familles françaises allèrent, sur la foi de Crèvecœur, chercher la félicité sur les bords de l'Ohio ; mais les nouveaux colons, trompés dans leur attente, périrent pour la plupart de faim ou moururent de la fièvre... Lézay-Marnésia qui, plus que personne, avait été l'admirateur de Crèvecœur, le juge sévèrement dans les *Lettres écrites des rives de l'Ohio.* Cependant il convient qu'il y a des morceaux charmants dans l'ouvrage de cet écrivain exagérateur. Volney, plus positif, plus froid, et par conséquent meilleur observateur que Saint-John, tourne aussi en dérision, dans son *Tableau*

---

1. Reproduit par Desessarts dans : *Les Siècles littéraires de la France.* 4 vol. in-8°, I, p. 233.

du climat des États-Unis, le bonheur poétique chanté par le *Cultivateur américain...* »

Nous ne voulons certes pas entamer ici une discussion sur le plus ou moins de responsabilité qui peut incomber à Crèvecœur dans le malheur très réel des émigrants français. Il suffira de rappeler que lui-même, pendant vingt ans, avait été colon, et colon heureux; si ses imitateurs ont éprouvé des mécomptes, n'est-il pas assez juste de les attribuer à leur défaut d'aptitude, à leur crédulité, à leur imprudence, plutôt qu'à celui dont ils ont si maladroitement cherché à suivre les traces? Crèvecœur n'a jamais prôné les colonies de l'Ohio, du Scioto, etc., affaires montées par des spéculateurs, contre lesquelles les agents français en Amérique cherchèrent toujours à prémunir leurs nationaux. Quant à M. de Lézay, nous regrettons de n'avoir pu rencontrer nulle part son opuscule devenu fort rare; mais, à défaut des *Lettres écrites des rives de l'Ohio*, publiées en 1792, nous avons trouvé dans la *Correspondance diplomatique* une lettre inédite, écrite aussi d'Amérique, et dont le ton est tout différent [1]. Elle est adressée au comte de Fleurieu [2] et datée de Bethléem le 10 septembre 1790.

La voici :

« Le plus grand succès, Monsieur le comte, justifie la grande démarche que j'ai faite. J'aurai l'honneur de vous en rendre un compte très exact immédiatement après mon arrivée sur l'heureuse terre que je vais habiter. En attendant, M. Walker, membre de la Compagnie, que je vous recommande avec tout l'intérêt que peut inspirer la plus vive reconnaissance, auquel je vous conjure de rendre tous les services qui dépendront de vous, vous instruira dans le plus grand détail de tout

---

1. Affaires étrangères. États-Unis. *Correspondance diplomatique*, 1790-1791, n° 54. M. de Fleurieu avait communiqué cette lettre à M. de Montmorin, son collègue, le 2 février 1791.
2. M. de Fleurieu, directeur général des ports et arsenaux, savant marin très connu, fut appelé, le 27 octobre 1790, au ministère de la Marine, où il ne resta que sept mois.

ce qui a rapport à la colonie française qui s'établit sur les rives de l'Ohio. Donnez à ces récits votre confiance entière et soyez assuré que son langage sera celui de la plus exacte vérité. Les détracteurs de la vue la plus vaste et, sous beaucoup de rapports, la plus utile aux deux mondes, qui peut-être se soit présentée depuis longtemps aux hommes, sont bien coupables. Quand la tempête a tout détruit, ils ne veulent pas même laisser une planche qui porterait au port le plus fortuné.

« Recevez l'assurance du tendre respect avec lequel, etc.

« Lézay-Marnésia. »

Il se proposait en ce moment de fonder un établissement du nom d'*Aiglelis,* dont les armes devaient représenter l'aigle américain tenant des fleurs de lis dans ses serres [1]. On voit à quel ton était alors monté son enthousiasme. Moins de deux ans après, il était désabusé et cherchait à revenir en France [2]. C'est à son retour qu'il fit paraître les lettres dont parle M. Weiss, et chercha, fort injustement, à rejeter sur d'autres la responsabilité d'une folle équipée qu'aurait pu s'épargner un homme de cinquante ans.

Quant à Volney, nous avons déjà cité (chap. XII) ce qu'il dit du *Cultivateur américain.* C'est toujours la même accusation et nous n'y reviendrons pas.

Il est un autre écrivain, bien obscur celui-là, dont nous devons mentionner l'appréciation, parce qu'elle a donné lieu à une confusion assez bizarre.

Un certain Bayard, auteur d'un *Voyage dans l'intérieur des États-Unis* (Paris, an V, in-8), émet dans son introduction un jugement sur ses devanciers et en particulier sur Crèvecœur. « Il écrivit, dit-il, un roman très agréable que le docteur Franklin a pris la peine de censurer », et il ajoute une

---

[1]. *Correspondance diplomatique.* Dépêches de M. Otto, chargé d'affaires, du 28 septembre 1790.
[2]. *Ibid.* Dépêche du ministre, M. de Ternant, 13 mars 1792.

citation de plus d'une page, empruntée au prétendu livre de Franklin, dans laquelle on reproche notamment à Crèvecœur sa partialité pour les quakers. Or ce livre, dont Bayard donne le titre : *Recherches historiques et politiques sur les États-Unis*, n'est pas le moins du monde de Franklin, et personne, que nous sachions, n'a jamais eu l'idée de le lui attribuer. Il est d'un homme dont nous avons eu plusieurs fois l'occasion de parler, de Mazzei, ennemi des quakers et esclavagiste déclaré [1]. — La méprise est lourde, on le voit, pour un homme qui a la prétention de connaître l'Amérique et les Américains. — A la page suivante, Bayard parle d'une lettre qui lui aurait été adressée en 1788 par Jefferson, et dont il cite un passage : « M. de Crèvecœur vous a fait voir notre beau côté... Tout n'est pas de ce caractère-là chez nous... »

Survient un compilateur, Boucher de La Richarderie. Il trouve ce jugement tout fait, appuyé de deux noms illustres, s'empresse de le copier, et dans l'article consacré à Crèvecœur (*Bibliothèque universelle des voyages*, VI, 63) il écrit, bien entendu sans citer Bayard : « Deux hommes dont l'autorité est d'un grand poids (en note : Franklin et Jefferson) ont reproché à M. de Crèvecœur sa partialité pour les quakers. Peut-être est-elle excusable, etc., etc. »

On ne peut certes pas appliquer à La Richarderie ce qu'il dit de Franklin et de Jefferson !

II. — *VOYAGE DANS LA HAUTE PENSYLVANIE ET DANS L'ÉTAT DE NEW-YORK.*

Cet ouvrage, nous l'avons dit au chap. X, malgré son mérite très réel, fut loin d'obtenir l'éclatant succès des *Lettres d'un cultivateur américain*. Il fut cependant remarqué et obtint

---

[1]. Voir sur Mazzei la note de la page 132 et sur son livre la lettre de Crèvecœur à Mme d'Houdetot, du 20 mars 1789. (*Correspondance*.)

les suffrages du public lettré. Nous signalerons, parmi les articles qui lui furent consacrés, les extraits que fit insérer Trouvé dans le *Moniteur* des 25 et 27 germinal an IX (avril 1801)[1]. Ils sont précédés de ces quelques lignes :

« Le succès qu'ont obtenu les *Lettres d'un cultivateur américain* est d'avance un sûr garant de celui qu'obtiendra le nouvel ouvrage publié par le même auteur. On y reconnaîtra, comme dans le premier, cette chaleur d'imagination, ce style animé, ces descriptions pittoresques... On y trouvera des observations peut-être plus justes, des contrastes mieux établis, des résultats plus frappants et plus incontestables, parce que le temps et les événements, qui se sont pressés dans le nouveau monde comme dans l'ancien, ont amené des changements nécessaires dans la manière de voir, de sentir et de juger... »

Quelques mois plus tard paraissait dans la *Décade philosophique, littéraire et politique* du 20 thermidor an IX (8 août 1801) un article signé A., c'est-à-dire Andrieux[2], dont nous extrairons le passage suivant :

« Les *Lettres d'un cultivateur américain* eurent beaucoup de succès lorsqu'elles parurent il y a quinze ou vingt ans. On y trouva de la sensibilité, du coloris; c'était comme une suite de tableaux de genre que l'on ne pouvait regarder sans émotion. L'intérêt du sujet se joignait au mérite de l'exécution... C'est un ouvrage du même genre que le même auteur publie. Il prend seulement le titre de traducteur et d'éditeur, et donne son livre pour un extrait de différents manuscrits recueillis après un naufrage et dont l'auteur est inconnu. Que ce récit soit une fable ou une histoire, il a servi à l'auteur de prétexte pour donner à son livre une forme irrégulière et variée. Il suppose que les manuscrits qu'il a trouvés sont des fragments quelquefois incomplets et toujours détachés l'un de l'autre. »

---

[1]. Voir *Correspondance* : 22 février, 16 et 24 mars 1801.
[2]. Andrieux fut en 1794, avec Ginguené, un des fondateurs et des principaux rédacteurs de la *Décade*. Il y inséra un grand nombre d'articles signés A. (*Biographie Michaud*. Supplément.)

Après un assez long compte rendu et plusieurs citations, Andrieux conclut ainsi :

« D'autres voyageurs ont décrit la Pensylvanie et l'État de New-York; celui-ci vous fait converser et vivre pour ainsi dire avec leurs habitants, il fait envier leur bonheur et les fait aimer. »

Cet article a été reproduit en partie par Barbier et Desessarts dans la *Nouvelle Bibliothèque d'un homme de goût*, IV, p. 442.

Terminons en citant un critique américain de nos jours, M. Joseph Sabin. Après avoir rappelé le long séjour de Crèvecœur aux États-Unis et ses rapports avec Washington, il ajoute : « Son expérience l'a donc mis à même de donner beaucoup de renseignements et de détails personnels que l'on ne trouve pas facilement ailleurs... Son ouvrage est remarquable par des détails intéressants sur les tribus aborigènes et leur disparition graduelle. Aucun autre écrivain n'a si bien décrit les grands conseils indiens et les assemblées où ils délibèrent sur leurs intérêts communs. » (*Dictionary of books relating to America*, t. V, *verbo* CRÈVECŒUR.)

NOTE

SUR LE SERVICE DES PAQUEBOTS

ENTRE LA FRANCE ET LES ÉTATS-UNIS

DEPUIS LEUR CRÉATION JUSQU'A LA RÉVOLUTION

La part que Crèvecœur a prise à la création des paquebots entre la France et les États-Unis [1], l'activité qu'il a déployée pour en perfectionner l'organisation, nous ont engagé à faire quelques recherches sur ce sujet peu connu, et nous avons pu recueillir un certain nombre de documents dont nous allons donner un aperçu succinct.

Le service des paquebots de Lorient à New-York fut institué par l'arrêt du Conseil du 28 juin 1783.

En voici le préambule :

« Sur le compte rendu au Roi... des avantages que doit procurer au commerce une communication réglée entre la France et les États-Unis de l'Amérique, Sa Majesté a jugé à propos d'établir des paquebots qui partiront de Port-Louis [2] à des époques déterminées pour aller à New-York, et feront leur retour dans le même port; et afin que l'établissement ne puisse être nuisible par la concurrence aux opérations des négociants, Sa Majesté s'est portée à limiter ces paquebots au transport des lettres et passagers, et de quelques objets précieux. »

---

1. Voir chap. VI.
2. Port à l'embouchure du Blavet, à 5 k. de Lorient.

C'est-à-dire, d'après l'article 2, des ouvrages de modes, vêtements faits pour homme et pour femme, des vins et liqueurs en bouteilles, etc., etc.

L'arrêt ne fixait pas le nombre des paquebots; il portait seulement qu'on tiendrait au port de Lorient un nombre de bâtiments légers suffisant pour faire un service mensuel. Ces navires devaient être commandés par des officiers de la marine royale, payés, ainsi que l'équipage, par le Trésor public.

L'article 4 portait que MM. Lecoulteux [1], sous les ordres du ministre de la Marine, dirigeraient et administreraient l'armement, etc., payeraient les dépenses et percevraient les droits sur les lettres, passagers et marchandises.

Cette organisation bizarre, dans laquelle on chargeait un banquier de diriger un service public, non pas à ses risques et périls, comme dans le système des fermes, mais simplement comme bailleur de fonds et percepteur de droits, sauf règlement ultérieur, ne trouve son explication que dans la pénurie du Trésor.

Un règlement du 5 juillet 1783, auquel était joint un tarif, s'occupait des détails du service. Les passagers, comme les marchandises, ne pouvaient être embarqués sans permis. Le transport des lettres de France en Amérique était réservé aux seuls paquebots, et des peines sévères étaient édictées contre les contrevenants.

On trouve aux Archives de la Marine la minute sans date des : *Instructions pour la direction et le service des paquebots à établir pour aller de Lorient à l'Amérique septentrionale.* Elles contiennent vingt-cinq articles. Le premier expose que le but de l'établissement était d'augmenter la consommation des articles de nos fabriques : 1° par des rapports exacts et continuels; 2° par une plus grande facilité pour l'habitant de l'Amérique de se procurer les produits français à sa conve-

---

[1]. Lecoulteux de La Noraye, banquier très connu qui a été mêlé à toutes les grandes affaires financières du temps.

nance. Les autres articles sont tous relatifs à la comptabilité, au personnel et au détail du service postal.

L'activité qui présida aux armements montre combien le ministre attachait d'importance à la mise en train du service. Le 14 septembre 1783, Crèvecœur était à Lorient et visitait avec M. Lecoulteux de La Noraye cinq bâtiments qui s'y trouvaient déjà réunis, sur les six que l'on se proposait de consacrer à cette navigation. Il rend compte au ministre, dans une lettre du 16 septembre [1], de ses appréciations sur ces navires qu'à l'exception d'un seul, le *Warwick*, il trouve généralement bien installés. Il fait connaître que M. Lecoulteux l'a chargé de diriger le service à New-York.

Voici les noms des bâtiments qui ont fait les six premiers voyages :

Courrier de l'Europe, capitaine Cornic du Moulin [2], septembre 1783.

Courrier de l'Amérique, capitaine le chevalier d'Aboville, octobre 1783.

Courrier de Port-Louis, capitaine Tuvache, novembre 1783.

Courrier de New-York, capitaine le chevalier de Jaubert, décembre 1783.

Courrier de Lorient, capitaine de Coëtnempren, janvier 1784.

Warwick, capitaine de Siouville, février 1784.

Le *Sylphe*, capitaine Hulcoq, prit le service en mars 1784, à la place du *Courrier de Port-Louis* naufragé [3]; un autre bâtiment, la *Martinique*, fit son premier voyage en mai 1785.

Dès son arrivée en Amérique, et dans sa première dépêche, Crèvecœur rend compte de sa traversée; il se loue du capitaine Cornic du Moulin, et critique la composition de l'équipage [4]. Presque toutes ses lettres contiennent des dé-

---

1. Archives de la Marine. Paquebots.
2. Voir la note de la page 85.
3. Voir à la page suivante.
4. Dépêche du 17 décembre 1783. Archives des Affaires étrangères. Carton du consulat de New-York.

tails sur le service. Le 19 janvier 1784 [1], il présente des observations sur le prix du fret (120 livres par tonneau) qui ne permet pas aux Américains de confier aux paquebots les marchandises encombrantes qui sont à peu près leurs seuls articles d'exportation. Le 19 mars, il rend compte du naufrage du *Courrier de Port-Louis*. Parti de Lorient en novembre 1783, ce navire avait été pris dans les glaces à son retour, en sortant de New-York. Deux passagers sur six moururent de froid; sur trente-huit marins, quatorze avaient également péri et neuf étaient dans un état déplorable. Le consul attribuait en partie ce désastre au mauvais état du bâtiment et à son détestable équipage. Dans sa lettre du 1er août, il demande qu'on réforme le *Sylphe* et le *Warwick*; le dernier de ces bâtiments, parti de Lorient en février, n'était arrivé à New-York qu'après le *Sylphe* qui avait mis à la voile un mois plus tard; le capitaine mettait à la cape tous les soirs. Il demandait dans la même lettre la création de deux fanaux près de Lorient, signalait l'état affreux des routes de Bretagne, ce qui rendait difficile l'accès du port d'embarquement; il recommandait aussi de réclamer aux capitaines des paquebots un mémoire sur cette question : « Quelles sont les latitudes où, suivant les époques de l'année, on est plus assuré de trouver des vents favorables pour aller de Lorient à New-York? » Le 14 janvier 1785, nouvelles plaintes sur les équipages : « Le plus petit pilotin et mousse est reçu, non pas qu'il soit bon sujet, mais parce qu'il est recommandé à M. Lecoulteux par des dames. »

La lettre du 1er février 1785 propose d'établir un nouveau système de correspondance avec Cayenne par New-York, au moyen des paquebots français jusqu'à ce port et, de là, par la voie des navires américains, qui faisaient avec notre colonie un commerce très actif. Crèvecœur en avait écrit à l'intendant général des postes, le baron d'Ogny, et à Grimod de La Rey-

---

1. Consulat de New-York. Voir aussi *Correspondance diplomatique* : Dépêche du chevalier de La Luzerne du 13 février 1784.

nière, un des administrateurs généraux ; n'ayant reçu aucune réponse, il avait organisé lui-même le service.

« Daignez donc, Monseigneur, écrivait-il, ordonner au rédacteur de la *Gazette de France* d'informer le public de cette nouvelle voie ouverte à ceux qui veulent correspondre avec Cayenne. J'espère que vous ne me blâmerez pas pour y avoir pensé et y avoir réussi. »

Le 17 mars, nouvelle lettre, nouvelle plainte ; les ordres du ministre ne sont pas exécutés. — D'accord avec M. Thévenard [1], il a gardé le capitaine d'Aboville, commandant le *Courrier de l'Amérique,* pour lui donner le commandement du paquebot le *Maréchal de Castries,* construit par Peck [2].

Le 19 mai, dans la dernière lettre qu'il écrit avant son départ pour la France, il critique encore le service et demande la réforme du *Warwick* et de la *Martinique,* dont le mauvais état et l'infériorité font tort à l'établissement des paquebots.

La plus grande irrégularité régnait alors dans les départs [3], et le 9 avril 1786, M. Otto, chargé d'affaires aux États-Unis, écrivait qu'il y avait plus de quatre mois qu'il n'avait reçu de nouvelles de France par les paquebots [4].

Le service était mal fait et coûtait fort cher ; on chercha une nouvelle organisation.

Un arrêt du Conseil du 14 décembre 1786 ordonna l'établissement de vingt-quatre paquebots destinés à communiquer « avec les colonies françaises aux îles du Vent et sous le Vent, les îles de France et Bourbon et les États-Unis d'Amérique ». Le règlement qui porte la même date fixe à huit par an au lieu de douze le nombre des départs à destination des États-Unis. Ces paquebots partaient tous du Havre, tandis que ceux

---

1. Thévenard (Antoine-Jean-Marie), qui devint en 1791 ministre de la Marine, était alors chef d'escadre et commandant du port de Lorient. Il a publié en 1800 des mémoires relatifs à la marine, mais il n'y est pas question des paquebots dont il avait cependant surveillé l'armement.
2. Voir p. 103.
3. Voir ce qu'écrivait Jefferson à ce sujet. P. 118.
4. *Correspondance diplomatique des États-Unis,* à la date.

destinés à nos colonies partaient moitié du Havre, moitié de Bordeaux.

On avait, dans la nouvelle organisation, cherché d'une part à se procurer des ressources suffisantes pour subvenir au service, en élevant le prix des ports de lettres; d'un autre côté, on avait porté très haut le prix du fret, afin de ne pas faire concurrence à la navigation française.

Le nouveau tarif postal suscita des réclamations nombreuses à Bordeaux et à Nantes, et l'on trouve aux Archives de la Marine plusieurs mémoires imprimés en 1787 qui attaquent non seulement le tarif, mais l'institution même des paquebots. En même temps le parlement de Rouen se faisait l'organe du commerce normand et adressait au Roi, le 21 août 1787, des remontrances en termes fort vifs. Il faisait remarquer qu'en Angleterre les tarifs postaux par paquebots étaient fort élevés, mais qu'on était libre de choisir une autre voie, et il ajoutait : « N'emprunterons-nous donc jamais les établissements utiles de nos voisins que pour les pervertir? »

De retour à New-York en 1787, Crèvecœur n'eut plus à s'occuper du détail des paquebots. En septembre de cette année, on nomma un directeur du service à New-York aux appointements de 6,000 livres, sous l'autorité du consul [1].

La nouvelle organisation ne fonctionna pas mieux que l'ancienne. Crèvecœur s'en plaignait dans une lettre qu'il écrivait le 29 août 1787 au duc d'Harcourt [2]; le 8 février 1788, le ministre de France, le comte de Moustier, faisait connaître que le paquebot qui devait partir de New-York le 25 janvier n'était même pas encore arrivé du Havre. Ses dépêches des 5 juillet et 18 novembre 1788 [3] contiennent de nouvelles plaintes. Dans la dernière il fait remarquer combien était regrettable l'absence des communications postales directes, au moment où

---

1. C'était un M. Chevalier.
2. Cette lettre, souvent citée, a été publiée par M. Hippeau. Voir *Correspondance*.
3. Ces deux lettres, comme la précédente, sont dans la *Correspondance diplomatique*.

la France en proie à la famine aurait eu besoin d'avoir des relations aussi promptes que possible avec les pays producteurs de céréales. D'après Brissot [1], la malle destinée pour New-York, et qui devait partir en mai 1788, resta au bureau pendant quatre ou cinq mois avec celles qui survinrent ensuite. « Je ne sais pas même, ajoute-t-il, si elles ont jamais été expédiées. »

Le fait est que le service avait été supprimé brusquement et sans avis préalable. « La perte est réelle pour les particuliers, écrivait le comte de Moustier le 15 décembre [2], mais elle est grande pour le gouvernement. »

C'est à la suite de la liquidation des dépenses de 1787 que l'on s'était décidé à cesser toute expédition de paquebots [3].

Le déficit cependant était en réalité assez faible eu égard à l'importance du service, service d'utilité publique dont tout le monde reconnaissait la nécessité; mais les finances étaient, on le sait, dans un tel état de délabrement que l'on se rejetait sur les petites économies.

Néanmoins la suppression de la ligne de New-York avait soulevé tant de plaintes que l'on s'occupa sur-le-champ d'une nouvelle combinaison. On crut qu'un marché avec un entrepreneur serait moins onéreux pour l'État. M. de Laforest, gérant du consulat général des États-Unis, avait proposé de traiter avec une Compagnie qui s'engageait à entretenir six paquebots partant de France et allant à Norfolk en Virginie (le grand entrepôt des tabacs), en touchant à New-York. La Compagnie demandait 10,000 livres par voyage aller et retour [4].

D'autres propositions se produisirent bientôt. Un nommé Dan Parker, négociant américain, un M. Ruker, de Bordeaux, d'autres encore, offrirent des combinaisons diverses [5]. Enfin, au

---

1. *Voyage aux États-Unis*, I, 71.
2. Archives des Affaires étrangères. Carton du consulat de New-York.
3. Archives de la Marine. Note présentée au ministre en 1788.
4. *Correspondance diplomatique*, lettre de M. d'Ogny, 11 octobre 1788.
5. *Ibid.*, 20 novembre et 19 décembre 1788. Voir aussi *Mémoires et Documents sur les États-Unis*, tome II, n°s 29, 30, 34 et 35.

commencement de 1789, on se décida à conclure un arrangement avec un armateur de Saint-Malo, le sieur Dubois. Il s'engageait à faire six voyages par an de Bordeaux à Norfolk en passant par New-York, moyennant 36,000 livres. Mais le marché était mal conçu ou fut mal exécuté. Le premier de ces paquebots (le *Jean-Jacques*, capitaine Legrand) était, d'après M. de Laforest [1], un bâtiment misérable, jaugeant quatre-vingt-dix tonneaux, n'ayant que neuf hommes d'équipage, filant au plus cinq nœuds, et qui ne put aller jusqu'à Norfolk; le second (le *Franklin*, capitaine Duroutois) ne valait guère mieux; le troisième, d'un tonnage plus fort, était un peu meilleur, mais encore trop petit de moitié; il mit près de quatre mois pour arriver à New-York [2]. Le service était si mal fait que notre ministre à New-York garda pendant six mois ses dépêches pour la France, ne trouvant aucune voie sûre pour les faire parvenir. Dans le courant de 1791, le point de départ fut changé et remis à Lorient; mais les voyages n'en devinrent ni plus réguliers ni plus rapides; la correspondance diplomatique en fait foi [3].

A la fin de 1792, on se décida à prendre un grand parti; le 2 décembre [4] le ministre de la Marine demanda, par un mémoire adressé au président de la Convention, que son département fût chargé du service. Il proposait d'avoir huit paquebots (au lieu de six) partant tous les mois alternativement de Lorient et du Havre en temps de paix, en temps de guerre de Lorient seulement.

Nous ne savons si ce projet fut mis à exécution.

---

1. *Correspondance diplomatique*, 20 juin 1789.
2. *Ibid.* Dépêches de M. de Moustier des 4 et 8 octobre 1789. Le *Washington*, sur lequel Crèvecœur revint en France en 1790, était un des bâtiments du sieur Dubois. Il était commandé par le capitaine Duroutois.
3. M. Otto, 28 avril 1791. M. de Ternant, 29 novembre 1791.
4. *Correspondance diplomatique*, à la date. Voir aussi dans le même recueil une lettre du 8 janvier 1793 adressée par le ministre des Affaires étrangères au ministre des Contributions publiques.

NAVIGATION A VAPEUR

FITCH ET RUMSEY

PIÈCES JUSTIFICATIVES [1]

I

Versailles, le 11 mars 1788 [2].

« J'ai l'honneur de vous envoyer, Monsieur le comte [3], l'extrait d'une lettre que m'écrit M. de Crèvecœur, consul du Roi à New-York. Son objet m'a paru assez intéressant pour qu'elle vous soit communiquée, parce que l'invention de ce procédé pourrait être tout aussi utile en France qu'en Amérique, et que personne n'est plus à portée que vous d'en juger le plus ou moins d'importance et d'en ordonner l'essai.

« Trouvez bon que je prenne cette occasion de vous recommander M. de Crèvecœur, qui doit avoir déjà l'honneur d'être connu de vous par son ouvrage du *Cultivateur américain*, et dont la conduite lui avait mérité la con-

---

1. Comme nous l'avons dit page 145, ce sont les pièces que nous devons à l'obligeance de M. Margry et qu'il a analysées dans son travail sur les précurseurs de Fulton aux États-Unis.
2. Cette lettre porte les annotations suivantes : M. de Fleurieu, 13 mars. — Au bureau le 14. Voir la s. du 20. — R. le 21 et écrit à M. le contrôleur général.
3. Le comte de La Luzerne, ministre de la Marine.

fiance de M. le maréchal de Castries, avec d'autant plus de raison, qu'étant gentilhomme normand et propriétaire de terres en Amérique, il peut rendre de très grands services au commerce de la Normandie et des États-Unis. Je crois pouvoir vous certifier que son honnêteté et ses connaissances le rendent digne de votre protection.

« J'ai l'honneur d'être, etc.

« Le duc DE HARCOURT. »

II

*Lettre de M. de Saint-Jean de Crèvecœur
à M. le duc d'Harcourt.*

New-York, le 9 janvier 1788[1].

« Un comité du congrès ayant offert en 1784 une récompense de trente mille acres de terre féconde, sur les bords de l'Ohio, à la personne qui trouverait les moyens les plus simples et les moins dispendieux de faire remonter les bateaux les plus chargés contre le courant des rivières, sans l'assistance du halage, toutes les têtes mécaniques de ces États, depuis cette époque, ont été employées à faire des essais ; mais aucun encore n'a réussi.

« Il était réservé au sieur Fitch, du comté de Bucks, dans la Pensylvanie, d'appliquer d'une manière aussi ingénieuse que simple et nouvelle le pouvoir inconcevable de la vapeur de l'eau à cet usage. Ce pouvoir met en mouvement, sur chaque côté du vaisseau, six rames perpendiculaires dont on proportionne la longueur à la profondeur de l'eau. Après y

---

1. Annotations du ministère de la Marine : Communiqué par le bureau des ports. Faire rapport pour la demande de gratification à promettre pour avoir le modèle de la machine.

avoir constamment travaillé depuis trois ans et avoir progressivement perfectionné ses premières idées, il fit sa grande expérience l'été dernier sur la Delaware, sur un bateau chargé de soixante tonneaux de pierres, en présence de M. Franklin, gouverneur de cet État [1], du général Washington et de plusieurs membres de la Convention fédérale qui étaient à bord. Après avoir parcouru contre la marée l'espace de vingt-deux milles, dans un peu moins de quatre heures, il ramena son bateau à Philadelphie en deux. Alors, tous ces messieurs déclarèrent que le sieur Fitch avait résolu le problème proposé par le Congrès, et le lendemain ils lui donnèrent les certificats les plus honorables et les plus convaincants.

« La vélocité de la marée était alors d'un mille et demi par heure et le bateau, qui pendant le même espace de temps en avait parcouru sept, fit par conséquent un progrès de cinq milles et demi par heure. Depuis cette époque, il a rendu sa machine beaucoup plus forte et a fait plusieurs autres voyages. Au lieu de quarante coups d'aviron qu'elle donnait alors, elle en donne actuellement quatre-vingts, et ne consomme qu'une très petite quantité de charbon de terre. Cette invention, simple et peu dispendieuse, est susceptible d'être fixée à toute espèce de bateau, pourvu qu'il y ait trois pieds d'eau dans la rivière qu'on veut remonter. Ses frottements ne sont point considérables, et on ne peut s'empêcher, en la voyant, d'être étonné que cette idée n'ait pas été conçue depuis longtemps.

« Soutenus par la souscription la plus généreuse, les membres se sont formés en une compagnie sous la présidence de MM. Franklin, Rittenhouse, etc. Cet homme va faire construire une galiote destinée à entretenir une communication journalière entre Philadelphie et Trenton (situé à l'extrémité de la marée et à trente-huit milles de distance), dont les dépenses annuelles se montent à plus de 2,000 pounds. Six des treize États viennent de lui accorder un privilège exclusif pendant quatorze ans, à savoir : la Pensylvanie, la Virginie,

---

[1]. C'est une erreur. On a vu par la lettre de Franklin, citée p. 153, qu'il n'assistait pas à l'expérience.

le Maryland, la Delaware, le Nouveau-Jersey, New-York. Un comité du Congrès va bientôt s'occuper de l'examen des certificats, rapports et autres preuves authentiques de l'utilité de cette machine, afin de décider si l'inventeur a droit aux trente mille acres de terre promise. Les habitants des nouveaux établissements de Kentucky, d'Indiana et sur la rivière d'Ohio, situés à plus de six cents lieues de la Nouvelle-Orléans, étant singulièrement intéressés à encourager tous les expédients qui peuvent diminuer les frais énormes que coûtent les bateaux qu'ils envoient à cette ville, lui ont offert en tabac les souscriptions les plus généreuses. En effet, jusqu'ici, cette navigation intérieure a été très dispendieuse ; un bateau du Kentucky, portant trente tonneaux de marchandises à la Nouvelle-Orléans, doit nécessairement être monté de trente rameurs, à chacun desquels on donne 100 piastres (525 livres) pour le voyage.

« La première partie est très facile et n'exige que trois semaines, mais pour le retour, il faut près de trois mois et demi. Cette nouvelle puissance, adaptée à des vaisseaux de cent tonneaux qui n'exigeront que douze hommes, y compris les chasseurs qui de temps en temps vont à terre pour approvisionner l'équipage, procurera à ces pays immenses les plus grands avantages.

« L'utilité de cette découverte, inappréciable pour un pays tel que celui-ci, ne l'est pas moins pour la France, où souvent il arrive que les dépenses du halage sont si considérables que l'on préfère transporter les marchandises par terre, ainsi que je l'ai observé de Rouen à Paris, du Havre à Rouen, etc.

« Comme Français, ainsi que comme consul du Roi, je ne puis donc m'empêcher de désirer qu'une invention aussi simple et aussi importante soit connue et introduite en France le plus tôt possible. Je demanderais pour cet effet que le Roi daignât m'autoriser à faire construire par cet homme un modèle de sa machine affixé sur un petit bateau d'une grandeur suffisante pour pouvoir juger des effets, qu'il serait facile d'envoyer en France par la voie d'un des paquebots ; que Sa Majesté me permît de lui donner en son nom une gratification de quelques centaines de louis. Car cet homme n'exige rien pour la communication de ses principes et celle de la manière dont il les emploie. Cette générosité de la part du Roi aurait ici un effet des plus heureux ; elle flatterait, elle honorerait cet honnête et simple Pensylvanien ; elle placerait Sa Majesté à la tête des rémunérateurs d'une invention qui peut devenir infiniment utile à son royaume.

« Pour copie :

« Le duc DE HARCOURT. »

III

Consulat général.
N° 250.   New-York, le 15 février 1789.

« Monseigneur,

« J'ai reçu, à la fin du mois dernier, la lettre que vous m'avez fait l'honneur de m'écrire, le 5 juin 1788, au sujet des expériences faites sur la Delaware pour faire remonter les rivières aux bateaux. Vous voulez bien m'autoriser à réunir mes efforts à ceux de M. de Crèvecœur pour parvenir à acquérir de concert le secret de cette découverte. Mais, depuis qu'elle a eu lieu, Monseigneur, elle paraît éclipsée par une autre du même genre qui approche beaucoup plus du point désiré.

« Le sieur Fitch, inventeur du procédé dont M. de Crèvecœur a écrit à ses amis, fut porté par les événements de la guerre sur l'Ohio et le Mississipi. Frappé des obstacles qu'apportaient aux communications la difficulté de remonter ces deux rivières et la grande dépense de bras qu'il fallait employer, il s'occupa avec suite des moyens d'y remédier ; mais, trop prévenu de l'idée que la résistance d'un courant né pouvait être vaincue que par l'effort des rames[1], il porta toutes ses méditations sur la découverte d'un moteur assez puissant pour les tenir constamment en action, et assez simple pour n'exiger que la présence de peu d'hommes. Il conçut, en 1785, le plan de faire communiquer le mouvement par la vapeur de l'eau bouillante. Après beaucoup d'essais, il parvint à faire réussir un petit modèle.

« Une société de citoyens zélés de Philadelphie forma les fonds nécessaires pour construire un appareil en grand, et il obtint des États de Pensylvanie, New-Jersey et New-York un privilège exclusif pour quatorze années. La difficulté de faire couler dans les forges du pays un cylindre de la capacité requise lui prit un temps considérable, et c'est l'été dernier seulement qu'il put remonter publiquement la Delaware avec son bateau.

« Il paraît par les certificats qui lui furent alors délivrés que son bateau fit un peu plus d'une lieue à l'heure contre la marée. On lui reprocha que ses moyens pour générer la vapeur sont trop embarrassants, que son appareil prend trop d'emplacement, que ses rames, qui agissent perpendiculairement et non diagonalement, ne peuvent servir que dans un lit profond, que sa méthode enfin est dispendieuse. Le sieur Fitch, en un mot, avait fait beaucoup déjà pour prouver l'effet de sa méthode, mais il lui restait encore plus à faire pour en perfectionner l'exécution.

« Dans l'intervalle, un concurrent venait d'attirer les regards du public. Le sieur Rumsey avait, dès 1784, travaillé à faire remonter les rivières aux bateaux par le moyen d'un appareil mécanique. On croit qu'il ne pensait pas alors à tirer sa puissance motrice de la vapeur de l'eau[2], et qu'il prit cette idée dans les essais du sieur Fitch. Quoi qu'il en soit, il fit, en 1786 et 1787, des expériences sur la rivière du Potomack, et devint son compétiteur pour obtenir des privilèges exclusifs dans les différents États.

---

1. Ceci n'était pas exact. Voir ce que nous avons dit page 139.
2. Voir page 138.

« Il n'a point recours aux rames; son appareil prend peu d'emplacement et n'entraîne que des frais modiques. Il est parvenu à tirer une très grande force en vapeur d'un petit tube ardent et la dirige sur une masse d'eau encaissée, qui, poussée violemment hors du bateau contre l'eau extérieure, le fait avancer à travers le courant aussi promptement que celui du sieur Fitch.

« Il a annoncé l'été dernier qu'il avait enfin perfectionné sa découverte, et, laissant ici le sieur Fitch pauvre et découragé, occupé à remédier aux défauts qu'on reproche à la sienne, il est parti pour l'Europe. Il a obtenu du gouvernement anglais un privilège exclusif pour quatorze ans, et on dit qu'il doit demander la même protection au gouvernement français. Il est recommandé à M. Jefferson qui vous l'adressera, Monseigneur, s'il ne l'a déjà fait. On pourra avoir son secret de lui-même, si le succès de ses expériences donne de l'importance à ses découvertes.

« J'ai l'honneur de vous envoyer les seules explications qu'il ait données sur son appareil avant de l'avoir perfectionné. Le calcul des forces et des résistances y manque. C'est, Monseigneur, tout ce qu'on peut recueillir ici dans ce moment.

« Je suis, etc.

« *Signé* : DE LA FOREST. »

A cette lettre était jointe une description de l'appareil de Fitch. M. Margry l'a reproduite dans *le Moniteur* du 29 mars 1859, et M. Figuier l'a donnée après lui dans *les Merveilles de la science* (Bateaux à vapeur, p. 182).

LA COMTESSE D'HOUDETOT

SOUVENIRS INÉDITS DE CRÈVECŒUR.
POÉSIES DE Mme D'HOUDETOT.

Mme d'Houdetot a joué un rôle si important dans la vie de Crèvecœur que nous avions d'abord pensé à lui consacrer une notice de quelque étendue, dans laquelle nous aurions résumé tout ce que l'on sait de sa biographie et les divers jugements portés sur elle. Déjà nous avions rassemblé les éléments de ce travail, mais, après réflexion, nous avons renoncé à l'entreprendre. Il nous a paru que cette notice sortait un peu de notre cadre et viendrait, sans grande utilité, grossir le volume, déjà trop considérable peut-être, de nos pièces justificatives. Puis un scrupule d'un autre genre s'est présenté à notre esprit. Mme d'Houdetot a été pour notre aïeul une amie dévouée, une protectrice infatigable; elle a montré à ses fils, pendant leurs années d'enfance, une tendresse vraiment maternelle, qui les a suivis jusqu'à l'âge d'homme. On ne trouve dans les souvenirs de Crèvecœur que des motifs de respect et de reconnaissance pour la mémoire de sa bienfaitrice. — Pourquoi entreprendrions-nous sans nécessité le récit d'une vie sur laquelle il y a bien des réserves à faire? Laissons à d'autres cette tâche qu'ils rempliront sans doute beaucoup mieux que nous, et certainement avec plus de liberté.

Nous nous bornerons donc à publier ici quelques documents qui n'ont pu trouver place dans notre rédaction, et qui méritent cependant d'être mis sous les yeux du lecteur. On trouvera tout d'abord des extraits d'une notice écrite par Crèvecœur en 1813, et à laquelle nous avons déjà fait de nombreux emprunts. Le manuscrit ne compte pas moins de dix-sept pages in-quarto, d'une écriture serrée. Il n'était nullement destiné à la publicité; Crèvecœur l'avait écrit pour sa belle-fille au courant de la plume. Aussi contient-il beaucoup de longueurs et de répétitions, et le style en est-il assez négligé. Nous ne le reproduisons donc pas *in extenso*, mais on lira avec intérêt, croyons-nous, le récit des derniers moments de la comtesse et l'appréciation de son caractère. Crèvecœur, mieux que personne, était à même de porter un jugement sur son amie et il avait le droit de vanter la bonté et l'indulgence de celle qui avait tant fait pour lui.

Nous donnons ensuite un certain nombre de poésies de Mme d'Houdetot dont plusieurs nous paraissent inédites. Quant aux quelques lettres de la comtesse qui sont en notre possession, on les trouvera à la Correspondance. Elles sont seulement au nombre de dix et toutes adressées au fils aîné de Crèvecœur. De celles, très nombreuses pourtant, qu'elle a écrites à Crèvecœur lui-même, pas une ne s'est retrouvée; son vieil ami les avait sans doute réunies, et la liasse entière aura été égarée ou détruite.

SOUVENIRS

CONSACRÉS A LA MÉMOIRE DE Mme LA COMTESSE D'HOUDETOT

« Conformément à vos désirs, voici quelques détails sur la perte que nous venons de faire, le départ édifiant et tranquille de notre chère et respectable comtesse dont les préparatifs ont heureusement été fort courts...

« Sa belle et longue vieillesse [1], qu'aucune infirmité grave n'avait assaillie, s'est terminée sans plaintes, sans souffrances ni douleurs ; elle a conservé jusqu'à l'avant-veille de sa mort son goût pour la lecture, son activité, l'exercice de ses facultés intellectuelles, à l'exception d'un affaiblissement de la mémoire pour les choses récentes.

« Telle, cinq jours seulement avant de nous quitter, était encore cette chère et respectable amie ; le matin du second de ces jours, elle fut aux Gobelins avec M. de Somma-Riva... voir les portraits de plusieurs hommes et femmes célèbres du siècle dernier dont elle avait été la contemporaine... C'est à cette dernière excursion qu'elle doit, sans l'avoir prévue, une jouissance bien inattendue, que l'on pourrait considérer comme le premier suffrage de la postérité : la demande de son portrait. Mais la vanité de se faire peindre l'avait si peu occupée dans le cours de sa vie [2] que, ne s'étant pas trouvé de tableau chez elle, on a été obligé d'avoir recours à celui qu'elle donna, il y a vingt-cinq ans, à une ancienne femme de chambre retirée depuis longtemps à la campagne [3].

« Comme preuve que l'affaiblissement de sa mémoire était moins l'effet de son âge avancé que celui de quelques chagrins domestiques, je vous dirai qu'il n'y a pas encore six semaines, elle me dicta les vers qu'elle fit à Sannois, en 1782, pour la fête du docteur Franklin, en 1783, sur la mort du

---

1. Née le 18 décembre 1730, Mme d'Houdetot était alors dans sa quatre-vingt-troisième année.
2. N'était-ce pas au contraire un peu par vanité que la comtesse ne s'était pas fait peindre ? Elle était en effet loin d'être belle ; marquée de la petite vérole, elle avait les traits forts et peu agréables et louchait horriblement.
3. Il semblerait qu'un fait énoncé d'une façon si affirmative par un contemporain aussi à même d'être bien renseigné ne puisse être mis en doute. Il résulte cependant de nos recherches que jamais le portrait de Mme d'Houdetot n'a été fait aux Gobelins et que même on n'y a jamais fabriqué de portraits d'hommes et de femmes illustres, en dehors des souverains et de leurs familles.

Roi, et enfin, il y a deux ans, sur la vieillesse, dont je vous ai envoyé la copie [1]...

« La nuit du 24 janvier, elle éprouva un léger accès de fièvre... Le médecin que l'on envoya chercher lui prescrivit trois cautères, l'un sur la poitrine et les autres aux pieds. « Mon cher docteur, lui dit-elle, puisque autant vaudrait les « mettre sur une bûche, il serait très ridicule de vous mettre « à me brûler vive au moment où je vais mourir sans « douleur. »

« ... Je considère comme une marque du respect et de la reconnaissance que je dois à la mémoire de notre chère comtesse de vous transmettre ses dernières idées, telles que je les tiens de Girard, ne fût-ce que pour vous donner une preuve du calme et de la présence d'esprit qui ne l'a abandonnée que deux à trois minutes avant que les glaçons de la mort ne l'aient éteinte pour jamais.

« Vers la fin du 28 janvier, pendant qu'elle avait paru plus fatiguée que malade, elle se plaignit d'un resserrement subit qu'elle éprouvait dans la gorge... Une heure après, ce resserrement ayant reparu, elle envoya chercher M. de Somma-Riva... « Je « vous demande pardon, lui dit-elle, de la peine que je viens « de vous donner, et probablement aussi de celle d'être « témoin d'une scène lugubre quoique instructive, la mort de « votre amie. J'ai fait un testament dont je vous prie d'être « l'exécuteur. Je désire que mon cœur soit porté à Épinay « pour être déposé dans l'église de ce village, à côté de la « tombe de mon père [2]... Vous direz à mon petit-fils Fré-« déric combien je regrette de n'avoir pas pu le voir avant de « mourir [3]. Je recommande ma mémoire à son souvenir et au « vôtre. »

---

1. Voir aux Poésies, n°s XXXIII à XXXVI et n° XXV. Quant aux vers sur la mort du Roi, nous ne les connaissons pas. Peut-être s'agit-il des vers écrits au Val en 1793? (N° XXIV.)

2. « Ce tombeau se trouvait dans la chapelle domestique du château et depuis 1789 la loi défendait les inhumations ailleurs que dans le terrain public. Le cœur de Mme d'Houdetot fut donc mis dans le cimetière d'Epinay. » (Paul Boiteau, appendice aux *Mémoires de Mme d'Épinay*.)

3. M. Frédéric d'Houdetot était alors préfet à Gand.

« Au moment où elle venait de cesser de s'entretenir avec M. Somma-Riva, on la prévint à l'oreille que le curé de la Madeleine [1], homme dont la sagesse et la modération sont bien connues, faisait demander si Mme d'Houdetot voudrait lui permettre de la voir. « Qu'il entre, répondit-elle, je le « verrai avec plaisir. Mon ami, ne sortez pas de ma « chambre ! »

« Après quelques instants de conversation que personne n'entendit (son ouïe était encore parfaite), M. le curé lui demanda à haute voix si elle consentait à recevoir les seuls secours de l'Église qu'il pouvait lui administrer dans ce moment pressant, les saintes huiles. — « Avec plaisir, répondit-elle « d'une voix ferme, avec plaisir. » — Sitôt que cette cérémonie religieuse fut terminée, en présence de toute la famille réunie, le pasteur s'approcha de la cheminée, s'entretint pendant un quart d'heure avec la vicomtesse d'Houdetot et disparut. Il était dix heures du soir. Notre chère comtesse, dont l'une des mains reposait dans celle de son ami, n'éprouvait aucune douleur, causait doucement avec lui et, de temps à autre, adressait aussi quelques paroles à Girard... Tout ce qu'elle dit jusqu'à près de onze heures, distinctement prononcé, correctement exprimé, portait un caractère de douceur, de calme et de sang-froid extrêmement touchant... elle parlait encore, mais d'une voix considérablement affaiblie, quoique *audible*, lorsque, sa tête s'étant lentement inclinée sur son oreiller, elle parut s'endormir et, deux minutes après, elle rendit doucement, sans la moindre apparence de mouvement, le dernier souffle de sa belle et longue existence : le sommeil d'un voyageur fatigué n'aurait pas été plus tranquille. »

... L'esprit et la mémoire de Mme d'Houdetot, enrichis de la lecture des meilleurs ouvrages et de ses fréquents entretiens avec quelques-uns de ses savants amis, tels que Marmontel, d'Alembert, etc., fournissaient à sa conversation une

---

[1]. D'après l'*Almanach impérial* de 1813, le curé de la Madeleine était alors l'abbé Jerphanion.

inépuisable fécondité qui la rendait instructive et délicieuse...
A ce talent, elle joignait une connaissance parfaite de sa langue, un jugement et surtout un goût qui approchait souvent de l'infaillibilité. Voilà pourquoi elle était souvent consultée par de jeunes auteurs. Florian, l'aimable Florian, l'un des intimes de sa société, n'a pas publié un ouvrage, pas une fable, qu'il n'ait préalablement soumis à la sage et lumineuse critique de Mme d'Houdetot, qui cependant a été toute sa vie bien éloignée de se croire savante et n'a jamais désiré d'être considérée comme telle [1].

... L'inviolable fidélité de Mme d'Houdetot envers ses amis, l'aménité de son caractère, une simplicité naturelle que relevaient encore ses talents, l'égalité constante de son humeur, son indulgence envers tout le monde, l'ont constamment rendue chère à sa nombreuse société et lui ont assuré l'estime de ceux qui ne la connaissaient que de réputation.

Également éloignée par goût et par principe de tout ce qui tient à la médisance et à la malignité, elle n'a jamais eu d'ennemis. Je lui ai souvent entendu dire que le seul moyen d'éviter la satire et la médisance était de ne pas les mériter. Son silence envers ceux qui commettaient des actions indiscrètes ou répréhensibles n'était pas moins remarquable que son talent à louer, apprécier et faire valoir les bonnes.....

Avant son départ pour l'Angleterre, le tendre, le passionné, le séduisant Jean-Jacques lui envoya les huit volumes de *la Nouvelle Héloïse*, écrits de sa main, dont la belle écriture m'a souvent frappé en parcourant ce bel ouvrage dans la bibliothèque de Sannois...

Vous connaissez M. de Saint-Lambert, dont les liai-

---

[1]. « Laharpe, qui à force de lui avoir entendu répéter son poème sur la machine de Marly, osa sans la consulter le faire imprimer dans le *Mercure*, est le seul de ses amis auquel, de mon temps, elle fit défendre sa porte. » (*Note de Crèvecœur.*) Il est certain, cependant, que si Mme d'Houdetot n'aimait pas la publicité banale du *Mercure*, elle ne s'opposait pas à ce que ses poésies prissent place dans les correspondances littéraires. S'il faut en croire Laharpe, c'est de l'aveu de la comtesse qu'il a inséré les vers très nombreux qui figurent dans sa correspondance.

sons avec Mme d'Houdetot ont été célèbres par leur durée et leur constance; j'ai ouï dire à cette respectable amie que la première origine de cet attachement mutuel était due à la reconnaissance qu'elle lui devait pour les sages conseils qu'elle en avait reçus pendant les années orageuses de la vie. Après avoir assisté comme ami de la famille au grand dîner de la cinquantième année de son mariage avec M. le comte d'Houdetot, j'eus le bonheur singulier d'être aussi l'un des convives du repas qu'elle donna, il y a huit ans, pour célébrer la quarante et unième de ses liaisons d'amitié avec M. de Saint-Lambert; ayant malheureusement perdu les vers charmants qu'elle fit en mémoire de ces deux époques de sa vie, j'espère en obtenir bientôt une nouvelle copie que je vous enverrai [1].

Ce que je viens de dire ne devant être considéré que comme un épanchement rapide et incorrect de souvenirs d'amitié et de reconnaissance, j'ai pensé qu'en y ajoutant quelques aperçus relatifs à mon introduction chez M. et Mme d'Houdetot, au bonheur d'avoir mérité leur amitié et leur estime, et à la prodigieuse influence que cette circonstance a eue sur mon sort et le vôtre, j'ai pensé, dis-je, que je ferais une chose qui vous serait agréable, même comme mémento de famille...

(Ici commence la partie des souvenirs que nous avons en partie reproduite dans les chapitres V et VII.)

---

1. Voir Poésies, n° 14.

POÉSIES DE MME D'HOUDETOT

Nous avons trouvé dans les papiers de Crèvecœur un petit cahier de six pages et une feuille volante, de la main de Girard, secrétaire de la comtesse, contenant en tout vingt et une pièces de vers, qui sont reproduites ci-après sous les numéros I à XXI.

L'ordre dans lequel ces poésies étaient placées a été interverti, et nous avons mis en première ligne (de I à XIV) celles qui nous paraissent inédites. Nous n'osons pas, du reste, nous montrer trop affirmatif à cet égard; les vers de la comtesse sont disséminés dans tant de recueils et de mémoires qu'il est très difficile de les retrouver tous, et il eût été nécessaire, pour arriver à un résultat un peu certain, de faire remonter nos investigations à une époque bien antérieure à celle qui nous occupait. Nous avouons n'avoir pas fait à cet égard des recherches tout à fait complètes.

Nous avons cependant pu rassembler, en dehors des vingt et une pièces dont nous avions la copie, quinze autres opuscules; nous avons pensé être agréable au lecteur en les joignant aux premières.

On trouvera donc ci-après un recueil de trente-six poésies; ce ne sont certainement pas les seules qu'ait composées Mme d'Houdetot, mais c'est, sans contredit, la collection la plus considérable qui ait été encore publiée.

Nous y avons joint une lettre adressée à Delille qui, perdue dans un journal de 1806, n'a probablement jamais été citée.

I. — A UN AMI

Damon, quelle misanthropie
Vient empoisonner tes beaux jours !
Par un sombre chagrin ton âme est poursuivie,
Même dans l'âge des amours.
Plus heureuse que toi, je sens à ma tendresse
Qu'il est des plaisirs purs que le Ciel fit pour nous ;
Sans haïr les humains, mon cœur plaint leur faiblesse,
J'en blâme quelques-uns sans les condamner tous.
D'autres mortels encor sont nés ce que nous sommes ;
J'espère en d'autres cœurs ce que je trouve au mien,
Et mon cœur vertueux croit aux vertus des hommes.
Pour penser comme moi, Damon, qu'on a le tien [1].

II. — A SES ENFANTS

Quand vous offrez aux regards de Sophie
Vos grâces, vos jeux, vos amours,
Son âme par vous rajeunie
Semble retrouver ses beaux jours.
Puisse à jamais une si douce ivresse
Durer au gré de nos désirs,
Et le charme de vos plaisirs
Embellir encor ma vieillesse !

III. — A M. THOMAS SUR SON ÉLOGE DE MARC-AURÈLE

Thomas nous a peint les vertus
Dont sa vie offre le modèle.
Sous un autre Apollonius,
Puissions-nous retrouver un autre Marc-Aurèle !

---

1. Il y a à la fin de ce dernier vers une faute de copie évidente. Peut-être faudrait-il lire : *connais le tien*.

IV. — SUR LE CHATEAU DE FOURQUEUX

Fourqueux, séjour charmant où l'on passe à son choix
Des demeures des rois aux demeures des sages,
    Qu'on préfère à celles des rois,
Qu'il est doux d'habiter sous vos heureux ombrages,
Qu'il est doux d'admirer vos charmants paysages,
L'appareil imposant de ces vastes forêts,
Le tableau plus riant des fertiles guérets,
Ces vignes, ces hameaux, cette riche étendue
Qui, sans la fatiguer, enchante notre vue !
De ces lieux fortunés le sage possesseur [1]
Nous peint dans ses plaisirs les vertus de son cœur.
Tantôt, s'enrichissant des biens d'une autre terre,
D'un arbuste étranger il enrichit sa serre,
En greffant de ses mains d'utiles arbrisseaux,
Rend les fruits de ses champs ou meilleurs ou plus beaux,
Et son goût aussi simple, aussi pur que lui-même,
Dans la seule nature a pris tout ce qu'il aime.

V. — SUR LA MÉLANCOLIE

L'effet de la douleur n'est pas toujours terrible,
Et l'âme peut jouir en s'y trouvant sensible.
Souvent un mouvement doux, tendre, intéressant,
Se change en volupté dans l'âme qui la sent.
Charme des tendres cœurs, douce mélancolie,
Tu consoles des maux qui poursuivent la vie;

---

[1]. Il s'agit ici de Michel Bouvard, seigneur de Fourqueux, qui fut conseiller au Parlement, puis procureur général à la Chambre des comptes, conseiller d'État, et enfin, un moment contrôleur général en 1787. Galiani parle de Mme de Fourqueux dans deux lettres, l'une du 8 septembre et l'autre du 15 décembre 1770.

*Ton charme attendrissant se mêle à nos douleurs,
Et tu nous fais jouir même de nos malheurs.*

VI. — A MADAME GEOFFRIN

En lui envoyant un panier de fruits.

*Vous que les rois ont accueillie [1]
Et qui plaisez encore au séjour des bergers,
Je vous offre de mes vergers
La dépouille que j'ai cueillie.
Dans cette solitude où mon sort est si doux,
J'oublie avec plaisir un monde qui m'oublie,
Mais j'y pense souvent à vous.*

VII. — SUR SANNOIS

*L'amitié, les beaux-arts, la nature et l'étude
Dans ces lieux occupent mon cœur ;
C'est ici seulement que, sans inquiétude,
J'ai goûté, je possède et j'attends le bonheur.*

VIII. — AUTRES SUR SANNOIS

*Quelques amis, Sannois et la santé,
Une douce société,
Des beaux-arts la troupe chérie;
Voilà les objets de mes vœux
Et les seuls objets dont je veux
Remplir le reste de ma vie.*

---

1. Allusion au voyage de Mme Geoffrin à Varsovie.

IX. — A M. WATELET [1]

Que j'aime à voir ce charmant paysage
 Que ton art retrace à mes yeux !
C'est des lieux où tu vis l'intéressante image
Et de ton amitié le gage précieux.
A tout ce qui me plaît toujours il me rappelle ;
Ta main a dessiné ce séjour enchanteur ;
 Enfin, tout est cher à mon cœur,
 L'artiste, l'art et le modèle.

X. — SUR LA MORT D'UNE AMIE

Heureuse de t'aimer dès l'âge le plus tendre,
Quand la cruelle mort t'enlève à mes désirs,
Les pleurs que l'amitié verse encor sur ta cendre
 Sont les derniers de ses plaisirs.

XI. — A M. LE COMTE D'AFFRY [2]

 Vous savez jouir sans prétendre ;
Vous aimez tous les arts, vous avez tous les goûts ;
 Les talents se plaisent chez vous,
 Chez vous, on aime à les entendre.
 Goûtez bien de si doux loisirs :

---

1. Littérateur et dessinateur, Watelet avait créé au Moulin-Joli, sur le bord de la Seine, un jardin anglais que l'on allait beaucoup visiter.
2. Celui que MM. Perey et Maugras (la Jeunesse de Mme d'Épinay, 1882) nous ont révélé comme le tuteur de Mme d'Épinay.

L'amitié qui vous y convie
Doit, en les partageant, augmenter des plaisirs
Qui ne pourront cesser, pour vous, qu'avec la vie.

XII. — A MADAME LA VICOMTESSE (D'HOUDETOT)

Pour le jour de sa fête, jour de la Saint-Louis [1].

Votre destin n'est pas le même
Que celui du patron qu'on vous fait révérer.
Plus on était aveugle et plus on dut l'aimer [2],
Mieux on y voit, plus l'on vous aime !

XIII. — POUR UN JEUNE HOMME

A qui une jeune femme avait écrit sous le nom d'une vieille.

Du bon Robert vous connaissez l'histoire :
Ferme en amour et jamais rebuté,
Vous le savez, il servit avec gloire
Et la vieillesse et la difformité.
Des chevaliers en tous sens le modèle,
Soumis au sexe et toujours amoureux,
Il obéit, il fut heureux,
Et la beauté récompensa son zèle.
Ne pourrai-je espérer un jour
Le prix de son obéissance ?
J'ai comme lui servi l'Amour ;
N'aurai-je pas sa récompense ?

---

1. Louise Perrinet de Faugues, première femme de César d'Houdetot, fils de la comtesse. On a d'elle un volume de poésies, publiées en 1782 par Loménie de Brienne. (Didot, in-12 avec portrait.)
2. Saint Louis a fondé les Quinze-Vingts. (Note de Girard.)

XIV. — A SON MARI [1]

Par vos soins j'ai vu d'âge en âge
S'étendre et s'embellir un sort plein de douceur.
Si le temps fit notre bonheur,
Il a respecté son ouvrage.
Aussi chéri que respectable époux,
Vivez longtemps au gré de mon envie ;
Vous avez consolé tous les maux de ma vie,
Rien ne pourrait me consoler de vous.

XV. — VERS A MADAME LA DUCHESSE DE LA VALLIÈRE

Qui a conservé sa fraîcheur dans un âge avancé [2].

La nature prudente et sage
Force le temps à respecter
Les charmes de ce beau visage
Qu'elle n'aurait pu répéter.

XVI. — A SES ENFANTS [3]

Mon cœur, qui jouit dans les autres
Des biens que l'âge enlève à mes désirs,
N'a rien perdu de ses plaisirs,
Puisqu'il est le témoin des vôtres.

---

1. De la main de Girard, sur une feuille volante.
2. Girard. Grimm, édition Tourneux, IX, 226. Mme Suard, *Essais de mémoires sur M. Suard*. Lady Morgan, *la France*, etc. — La duchesse de La Vallière (Marie-Thérèse de Noailles) était née en 1684 et mourut en 1784 à quatre-vingt-dix-neuf ans et sept mois.
3. Girard, Laharpe, *Correspondance littéraire*, II, 119.

XVII. — A QUELQUES PERSONNES DE SA SOCIÉTÉ

Qui avaient chanté des couplets pour le jour de sa fête [1].

> Que mon destin doit faire envie,
> Que j'en goûte bien la douceur !
> Que je sois mère, amie ou sœur,
> De tous également chérie,
> Je n'aime que pour mon bonheur.
> Quel autre bien ai-je à prétendre,
> Que puis-je demander aux Cieux ?
> Ils m'ont fait le cœur le plus tendre,
> Ils l'ont rendu le plus heureux.

XVIII. — CHANSON [2]

> L'amant que j'adore,
> Prêt à me quitter,
> D'un instant encore
> Voulait profiter.
> Félicité vaine
> Qu'on ne peut saisir,
> Trop près de la peine
> Pour être un plaisir !

XIX. — SUR LA MACHINE DE MARLY [3]

> Cet appareil de fer et ces grands mouvements,
> Ces efforts redoublés et ces gémissements

---

1. Girard, Laharpe, II, 119.
2. Girard, Diderot, *Correspondance*, XVIII, 410. Lady Morgan, etc. C'est une des poésies les plus connues de Mme d'Houdetot.
3. Girard, etc. Pièce également répandue.

Offrent partout aux sens la nature offensée ;
Elle semble gémir d'avoir été forcée
Et, cédant à regret aux entraves de l'art,
Aux caprices des rois se plaint d'avoir eu part.
Oh ! que j'aime bien mieux la modeste fontaine
Qui, dans ces prés fleuris, s'enfuit au pied d'un chêne
Et qui, formant le cours d'un modeste ruisseau,
Arrose des gazons aussi frais que son eau !

XX. — A MADEMOISELLE PREVOST
En lui envoyant un chat [1].

Belle Églé, vous aimez les chats ;
On les accuse d'être ingrats ;
Avec beaucoup d'esprit, ils ont l'humeur légère,
Très volage et fort peu sincère.
Mais des gens avec qui l'on vit
L'on prend beaucoup, à ce qu'on dit.
Aimable Églé, s'il peut vous plaire,
Ce chat auprès de vous gardera son esprit,
Et changera son caractère.

Mme la baronne de B. avait perdu sa mère et une fille unique la même année. Il lui restait un portrait de sa mère

---

1. Girard, Boiteau, *Mémoires de Mme d'Épinay*, appendice, etc. Adélaïde-Edmée Prévost, nièce de Lemaître, trésorier général de l'ordinaire des guerres, qui avait fait bâtir le château du Marais. Elle épousa en 1780 M. de La Live de La Briche, frère de Mme d'Houdetot (voir page 72). Sa fille est devenue Mme Molé. (Voir à la Correspondance une lettre de Mme de Damas, du 19 janvier 1798.)

peint par sa fille. Elle pria Mme la comtesse d'Houdetot de
lui faire des vers pour mettre au bas de ce portrait [1].

XXI. — VERS POUR UN PORTRAIT.

Je vivais pour les adorer ;
Près de cette image si chère,
Ouvrage de ma fille et portrait de ma mère,
Je vis encor pour les pleurer.
Monument cher à ma tendresse,
De deux objets que j'ai perdus
Vous entretenez ma tristesse ;
Mais vous me tenez lieu d'un bonheur qui n'est plus.

(Ici se termine la série des pièces dont nous avons la copie
manuscrite. Les suivantes sont celles que nous avons pu
recueillir.)

XXII. — A MONSIEUR DE TRESSAN

Qui habitait Franconville.

Pour plaindre les arbres en fleur surpris par une gelée d'avril [2].

Au coloris brillant de Flore
Un rouge noir a succédé ;
Dans nos vergers, chacun déplore
La tendre fleur qui vient d'éclore.

---

1. Girard, Grimm, XII, 416 ; Laharpe, II, 107. Il s'agit de Mme de
Brejet. Sa mère s'appelait Mme Herbert, et sa fille, auteur du portrait,
Mme de La Porte.
2. Paul Boiteau, *Mémoires de Mme d'Épinay*, appendice, etc.

Notre malheur est décidé.
Pangloss, viens dans cette vallée,
Où l'on entendait ce matin
Chaque famille désolée
Se plaindre de la destinée
Et donner raison à Martin.

XXIII. — RÉPONSE AU MÊME [1]

D'une vive douleur atteinte,
Je vis les Grâces, l'autre jour,
Des maux dont tu sens le retour
Au tendre Amour porter leurs plaintes :
« Eh quoi ! d'un vieillard inflexible
Faut-il toujours subir la loi ?
Amour, n'est-il donc pas possible
De conserver les dons que nous tenons de toi ? »
L'Amour leur dit : « N'ayez plus de colère,
De votre ami je lui peindrai les traits ;
A son pouvoir je saurai le soustraire.
Vieillir n'est que cesser de plaire,
Tressan ne vieillira jamais. »

XXIV. — VERS COMPOSÉS EN 1793 PAR Mme D'HOUDETOT

Dans une visite qu'elle fit à Mmes de Beauvau et de Poix
dans leur retraite du Val, près Saint-Germain [2].

Malgré tant de malheurs, dans une paix profonde
Je passe encore ici les moments les plus doux.
Je puis auprès de vous oublier tout le monde ;

---

1. Paul Boiteau, *Mémoires de Mme d'Épinay*, appendice, etc.
2. *Souvenirs de la princesse de Beauvau*. Techener, 1872, in-8°, appendice, p. 42. Boiteau, etc.

Ce qu'il a de meilleur, je le retrouve en vous.
Ces grâces, ces vertus dont vous êtes l'exemple,
 Je les ai vu s'évanouir,
 Mais votre retraite est un temple
 Où je viens encore en jouir.
 Telle une colonne superbe,
 Monument des jours de splendeur,
 Ne peut nous dérober sous l'herbe
 Le souvenir de sa grandeur.
 Dans votre asile solitaire,
 Heureuses de nous rassembler,
 Cherchons au moins à nous distraire,
 Ne pouvant plus nous consoler.

XXV [1].

 Oh! le bon temps que la vieillesse!
 Ce qui fut plaisir est tristesse,
 Ce qui fut rond devient pointu ;
 L'esprit même est cogne-fétu.
 On entend mal, on n'y voit guère,
 On a cent moyens de déplaire ;
 Ce qui charma nous semble laid.
 On voit le monde comme il est.
 Qui vous chercha vous abandonne ;
 Le bon sens, la froide vertu
 Chez vous n'attirent plus personne ;
 On se plaint d'avoir trop vécu.
 Mais, dans ma retraite profonde,
 Qu'un seul ami me reste au monde,
 Je croirai n'avoir rien perdu!

---

1. Boiteau, etc.

XXVI [1]

Jeune, j'aimai ; le temps de mon bel âge,
Ce temps si court, l'amour seul le remplit.
Quand j'atteignis la saison d'être sage,
Toujours j'aimai ; la raison me le dit.
Mais l'âge vient, et le plaisir s'envole ;
Mais mon bonheur ne s'envole aujourd'hui ;
Car j'aime encore, et l'amour me console,
Rien n'aurait pu me consoler de lui.

XXVII. — A M. DE SOMMA-RIVA [2]

Je touche aux bornes de ma vie ;
Vous avez embelli les derniers de mes jours.
Qu'un si cher souvenir se conserve toujours !
Vivez heureux pour votre amie.
Si quelque sentiment occupe encor votre âme,
Ne vous refusez pas un bien si précieux ;
Seulement, en goûtant ce charme,
Dites-vous quelquefois : « Elle m'aimait bien mieux ! »

XXVIII. — SUR LES HONNEURS RENDUS A VOLTAIRE [3]

D'un triomphe si mérité
La mémoire est insigne et doit être éternelle.
La gloire, qui n'eut point d'amant plus digne d'elle,
N'en aura pas de mieux traité.

---

1. Boiteau.
2. Id.
3. Laharpe, *Correspondance littéraire*, II, 227.

XXIX. — MADRIGAL À DAMON [1]

Quand je pense, Damon, qu'une flamme constante
 Doit éterniser nos amours,
 Je sens que mon bonheur s'augmente
 Par l'espoir de t'aimer toujours.
 Non, je ne crains pas de survivre
A la perte des biens que tu me fais goûter ;
 S'ils pouvaient cesser d'exister,
 Serait-ce la peine de vivre ?
 Par un si triste sentiment
 Mon âme n'est point poursuivie :
 Malheureux qui croit, en aimant,
 Ne pas aimer toute sa vie !

XXX. — AUTRE [2]

A rendre heureux l'objet de mes amours,
Dieux, employez votre pouvoir suprême :
 Pour son bonheur, faites qu'il aime ;
 Pour le mien, qu'il aime toujours.

---

1. Laharpe, *Correspondance littéraire*, III, 289.
2. *Idem, ibid.* Le quatrain suivant, cité quelques pages plus loin (page 306), mais sans nom d'auteur, porte bien aussi la marque de Mme d'Houdetot.

A UN PORTRAIT.

Absente de Damon, de ma douleur profonde
Quelques moments du moins tu charmeras l'ennui.
Mon amant me tient lieu de tous les biens du monde :
 Toi seul me tiendras lieu de lui.

Par contre, la pièce de vers que donne Grimm en mars 1760 (Tourneux, IV, 217) : *l'Origine des apozèmes*; et que l'on attribue soit à Mme d'Épinay, soit à Mme d'Houdetot, n'est certainement pas de cette dernière. Le style est très différent du sien et la longueur même de la pièce suffirait seule pour infirmer l'attribution.

XXXI. — SUR LA MORT DE SAINT-LAMBERT [1]

Depuis leurs plus beaux jours jusqu'au soir de la vie,
Ils avaient confondu leurs cœurs et leurs vertus.
Vous à qui ce destin sans doute fait envie,
Pleurez, l'un des deux ne vit plus !

XXXII. — VERS ADRESSÉS A M. DE SOMMA-RIVA
Ecrits à l'âge de soixante-dix-sept ans [2].

J'ai bu la coupe de la vie,
Tantôt du mal, tantôt du bien.
A présent il ne reste rien
Que le tendre nœud qui nous lie.
Mais ce bien suffit à mon cœur ;
S'il embellit ma dernière heure,
A quelque moment que je meure,
J'aurai vidé la coupe du bonheur.

XXXIII. — VERS ADRESSÉS A FRANKLIN
Lors de sa visite à Sannois, le 22 avril 178: [3].

Ame du héros et du sage,
O liberté, premier bienfait des dieux,
Hélas ! c'est de trop loin que nous t'offrons des vœux.
Ce n'est qu'en soupirant que nous rendons hommage
Au mortel qui forma des citoyens heureux.

---

1. Intermédiaire du 10 mars 1882. C'est M. Maurice Tourneux qui a fait connaître ce quatrain dont le fac-similé figure dans l'isographie.
2. Ce huitain, dont je dois la connaissance à l'obligeance de M. Lucien Faucou, figure dans une vente d'autographes du 2 juin 1856, n° 225.
3. Voir la note du n° 36.

XXXIV. — VERS GRAVÉS SUR UNE TABLE DE MARBRE

Auprès d'un acacia de Virginie planté par Franklin
dans le jardin de Sannois, le 22 avril 1781 [1].

Arbre sacré, durable monument
Du séjour qu'en ces lieux a daigné faire un sage,
De ces jardins devenu l'ornement,
Recevez-y le juste hommage
De nos vœux et de notre encens,
Et puissiez-vous, dans tous les âges,
A jamais respecté du temps,
Vivre autant que son nom, ses lois et ses ouvrages !

XXXV. — VERS CHANTÉS AU MOMENT DE LA PLANTATION

DE L'ARBRE [2]

Que cet arbre planté de sa main bienfaisante,
Élevant sa tige naissante
Au-dessus du stérile ormeau,
De sa fleur odoriférante
Parfume l'air de cet heureux hameau !
La foudre ne pourra l'atteindre ;
Elle respectera son faîte et ses rameaux.
Franklin nous enseigna par ses heureux travaux
A la diriger, à l'éteindre,
Tandis qu'il détruisait des maux
Pour la terre encor plus à craindre !

---

1 et 2. Voir la note de la pièce 36.

XXXVI. — VERS A FRANKLIN

Dits par Mme d'Houdetot, le même jour, au moment de son départ[1].

Législateur d'un monde et bienfaiteur des deux,
L'homme, dans tous les temps, te devra ses hommages,
Et je m'acquitte dans ces lieux
De la dette de tous les âges.

Nous terminerons en reproduisant un fragment de journal trouvé dans les papiers de Crèvecœur. Il contient une lettre et quatre vers, évidemment écrits par Mme d'Houdetot.

FEUILLETON DU PUBLICISTE

Dimanche 13 juillet 1806.

VARIÉTÉS

Lettre à M. Delisle[2], membre de l'Institut.

(Une dame aussi recommandable par ses vertus que par les agréments de son esprit, qui, dans un âge avancé, a conservé le goût des lettres et des arts qu'elle a cultivés toute sa vie, et de qui on connaît plusieurs pièces de vers pleines d'élégance et de grâce, a reçu de M. Delisle un exemplaire du poëme de *l'Imagination*, et lui a répondu par la lettre

---

1. Les quatre pièces qui précèdent ont été données par Jared Sparks (*Life and Works of Benjamin Franklin*, Boston, 1840, 10 v. in-8°), IX, p. 22 et suiv. Il reproduit en outre sept couplets chantés pendant le dîner offert par la comtesse à Franklin. Ils sont tellement médiocres qu'ils ne nous paraissent pas être l'œuvre de Mme d'Houdetot.
2. Jacques Delille.

suivante, dont une copie est tombée entre nos mains. Nous croyons, en la publiant, ne mériter aucun reproche ni de l'un ni de l'autre.)

« Je ne puis, mon cher Delisle, contenir ma reconnaissance et me taire sur le ravissement que j'ai éprouvé à la lecture de votre dernier ouvrage. Je dois tout encore à cette déesse que vous chantez si bien.

> Toi qui m'as rappelé les jours de ma jeunesse,
> Tous les rêves d'amour, de bonheur, de vertu
> Par toi viennent encore enchanter ma vieillesse;
>   Delisle, tu m'as tout rendu.

« Hélas! je vis ici avec des souvenirs dont vous n'avez pu trop vanter la puissance et avec des ombres animées par la puissance de celle qui vous inspire et qu'elle rend vivantes autour de moi. Pourquoi faut-il que je sois obligée de vous ranger au milieu d'elles? Oh! si vous vouliez encore venir quelques instants les invoquer autour de moi, vous réaliseriez un moment ces beaux songes à qui je dois encore tant de plaisirs : j'ai été tentée un moment d'être jalouse, pour la mémoire de mon ancien ami [1], de tous les rayons de gloire qui vous environnent; mais je me suis dit qu'il en jouirait s'il vivait encore, et j'aime bien mieux m'associer à ses vertus. S'il est resté chez vous, mon cher Delisle, quelque trace de ces moments délicieux que nous avons passés ensemble, réunis avec ce qui faisait la gloire et les plaisirs de notre temps, vous viendriez m'apporter, comme les dieux firent pour Énée, le rameau d'or nécessaire pour aller les retrouver dans l'Élysée. Songez que celle qui vous écrit a soixante et seize ans, etc. [2] »

---

1. Saint-Lambert.
2. Voir à la Correspondance les lettres dont nous possédons les originaux.

CORRESPONDANCE

Les quatre-vingt-dix-sept lettres dont nous donnons des extraits ou des résumés ne présentent pas toutes un intérêt du même genre. Les unes sont simplement des pièces justificatives de notre travail. D'autres, beaucoup plus nombreuses, renferment certains détails que nous n'avons pu utiliser comme étrangers à notre sujet, et qui nous ont semblé cependant de nature à être conservés. Quelques-unes, enfin, qui n'ont de valeur que comme autographes, ont été seulement indiquées d'une manière succincte.

Le classement par ordre chronologique nous a paru le plus commode pour les recherches, mais chaque lettre porte un numéro particulier auquel renvoie la liste alphabétique que l'on trouvera ci-après.

LISTE ALPHABÉTIQUE

DES SIGNATAIRES DES LETTRES

(Les numéros placés après le nom indiquent le numéro d'ordre de la lettre.)

Allen (Ethan), 26, 35.
Berthier (Maréchal), 85.
Bowdoin (James), 17.
Breteuil (Baron de), 2.
Crèvecœur (Saint John de), 6, 11, 13, 30, 33, 34, 52, 80 à 84, 86 à 95.
Crèvecœur (Guillaume-Augustin de), 62, 63.
Crèvecœur (Ally de), 78, 79.
Crèvecœur (Louis de), 96.
Damas (Comtesse Charles de), 27, 36, 38, 46, 55, 60, 66.
Fisher (Miers), 56, 58.
Franklin (Benjamin), 39.
Houdetot (Comtesse d'), 3, 4, 5, 7, 8, 9, 12, 14, 16, 67, 70.
Jefferson (Thomas), 18, 19, 22, 23, 24, 25, 32, 45, 54.

Joguet (de), 61.
Jones (Paul), 29.
Lafayette (Le général), 73.
Létombe (De), 1.
Madison, 49, 50.
Otto, 64, 65, 68, 69, 71.
Otto (Mme), née Crèvecœur, 72, 77.
Pelet de la Lozère (Baronne), née Otto, 97.
Saint-Lambert, 10, 15.
Short (W.), 31, 40, 42, 43, 57, 59.
Target (Augustin), 20, 21, 37, 51.
Trouvé (Baron), 74, 75, 76.
Washington (G.), 28, 41, 44, 47, 48, 53.

I

Boston, 20 novembre 1783. — De Létombe [1], consul de France à Boston, à Crèvecœur. Autographe, signée.

Il écrit à Crèvecœur à Paris pour lui donner des nouvelles de ses enfants, dont il a su l'arrivée à Boston par le comte Wegierski, « jeune seigneur polonais qui voyage comme Platon ». Il est allé les voir chez M. Fellowes. Cette lettre est reproduite dans les *Lettres d'un cultivateur*, tome III, p. 32.

II

Versailles, 1er septembre 1784. — Le baron de Breteuil [2] à Crèvecœur. Copie certifiée.

Il lui donne des conseils sur la marche à suivre pour établir régulièrement l'état de ses enfants, tous nés en Amérique. Il fait l'éloge de M. de Marbois [3], consul général et chargé d'affaires depuis le départ du ministre de France, le chevalier de La Luzerne : « Je le connais depuis longtemps, c'est un homme d'un vrai mérite, que j'aime et j'estime beaucoup. »

Il félicite Crèvecœur d'avoir été chargé de faire construire un paquebot et le remercie des détails que sa lettre renferme sur les États-Unis.

---

1. De Létombe, Philippe-André-Joseph, né en 1738, à Condé (Nord). Il avait été appelé aux fonctions de conseiller au Conseil supérieur de Port-au-Prince en 1770; en 1779, au consulat de Boston, qu'il conserva jusqu'en 1793.
2. Louis-Auguste Le Tonnelier, baron de Breteuil (1753-1807). On a vu, page 12, qu'il était lié avec la famille de Crèvecœur. Il venait de remplacer Amelot de Chaillou comme ministre de la maison du Roi.
3. Voir page 106, note 2.

III

Sannois, 16 novembre 1784. — La comtesse d'Houdetot à Ally de Crèvecœur, à Caen. Signée.

Elle vient de recevoir une lettre de Crèvecœur datée de Boston ; elle recommande à Ally d'écrire au duc de Liancourt, parle de M. Charles Williams, ami de Crèvecœur, en ce moment à Paris [1].

IV

Paris, 1er janvier 1785. — La comtesse d'Houdetot au même. Signée.

« Le livre de votre bon papa est en vente et a le plus grand succès et le plus flatteur. Il fait aimer l'auteur et estimer son caractère. Les gens de lettres et les gens du monde le goûtent également. »

V

Paris, 25 janvier 1785. — La comtesse d'Houdetot au même. Signée.

Lettre très affectueuse pour consoler Ally de n'avoir pu accompagner son grand-père à Paris.

VI

New-York, 14 mai 1785. — Crèvecœur au duc d'Harcourt. (Hippeau, *Gouvernement de Normandie*, tome III, p. 136.)

Cette lettre informe le duc que le corps municipal de New-Haven lui a accordé, le 10 mai, le droit de cité [2].

---

1. Voir page 88, note.
2. Voir page 112.

VII

Sannois, 2 octobre 1785. — La comtesse d'Houdetot à Ally. Signée.

Crèvecœur est à Paris : « Je l'ai trouvé assez bien; il est même moins sérieux qu'à son arrivée, et je dois à son amitié et à sa présence la première douceur que j'aie véritablement sentie depuis le malheur que j'ai éprouvé. »

VIII

Eaubonne, 19 novembre 1785. — La comtesse d'Houdetot à Ally. Signée.

« ... Je vois souvent votre excellent papa, mon digne et cher ami... Quand il a quelque embarras ou quelque peine, il vient à moi. Il est sûr que je l'apaise ou le console; j'y fais au moins ce que je puis... Il a souvent affaire à Paris; il en a encore pour quelque temps, mais il faut être raisonnable et faire ce qu'on doit avant tout. M. Target, le bon ami de votre père et le vôtre, vient d'arriver. »

IX

Paris, 13 janvier 1786. — La comtesse d'Houdetot à Ally. Signée.

« ... Je voudrais bien vous avoir ici pour vous embrasser et pour que votre père ait moins envie de quitter ma maison où je suis si aise de le voir. »

X

Paris, 13 mars 1786. — M. de Saint-Lambert à Ally. Autographe, non signée. (La lettre porte au dos la mention : Monsieur de Saint-Lambert.)

« ... Je vous aime beaucoup, mon cher Ally, je vous sais un gré infini de la satisfaction que vous donnez à monsieur votre père... Vous pouvez compter sur l'intérêt de Mme la maréchale de Beauvau comme sur le mien [1]. »

XI

Paris, 3 avril 1786. — Crèvecœur à son fils Ally, à Caen. Autographe, signée. En anglais.

« Mon père part demain... Il s'arrêtera à Malliot, d'où il enverra Porée[2] à Pierrepont. Ce dernier, en passant à Caen, vous verra et vous embrassera de ma part. Il vous remettra une boîte couverte en papier qui contient un portrait de la bonne comtesse, celui de Fanny, de M. Fellowes et de votre père[3]. Les autres portraits en plâtre sont ceux de la famille de La Rochefoucauld. »

XII

Paris, 8 avril 1786. — La comtesse d'Houdetot à Ally. Signée.

Elle envoie des livres à Ally. « C'est une des marques que je vous ai données, mon cher enfant, que vous n'étiez pas oublié de votre bonne maman de Paris... Votre père vous portera encore un autre petit présent[4] qui touchera votre cœur de plus près, quoiqu'il ne soit pas considérable... »

---

1. Saint-Lambert était fort lié avec le prince qu'il avait connu à la cour du roi Stanislas, à Lunéville. Il logeait, à Paris, à l'hôtel Beauvau.
2. Son valet de chambre.
3. Les portraits de Mme d'Houdetot et de Crèvecœur sont ceux que nous avons fait graver. Ce sont des dessins au crayon noir rehaussés de gouache. Le premier porte, au revers du cadre, ces mots écrits de la main de Crèvecœur : *The right honorable lady Sophia, comtesse de Houdetot ;* le second : *Saint John de Crèvecœur, your father.*
4. Ce sont les portraits dont il est question dans la lettre qui précède. Crèvecœur annonçait aussi l'envoi d'une histoire d'Angleterre en 2 volumes, par lord Littleton, présent de la comtesse.

XIII

Caen, 26 avril 1786. — Crèvecœur à la duchesse de La Rochefoucauld-Liancourt. Minute.

Il s'excuse de n'avoir pu lui rendre ses devoirs avant son départ. « Il me tarde de savoir que vos pommes de terre de la Nouvelle-Écosse, autrement dites : *Maréchal de Castries*[1], et votre semis d'acacias sont bien levés et hors des dangers de la première enfance. Si vous faites souvent arroser les derniers, qu'ils aient été semés sur un bon terreau et qu'au moyen de paillassons suspendus perpendiculairement vous les préserviez du soleil depuis dix heures jusqu'à quatre, vous les verrez croître cette année d'un pied de haut. »

XIV

Sannois, 29 avril 1786. — La comtesse d'Houdetot à Ally. Autographe. Signée : *Votre bonne maman de Paris.*

Elle se termine par ces quelques lignes à Crèvecœur : « Je vous adresse, mon excellent ami, cette lettre pour votre fils Ally. Je n'ai pas ici mon secrétaire, vous la lui lirez si mon écriture lui paraît trop difficile à déchiffrer. »

XV

Colombes[2], 5 *mai* 1786. — Saint-Lambert à Ally. Autographe, non signée.

Lettre très affectueuse : « Dites bien des choses pour moi

---

1. Parmentier dans son *Traité sur la culture des pommes de terre*, 1789, in-8°, page 42, donne la description d'une variété jaunâtre ronde aplatie et ajoute : « M. de Crèvecœur l'a envoyée de New-York. » D'après Cadet de Vaux (*Moyens de prévenir le retour des disettes*, 1812, in-8°, page 48), Crèvecœur aurait introduit en même temps une autre variété rouge. C'est probablement à l'une de ces deux espèces qu'il avait donné le nom du maréchal de Castries.
2. Le château de Colombes, anciennement habité par la reine Henriette d'Angleterre, appartenait à M. de Verdun, fermier général qui,

à votre petit frère et plus encore à votre père ; dites-lui que je l'aime comme un des plus excellents hommes, des plus aimables que j'aie jamais connus. »

XVI

Sannois, 16 *mai* 1786. — La comtesse D'HOUDETOT à Ally. Signée.

Conseils maternels sur la manière d'employer son temps.

XVII

Boston, 31 *juillet* 1786. — JAMES BOWDOIN [1] à Crèvecœur. Autographe, signée. En anglais.

Il remercie Crèvecœur de livres et de brochures que celui-ci lui a fait parvenir. Il lui envoie diverses publications par l'intermédiaire de M. Barrett [2].

XVIII

Paris, 11 *juillet* 1786. — JEFFERSON à Crèvecœur, à Caen. (*Jefferson's Works,* tome I, p. 594.) Nous n'avons pas l'original.

Cette lettre répond à une demande de renseignements

---

d'après Mme Vigée-Lebrun (*Mémoires,* II, 340), recevait une société très aimable d'artistes, de gens de lettres et d'hommes spirituels. Sa femme et lui étaient liés avec Mme d'Houdetot et Saint-Lambert.

1. Fils d'un Français protestant émigré pour cause de religion. Il était fort instruit et avait une très grande situation à Boston où il fut gouverneur. Crèvecœur entretenait avec lui des relations suivies. Nous trouvons dans l'*Independent Chronicle* de Boston, du 12 juillet 1787, une longue communication de Bowdoin, rédigée d'après une brochure relative à la culture et à l'emploi du maïs comme fourrage, brochure envoyée par Crèvecœur.

2. De Boston. Il fut plus tard consul des États-Unis en France.

adressée à Jefferson par M. Delisle [1], lieutenant général au bailliage de Caen (et non Lain, comme le porte le texte imprimé), avec un post-scriptum de Crèvecœur. Il n'y est question que de la valeur du papier-monnaie américain.

XIX

Paris, 26 août 1786. — JEFFERSON. Autographe, signée. En anglais. Inédite.

« Cher Monsieur, j'ai eu l'honneur de recevoir en son temps votre lettre du 20 courant. M. Barclay est depuis longtemps parti pour le Maroc avec les pouvoirs pour conclure un traité de paix qui, d'après sa dernière lettre, est sur le point d'être signé. Cela doit vous expliquer pourquoi vous n'en avez pas entendu parler... J'ai des lettres et des journaux d'Amérique du 16 juillet. Ils nous informent de la mort des généraux Greene, Mac-Dougal et Williamson, et aussi que le général Sullivan est président du New-Hampshire. S. Adam n'est plus président du Sénat de Massachusetts. Je n'en puis comprendre la raison. Les Creeks ont fait une formidable invasion dans la Géorgie. Quelques Indiens isolés ont commis des ravages dans le Kentucky, mais ils sont désavoués par leurs tribus. La convention commerciale va probablement se réunir, et elle préparera un article pour donner au Congrès pouvoir sur notre commerce. John Collins est gouverneur du Connecticut; New-Hampshire et Massachusetts ont suspendu leurs actes de navigation. C'est là tout ce qu'il y a d'important dans nos nouvelles d'Amérique, et vos autres amis sont ici dans une meilleure situation pour vous donner celles de ce pays. J'ajouterai seulement l'assurance de l'estime avec laquelle, etc.

« TH. JEFFERSON. »

---

1. Lebourguignon Duperré-Delisle (Nicolas). Il était parent de Crèvecœur.

XX

Vieufumé[1], 12 octobre 1786. — Target à Crèvecœur. Autographe, signée.

« Je ne doute pas que le troisième volume[2] ne me fasse pleurer comme les autres et comme il a déjà commencé de faire chez Mme d'Houdetot. »

XXI

Vieufumé, 21 octobre 1786. — Target. Autographe, signée.

Il parle de l'éducation des enfants de Crèvecœur : « Je sais bien que l'éducation est une partie bien négligée au sein de tant de lumières sur les choses moins importantes, et, sur celle-là même, la routine sera longtemps maîtresse de la raison ; et dans les grands états vous verrez toujours que cette routine sera prise pour la règle. C'est qu'on y aime mieux l'ordre apparent que la vertu réelle et qu'on y préfère par instinct la paix à la justice. Que tout soit tranquille, jusqu'aux préjugés, on n'entend point de bruit, et l'on en conclut que tout va bien... »

XXII

Paris, 6 novembre 1786. — Jefferson à Crèvecœur (*Jefferson's Works*, II, p. 51). Nous n'avons pas l'original.

Comme la lettre n° 18, celle-ci est relative à la valeur du papier-monnaie américain.

---

1. Canton de Bretteville-sur-Laize; arrondissement de Falaise.
2. De la deuxième édition du *Cultivateur américain*.

XXIII

Paris, 8 décembre 1786. — Jefferson. Autographe, signée. En anglais. Inédite. C'est le billet que nous avons cité page 132.

« Cher Monsieur, je viens de terminer la lecture des journaux de New-York et je vous les envoie. Quand vous les aurez finis, je vous serai obligé de me les renvoyer, M. Short ne les ayant pas lus. M. et Mme Marmontel viennent dîner avec moi après-demain (dimanche). J'espère que la bonne comtesse d'Houdetot pourra être libre ce jour-là et qu'elle sera assez aimable pour venir aussi. Nous dînons à trois heures. Je n'ose pas vous inviter vous-même parce qu'une personne (M. P. M.) qui doit venir avec M. Marmontel vous est, je crois, désagréable. Néanmoins, vous êtes le meilleur juge de la question ; vous savez que je serai heureux de vous voir, si la compagnie peut vous plaire. Serez-vous assez bon pour transmettre mon invitation à la comtesse et pour me faire connaître sa réponse ? Bonsoir, à vous bien affectueusement.

« Th. Jefferson. »

XXIV

Paris, 15 janvier 1787. — Jefferson. Autographe, signée. En anglais. (*Jefferson's Works,* tome II, p. 97.)

Il en a été parlé page 133. Il s'agit d'un procédé américain pour fabriquer des roues d'une seule pièce. La réclamation de Jefferson était motivée par une lettre signée L. D. F. insérée le 15 janvier 1787 dans le *Journal de Paris,* et qui attribuait l'invention aux Anglais. On voit que Jefferson n'avait pas perdu de temps. Notre texte, écrit à la hâte, et fourmillant de fautes de tout genre, est, sauf de légères variantes, conforme à la version imprimée.

XXV

Paris, 1787.— JEFFERSON. Autographe, signée. En anglais. Inédite.

« Cher Monsieur, je vous renvoie vos papiers avec bien des remerciements. M. de Chalut[1], qui m'a montré beaucoup de politesse, désirant faire parvenir quelques caisses de tableaux à Charlestown, je lui ai conseillé de les envoyer par le paquebot du Havre à New-York pour être réexpédiées de là à Charlestown. Il me demande un correspondant à New-York auquel on puisse les adresser. Sachant que les hommes qui parlent la même langue et appartiennent à la même nation sont toujours à même de se rendre mutuellement plus de services, je vous demande la permission de les adresser à votre délégué à New-York. Voulez-vous être assez bon pour me donner un mot pour lui, lui demandant de prendre la peine de les recevoir et de les réembarquer. Si vous pouvez m'envoyer ce mot par le retour du porteur, cela obligera beaucoup votre ami et serviteur.

« TH. JEFFERSON. »

XXVI

Bennington[2], *4 avril* 1787. — ETHAN ALLEN à Crèvecœur. Autographe, signée. En anglais.

Il envoie à Crèvecœur l'acte qui le naturalise, lui et ses trois enfants, dans l'État de Vermont. Il le remercie de sa proposition de dresser la carte de l'État ; l'arpentage sera bientôt terminé et lui permettra de commencer ce travail. Il l'informe qu'un district vient d'être incorporé sous le nom de *Devergennes-*

---

1. Probablement M. Chalut de Vérin, maître d'hôtel ordinaire de la Reine. Il y avait aussi un fermier général de ce nom.
2. Vermont.

burgh. Deux townships près du lac Mumframagog ont reçu le nom de *Saint-Johnsbury* et de *Danville*. Considérations sur le climat et les productions du Vermont et sur son accroissement probable. On va fonder un collège pour lequel Crèvecœur a offert un sceau dont on est très reconnaissant. On lui demandera conseil pour les armoiries à mettre sur le grand sceau de l'État. On réclame ses bons offices afin d'obtenir du Roi de France des encouragements et des libéralités pour la fondation du collège. Il envoie son livre théologique intitulé : *Oracle de la raison* [1].

XXVII

Paris, 22 juin 1787. — Comtesse CHARLES DE DAMAS [2] à Crèvecœur en Amérique. Autographe, signée. En anglais.

Elle lui parle très longuement d'Ally et de Louis. Nouvelles politiques. Les travaux de l'assemblée des notables. Détails

---

1. Voir page 139.
2. Marie-Louise-Aglaé Audrault de Langeron, fille de Charles-Claude, marquis de Langeron, lieutenant général, et de Marie-Louise Perrinet du Pezeau. Elle épousa, le 11 avril 1779, Joseph-François-César, comte, puis duc de Damas d'Antigny. C'était une femme aimable et spirituelle qui fut très liée avec M^{mo} d'Houdetot et plus intimement encore avec la belle-sœur de celle-ci, Mme de La Briche. Morellet (*Mémoires*, I, 265) nous la peint, toute nouvelle mariée, prenant part aux fêtes du château de Brienne avec la jeune vicomtesse d'Houdetot. Quelques années plus tard, Laharpe lui adresse une longue pièce de vers. (*Correspondance littéraire* de Laharpe, III, 143.) Au moment du 10 août 1792, Morellet la trouve réfugiée à Epinay (voir chapitre IX). On a donné dans ce chapitre quelques détails sur son arrestation dans la maison de campagne de Gouverneur Morris. *Le Mémorial* (traduction Gandais, II, 497 et suiv.) contient un portrait de cet homme d'Etat, écrit par Mme de Damas au mois de mai 1795. Il ne fut envoyé à Morris que quatre ans plus tard, lorsqu'il fut de retour en Amérique, sur la demande, dit Mme de Damas, d'un ami commun qu'elle désigne par l'initiale J., Charles Lacretelle nous la montre, après sa sortie de prison, retirée à la campagne et exprimant, avec une véhémence un peu exagérée, ses sentiments monarchiques et religieux. (*Dix ans d'épreuves*, page 286.) Lorsqu'il fut arrêté à la suite du 13 vendémiaire an IV (octobre 1795), il reçut mystérieusement dans sa prison une boîte qui semblait contenir des pilules, mais renfer-

sur l'assemblée provinciale du Berri dont fait partie son père, le marquis de Langeron [1].

« Elle avait été établie il y a quelques années ; mais elle sera maintenant animée par l'émulation, la même forme d'administration ayant été adoptée dans tout le royaume [2]. »

Elle prie Crèvecœur de lui envoyer des détails sur la situation politique et civile des États-Unis. Elle donne des nouvelles de Lafayette, qui avait été malade :

« Grâce à Dieu, ce précieux jeune homme vivra pour continuer à être l'honneur et la gloire de son pays, l'amour du vôtre, les délices de ses amis et l'admiration du monde. »

XXVIII

Philadelphie, 9 juillet 1787. — WASHINGTON à Crèvecœur. Autographe, signée. En anglais. Inédite.

---

mait en réalité 20 louis. C'était un envoi de Mme de Damas. Voici le jugement qu'il porte sur elle : « Esprit supérieur, vertus sévères, sentiments généreux qu'elle manifestait souvent avec trop d'éclat, ce qui l'exposait au reproche d'affectation. Elle était plus royaliste que si le Roi eût été à Versailles. » (*Ibid.*, page 357.) — Nous avons cité au chapitre X une lettre qu'elle écrivait à Crèvecœur, en janvier 1798 ; elle y exprime des craintes qui ne furent que trop justifiées ; car elle ne cessa d'être en butte aux persécutions de la police consulaire et impériale. Sa fille Adélaïde-Zéphirine avait épousé, en 1802, Charles-Elzéar-François de Vogué. Elle se maria en secondes noces, en 1812, à Laurent-César comte de Chastellux. Mme de Damas mourut, croyons-nous, en 1806. On lui attribue un ouvrage anonyme, publié en l'an VIII sous le titre de : *Pensées morales*. Malgré des recherches multipliées, il nous a été impossible de le découvrir.

1. Au dire du prince de Montbarey (*Mémoires*, III, 49 et suiv.), sa tournure était un peu pédantesque et méthodique, mais c'était un homme très honorable et très droit, fort ami du progrès. Il était membre de la Société d'agriculture et appréciait beaucoup Crèvecœur. — Il en est encore question dans la lettre de sa fille du 1er août 1789.

2. Quand Necker, reprenant les idées de Turgot, voulut faire l'essai des assemblées provinciales, il choisit le Berri, une des provinces les plus pauvres. Un arrêt du conseil du 12 juillet 1778 y établit la nouvelle organisation. (L. de Lavergne, *Assemblées provinciales*, page 18.) Le marquis de Langeron représenta le Berri à l'assemblée des notables avec le duc de Charost, l'évêque de Nevers et le maire de Bourges. (*Ibid.*, page 66.)

Il le remercie de la lettre et des trois volumes des *Lettres d'un cultivateur américain* qui lui sont parvenus par l'intermédiaire du commodore Paul Jones. Il profitera très volontiers de l'entremise de Crèvecœur pour correspondre avec son « bon et très estimé ami, le marquis de Lafayette, dont les services et le zèle pour la cause de ce pays méritent si bien les applaudissements de ses concitoyens, comme ils attirent l'admiration du reste des hommes ».

XXIX

New-York, 17 juillet 1787. — PAUL JONES[1] à Crèvecœur, à Boston. Autographe et signée. En anglais.

Il vient de revenir de Philadelphie en compagnie du général Saint-Claire.

« J'ai le plaisir de vous faire mes compliments d'avoir été nommé (à ma demande) par le Président pour être élu membre de la Société philosophique américaine... Je serai très reconnaissant de vos lettres d'introduction pour le duc d'Harcourt et quelques autres personnages de votre connaissance qui peuvent éprouver de l'intérêt pour mon caractère et m'honorer de leur estime. »

XXX

Boston, 27 juillet 1787. — CRÈVECŒUR au duc d'Harcourt. Publiée par M. Hippeau, *Gouvernement de Normandie*, t. III, p. 137.

Lettre très longue et très intéressante sur la politique intérieure et extérieure des États-Unis, sur la nécessité de modifier la constitution. Une convention actuellement réunie s'occupe de cette question vitale. Il est impossible encore de

---

1. Voir page 139.

prévoir quel sera le résultat de la délibération. Détails élogieux sur l'organisation des milices. Le général Washington vient de passer en revue celle de Philadelphie ; l'enthousiasme public avait été si grand que Washington, très ému, eut de la peine à ordonner les manœuvres, et s'en acquitta d'une manière assez imparfaite. Détails sur l'État de Vermont, sa situation particulière, ses progrès.

« En 1764, j'ai traversé tout ce pays avec les sauvages, qui alors en étaient les seuls habitants. »

« On commence à revenir ici du délire qui après la paix s'était emparé de tous les esprits ; ils commencent à sentir que ce n'est pas le commerce avec l'Angleterre qui les enrichira, mais l'industrie nationale, la perfection de tout ce qu'ils exportent et l'introduction des manufactures les plus convenables à leur climat et au génie des habitants, l'introduction des marchandises françaises qu'ils peuvent payer en huiles, en potasses, en tabacs et en riz, etc. La nécessité, les malheurs, la fuite des espèces qui s'écoulaient sans cesse pour payer les marchandises anglaises, tout a contribué à ouvrir leurs yeux. Les pêches nationales sur le banc de Terre-Neuve et celle de la baleine ont été encouragées par des primes considérables, et cette année elles ont été singulièrement heureuses. La culture du lin a été beaucoup augmentée, les salaisons perfectionnées et plusieurs cargaisons envoyées aux Indes, où elles ont été rapidement achetées. De toutes parts leurs ouvrages de fer, leurs forges et fournaises sont mises en activité, et, avec une ingénuité qui leur est particulière, on les voit parcourir toutes les îles et le continent, pour y acheter les mortiers, canons hors de service et tout ce qui est vieux fer, les apporter ici et les convertir à peu de frais en fer en barres d'une excellente qualité... »

Il entre ensuite dans des détails sur le commerce des Indes, sur la création prochaine d'une grande fabrique de verre, etc., sur la navigation de l'Ohio, sur les canaux. La lettre tout entière est pleine d'intérêt.

XXXI

Paris, 6 août 1787. — WILLIAM SHORT[1] à Crèvecœur. Autographe, signée. En anglais.

« Les choses paraissent toucher en ce moment à une crise importante dans plusieurs parties de l'Europe, et particulièrement en France. »

Il parle du lit de justice qui a eu lieu ce jour même à Versailles pour l'enregistrement de l'acte du timbre :

« Le Parlement s'est fait beaucoup d'honneur par sa fermeté et son énergie dans cette opposition...

« M. Dupaty a triomphé dans la cause des trois roués[2]... »

XXXII

Paris, 6 août 1787. — JEFFERSON à Crèvecœur. Autographe et signée. En anglais. (Publiée dans les *Works*.)

Il parle aussi du lit de justice :

« Votre nation marche vers un changement de constitution ; les jeunes le désirent ; les gens d'âge moyen n'y sont pas contraires ; seuls, les vieillards y sont opposés. Ils mourront. Les assemblées provinciales traceront le plan, et la nation l'aura bien vite mûri et exécuté. »

XXXIII

Boston, le 29 août 1787. CRÈVECŒUR au duc d'Harcourt. (Hippeau, *Gouvernement de Normandie*, III.)

---

1. Secrétaire de la légation américaine à Paris.
2. Mercier Dupaty, magistrat connu par des ouvrages de littérature et de jurisprudence, avait publié un mémoire en faveur de trois malheureux condamnés au supplice de la roue. Il parvint à les sauver. (Voir les *Biographies*.)

Cette lettre plusieurs fois citée au chapitre VIII débute ainsi :

« Les Américains, gênés comme ils le sont dans leurs travaux, retardés dans leurs entreprises par la rareté des hommes et la cherté de la main-d'œuvre qui en est la conséquence, sont sans cesse obligés d'avoir recours à une foule d'expédients, ainsi qu'à l'usage de machines soit européennes, soit de leur invention : de là leur goût et le progrès journalier qu'ils font dans la mécanique.

« S'il y avait eu en France une société chargée d'encourager, de récompenser, et surtout de propager la découverte et l'usage des machines les plus ingénieuses et les plus utiles, j'aurais regardé comme une partie de mon devoir d'avoir fait faire les modèles de celles que je crois particulières à ce pays et de les avoir transmises à ce corps. »

Il fait parvenir à son correspondant le modèle d'une sorte de boîte analogue à celles dont on se sert aujourd'hui pour les essieux de voitures. Celle qu'envoie Crèvecœur s'applique aux poulies, mais on se sert, dit-il, pour les voitures d'un modèle fondé sur le même principe. Il donne toutes les explications nécessaires pour l'application.

Il donne aussi des détails sur une machine américaine à fabriquer des cardes. Le consul général d'Angleterre a été chargé d'en acheter plusieurs.

Crèvecœur regrette de n'avoir pu, faute d'argent et en l'absence d'instructions, introduire en France cette invention utile.

Depuis 1783 il s'efforce de faire connaître les principes d'architecture navale de Peck, auquel les ambassadeurs d'Espagne et de Hollande viennent de commander des vaisseaux. Il n'a pu obtenir du Ministre l'autorisation de faire construire une corvette par cet ingénieur[1].

Long et intéressant récit de la réception faite par les habi-

---

1. Pages 103 et 159.

tants et les autorités de Boston à l'escadre française commandée par le vicomte de Beaumont. Il ajoute :

« La présence d'escadres françaises tantôt ici, tantôt à New-Port, à New-York, etc., aurait l'influence la plus heureuse sous un grand nombre de rapports... [1]. »

Il parle ensuite du retard du paquebot qui a dû partir du Havre soixante-quatre jours auparavant et craint que le service ne soit sinon supprimé, du moins suspendu, comme le lui a assuré le vicomte de Beaumont.

« Quelque justes que soient les réclamations qu'on a faites contre les paquebots destinés pour les Indes et les îles, je suis persuadé que ceux de l'Amérique septentrionale ne nuisent à personne ; ils ont subsisté depuis 1783, et, si on avait voulu suivre le premier projet que j'avais présenté à M. le maréchal de Castries dans toute sa simplicité, ces six vaisseaux n'auraient pas coûté plus de 300,000 livres par an.

« ... Si j'étais à New-York, j'aurais pris la liberté de mettre sous vos yeux la copie du premier plan que je donnai au ministre en 1783 et qu'il approuva... Si ces vaisseaux cessent de venir à New-York, il n'existera plus de correspondance entre les deux pays ; car on ne voit ici que rarement des vaisseaux français [2]... »

XXXIV

Boston, 1787. Crèvecœur à Cadet de Vaux. Minute.

Il lui envoie quelques notes : 1º deux remèdes contre le cancer usités dans le Maryland et le Massachusetts ; 3º une

---

[1]. En 1788, lorsque la guerre fut sur le point d'éclater entre la France et l'Angleterre, notre ministre aux Etats-Unis, le comte de Moustier, rappelait à son gouvernement cette réception cordiale et demandait que l'on fît régulièrement hiverner une de nos escadres dans les ports américains, ce qui aurait un intérêt considérable en cas d'une guerre subite avec l'Angleterre.

[2]. Voir les pages 99 et 100 et la note sur les paquebots.

autre sur la création à Philadelphie d'une académie destinée à instruire les jeunes filles ; 4° divers renseignements sur l'industrie et la colonisation.

XXXV

Bennington, 27 août 1787. ETHAN ALLEN à Crèvecœur. Autographe, signée. En anglais.

« Je m'imagine que la confusion des États-Unis a augmenté au delà de votre attente... j'ai toujours craint que le gouvernement fédéral ne fût que de courte durée... treize têtes indépendantes et un gouvernement qui les unit, c'est un monstre politique, et les monstres sont toujours de courte durée [1]...

XXXVI

Varennes, 24 octobre 1787. La comtesse CHARLES DE DAMAS à Crèvecœur. Autographe, signée : C. D. En anglais.

Elle parle des changements survenus dans le ministère. L'archevêque de Toulouse est principal ministre. Le maréchal de Ségur et le maréchal de Castries ont donné leur démission ; la santé de ce dernier n'y est pas étrangère. Sa fistule a nécessité deux opérations infructueuses. M. de La Luzerne, son successeur, est à Saint-Domingue et n'arrivera pas de sitôt.

« La petite écurie du Roi a été supprimée et le duc de Coigny... premier écuyer, est fait pair... Je ne connais pas de dommage qui ne soit compensé par la plus haute dignité de notre royaume [2]. »

---

1. Il s'agit de la situation qui existait avant l'adoption de la nouvelle constitution.
2. Le duc, s'il faut en croire les *Mémoires de Besenval,* n'avait pas pris cette suppression aussi philosophiquement. « Nous nous sommes véritablement fâchés, le duc de Coigny et moi, disait le Roi, mais je crois qu'il m'aurait battu que je le lui aurais passé. »

Elle parle de la taxe sur les pensions; elle ne plaint pas les riches, mais les pauvres gens qui perdent une partie de ce qui les fait vivre.

« Les administrations provinciales paraissent réussir et obtiennent l'approbation générale... C'est la seule institution capable de produire... le soulagement des pauvres, l'équitable imposition des taxes et l'ombre de liberté dont il nous est possible de jouir. »

Elle mentionne le mémoire écrit par Calonne pour sa justification. Il y a encore peu de copies.

« Je ne l'ai pas encore lu... Dans les vingt premières pages, j'ai trouvé de si affreuses accusations contre le bon marquis [1], que je n'ai pas pu prendre sur moi d'aller plus loin... Souiller le noble caractère de votre héros est, j'espère, au-dessus de son pouvoir malfaisant... »

XXXVII

Paris, 14 novembre 1787. TARGET à Crèvecœur. Autographe, signée.

Il parle longuement d'un chagrin très vif qu'il vient d'éprouver.

« J'ai à peine lu votre nouveau plan de fédération et je cherche en vain des idées... Si vous attendez quelque chose de moi là-dessus, donnez-moi le temps, car en ce moment je ne puis rien... Livrez-vous à la douce espérance de voir renaître le bonheur dans le pays que vous avez adopté pour seconde patrie, et qui ne courrait pas le risque de le perdre s'il avait conservé des mœurs. Sans cela, mon ami, sans les institutions qui les entretiennent, la prospérité nationale est une chimère plus ou moins brillante. »

---

1. Lafayette.

XXXVIII

Paris, 28 janvier 1788. La comtesse Ch. de Damas à Crèvecœur. Autographe, signée. En anglais [1].

Nouvelles politiques. Les parlements résistent à l'enregistrement des édits. On a ainsi échappé aux taxes fatales du timbre et de l'impôt territorial. Mais au fond le but du Parlement est moins le bien public que le désir de faire échec à l'autorité royale. Les difficultés soulevées contre l'édit des non-catholiques en sont la preuve. Il n'est plus permis maintenant à personne d'émettre un doute contre les idées de tolérance; ce n'est qu'au Parlement qu'on peut feindre de redouter la destruction de la religion.

Le retard apporté à l'enregistrement de cet édit a empêché beaucoup de familles hollandaises, chassées par les troubles de ce pays, de se réfugier en France; elles ont passé en Allemagne. Les États généraux sont le seul remède à nos blessures.

On va faire des modifications au code criminel, « criminel en vérité, puisqu'il a été fait d'après cette horrible maxime qu'il vaut mieux frapper un innocent que de laisser un coupable impuni », et aussi au code civil, qui ne vaut pas mieux.

Nouveau plan d'éducation publique. On divisera la France en universités. A chacune d'elles seront annexés plusieurs collèges soumis, pour l'instruction et la discipline, au contrôle d'un conseil spécial composé de trois membres de l'Académie des sciences et trois de l'Académie des belles-lettres.

XXXIX

Philadelphie, 16 février 1788. — B. Franklin à Crèvecœur. Autographe et signée. En anglais. Inédite.

« Cher Monsieur, j'ai reçu de vous l'été dernier, et j'aurais

---

1. Voir, pages 142 et 143, deux extraits de cette lettre.

dû vous en informer plus tôt, un présent des plus agréables, votre excellent ouvrage. Veuillez en recevoir mes remerciements cordiaux aussi bien que pour la mention honorable que vous avez bien voulu y faire de moi. Le point de vue favorable sous lequel, avec tant d'indulgence, vous avez envisagé notre pays aura, j'en suis persuadé, le bon effet de décider un certain nombre d'Européens distingués à venir et à s'établir parmi nous; et cette acquisition nous serait extrêmement avantageuse. Je vous remercie aussi du soin que vous avez pris du paquet qui m'a été envoyé par M. Short.

« Ci-joint est une lettre pour votre excellente et très aimable amie, Mme de Houdetot. Je l'ai écrite au commencement de l'année dernière, et, vous croyant alors en France, je l'ai envoyée sous une enveloppe à votre adresse. Votre arrivée ici, peu après le départ du navire, me fait craindre que cette lettre n'ait été longtemps retenue, si ce n'est perdue. Je suis avec une grande et sincère estime, etc.

« B. Franklin. »

(Le *post-scriptum*, relatif aux essais de Fitch, a été reproduit *in extenso*, page 153.)

XL

Paris, 19 mars 1788. — W. Short à Crèvecœur. Autographe et signée. En anglais.

Il craint que l'on ne supprime les paquebots entre le Havre et New-York. Celui qui part le 25 de ce mois sera probablement le dernier. On donne comme motif l'énormité de la dépense.

« M. Necker vient de publier un gros volume in-8º de 544 pages [1], pour prouver l'importance des opinions reli-

---

[1]. *De l'importance des opinions religieuses.* Londres et Paris, 1788, in-8º.

gieuses... Pour quelques bonnes choses, il y en a beaucoup de dangereuses et d'alarmantes, et quelques-unes que je ne comprends pas. M. de Valnois[1] a écrit un petit livre qui lui fait plus d'honneur sur la guerre actuelle entre les Turcs et les deux empires... Je lis en ce moment un ouvrage de beaucoup de mérite, par M. Sénac de Meillan, intitulé : *Considérations sur l'esprit et les mœurs*, dans la manière de Labruyère[2]. Je trouve que c'est bien écrit...

« *P.-S.* Le paquebot qui devait être parti de New-York le 23 janvier n'est pas encore arrivé. »

XLI

Mount-Vernon, 5 mai 1788. — WASHINGTON à Crèvecœur. Autographe et signée. En anglais.

Billet relatif à des transmissions de correspondances.

XLII

Paris, 29 mai 1788. — W. SHORT à Crèvecœur. Autographe et signée. En anglais.

« ... On dit que Lecoulteux[3] et un gentleman américain font des propositions au ministre pour envoyer des courriers du Havre à Boston... M. de Warville[4]... sera probablement le porteur de cette lettre... M. Barrett[5] part par le même paquebot que M. de Warville. »

---

1. Volney. Son livre est intitulé : *Considérations sur la guerre des Turcs et de la Russie*. Londres, 1788, in-8°.

2. *L'Année littéraire* (n° 21) osa dire qu'elle ne connaissait pas de meilleur livre depuis Labruyère (M. de Lescure, introduction à l'édition de Poulet Malassis).

3. Lecoulteux de La Norraye. Voir la note sur les paquebots.

4. Brissot.

5. Voir lettre du 31 juillet 1786.

XLIII

Paris, 5 juillet 1788. — W. Short à Crèvecœur. Autographe et signée. En anglais.

La situation en Europe et en France est peu satisfaisante. Longs détails sur la guerre entre la Turquie, la Russie et l'Autriche. En France, il semble impossible de ne pas convoquer les États généraux; il serait plus habile de le faire volontairement que d'attendre d'y être contraint. Annulation des remontrances; peines sévères contre ceux qui en signeraient. Démarche de la noblesse de Bretagne; plusieurs nobles ont signé, quoique l'arrêt du Conseil fût sur la table devant eux.

XLIV

Mount-Vernon, 6 août 1788. — Washington à Crèvecœur. Autographe et signée. En anglais.

Commission : envoi de paquets.

XLV

Paris, 9 août 1788. Jefferson à Crèvecœur. Autographe et signée. En anglais. (Publiée en partie dans les *Jefferson's Works*.)

Réflexions sur la situation en France. Comparaison avec ce qui s'est passé en Hollande. Il ne croit pas se tromper en pensant que le Roi et quelques-uns de ses ministres sont bien disposés pour le parti libéral et préféreront faire de grandes concessions au peuple plutôt que de petites au Parlement. Ils finiront probablement par accorder une constitution tempérée. On promet les États généraux pour l'année prochaine. Jusqu'à leur réunion se présentent deux difficultés : 1° la suspension du cours de la justice; 2° la possibilité d'une banqueroute. Réflexions sur la situation de l'Europe; mais la guerre n'empêchera pas la réunion des États généraux.

(Tout le paragraphe suivant. n'existe pas dans le texte imprimé :)

« Votre amie, la comtesse d'Houdetot, a eu à Sannois une longue maladie; elle était assez bien l'autre jour pour venir à Paris, et elle eut la bonté de passer chez moi, comme je le fis aussi, sans nous trouver l'un l'autre. La duchesse d'Enville est également à la campagne. Vos fils vont bien. Leur maître vante hautement les dispositions et l'application d'Ally et parle plus favorablement des dispositions que de l'application du plus jeune..... »

Ravages de la grêle. Le duc de La Rochefoucauld lui a assuré qu'il était tombé des grêlons de dix livres. Cette grêle est le coup de grâce.

« Le pont de fer de M. Paine a été exposé ici avec un grand succès. On avait encouragé l'idée de l'exécuter en trois arches au jardin du Roi, mais cela ne se fera probablement pas [1]. »

XLVI

Paris, 14 août 1788. — La comtesse CH. DE DAMAS à Crèvecœur. Autographe et signée : C. D. En anglais.

« ... Quant à nous, mon cher Monsieur, nous sommes dans une crise solennelle et effrayante. Il s'agit pour nous d'être soumis à l'esclavage le plus abject ou d'obtenir une part raisonnable de liberté... Nous ne pouvons revenir au régime incertain sous lequel nous étions il y a dix-huit mois.

---

1. Arrivé en France en 1787, Paine avait des recommandations pour Leroi qui le présenta à Buffon. Son projet de pont de fer fut soumis à un comité de l'Académie des sciences, qui donna un avis favorable, mais Paine ne put réussir à le faire exécuter. Il ne fut pas plus heureux en Angleterre. (*Thomas Paine* dans *la Revue britannique* de juin 1860, et Biographies.)

Deux ou trois siècles semblent s'être écoulés depuis lors...
Nous avons réfléchi à nos droits et à nos privilèges naturels;
même l'autorité royale, cette idole si longtemps révérée,
a perdu son aspect terrible...

« Encore huit mois à passer, et nous verrons l'aurore de ce
jour brillant qui succédera à la tristesse et aux calamités. »

XLVII et XLVIII.

Mount-Vernon; 14 et 18 août 1788. — Washington à
Crèvecœur. Deux lettres, en anglais, autographes et signées,
pour prier Crèvecœur de faire parvenir en Europe des lettres
et paquets.

XLIX

Philadelphie, 30 novembre 1788. — Madison [1] à Crèvecœur. Autographe et signée. En anglais.

« Cher Monsieur, j'ai reçu la réponse du général Washington au sujet de la note que vous m'avez adressée. Je ne
puis mieux vous la faire connaître qu'en vous transmettant
ses propres termes :

« Quant au *Sulla* [2], avant que je puisse rendre compte de
« sa culture et de son résultat; il faut que je vous prie d'être
« assez bon pour m'excuser auprès de M. Saint John de ne
« pas lui en avoir accusé réception. Le fait est qu'avant d'avoir
« été informé par vous de la provenance de ces graines, j'igno-
« rais qui me les avait envoyées. C'est dans ma chambre, chez
« M. Morris (où l'on déposait généralement les papiers qui

---

1. James Madison (1758-1836), deux fois président des États-Unis,
en 1809 et en 1813.
2. C'est le sainfoin d'Espagne (*Hedysarum coronarium*), dont on fait
un grand usage en Sicile comme plante fourragère. Crèvecœur avait eu
sans doute connaissance de cette plante par une communication faite à la
Société d'agriculture, le jour de Pâques 1787, par l'abbé Teissier.

« m'étaient adressés), que j'ai trouvé un jour un paquet con-
« tenant les graines en question, sans qu'il y fût joint une
« lettre ou un renseignement qui permît d'en accuser récep-
« tion. Je me souviens avoir reçu de M. Saint John, pendant
« que j'étais à Philadelphie, une lettre écrite en français. Je
« m'en fis traduire le contenu ; mais si le *Sulla* y était men-
« tionné, on négligea de me lire le passage, ou je l'ai oublié.
« Voilà pour ma justification. Je suis fâché d'ajouter que cette
« plante ne réussit pas, peut-être faute de connaître sa na-
« ture, etc. Une partie des graines végéta, mais comme il
« me fut impossible d'en trouver le nom dans aucune des
« classifications botaniques en ma possession, et comme les
« premiers soins que je leur donnai ne paraissaient pas réussir,
« je cessai de m'en occuper. »

« M. Tardiveau[1] m'a remis votre autre note au sujet du
Deed of conveyance, et j'ai pris des mesures pour obtenir les
renseignements nécessaires. Aussitôt que je les aurai, je pren-
drai soin de vous les transmettre.

« Avec grande estime et considération, je suis, cher Monsieur, etc.

« Js MADISON. »

L

1788 (*Sans date*). — MADISON à Crèvecœur. Note autographe, non signée. En anglais.

« M. Madison présente ses compliments à M. Saint John
et lui donne l'embarras d'une autre lettre pour M. Jefferson. »

Il répond ensuite à plusieurs demandes de renseignements
que lui avait adressées Crèvecœur : 1° sur la manière de se

---

1. Nous possédons douze lettres de ce personnage, sur lequel nous
n'avons du reste aucun renseignement. Elles donnent quelques informations intéressantes sur les établissements de Kentucky, de Cumberland, etc.

procurer des pommiers sauvages (*crabtrees*) du Potomack et de James-River ; 2° sur différentes questions géographiques.

LI

28 *août* 1788. — Target à Crèvecœur. Autographe et signée.

« ... Jamais, mon bon ami, nous n'avons été plus près et plus loin d'une heureuse révolution ; plus près, par les lois de la nécessité, et plus loin, par nos mœurs qui, selon ma prévoyance et mes craintes, ne nous permettront pas de profiter de circonstances bien rares et bien singulières...

« Cet établissement que vous avez eu tant de peine à former, il n'existe plus ; nous n'avons plus de paquebots. C'est que rien de ce qui réussit dans les nations ordonnées ne convient à la nôtre... Nous imputons aux choses les vices qui ne sont que dans notre caractère, et nous blâmons ce qui serait bon partout ailleurs, comme si l'expérience nous avait éclairés, tandis que nous ne sommes éclairés en effet que sur les défauts qui nous sont propres...

« J'ai reçu le diplôme de citoyenneté de New-Haven [1], j'en suis très reconnaissant. Voulez-vous bien, mon cher ami, faire parvenir à M. Roger Sherman l'expression des sentiments que cette faveur m'inspire. »

LII

New-York, 20 *mars* 1789. — Crèvecœur à la comtesse d'Houdetot. Minute.

C'est la seule lettre qui nous ait été conservée de la correspondance très suivie que Crèvecœur entretenait avec

---

1. Voir page 112. Le diplôme était daté de 1784, il avait donc mis près de quatre ans à parvenir à Target.

Mme d'Houdetot. Elle porte le numéro 49 et ne comprend pas moins de vingt pages in-quarto d'une écriture serrée.

Considérations générales sur le caractère des Américains et leur disposition au commerce et à l'industrie. Les toiles du Connecticut ; origine de cette fabrication. Les vers à soie et les mûriers du district de Manchester. Digression sur les chartes d'incorporation. Les habitants de Manchester en ont obtenu une pour établir à frais communs une fabrique destinée à utiliser la soie qu'ils produisent. A Hartford, on a créé, en 1788, d'après les mêmes principes, une manufacture de laine, et cette année les habitants d'York et de Carlisle en Pensylvanie se réunissent pour fonder une fabrique d'étoffes de coton. Texte des statuts de cette dernière association.

Détails sur la pêche du saumon et de l'alose dans la rivière de Connecticut.

« On m'a dit dernièrement que M. Mazzei[1], Italien qui a habité la Virginie pendant quelques années, après avoir employé deux ou trois volumes à critiquer de la manière la plus indécente et la plus amère les abbés Raynal et de Mably, avait aussi fait l'honneur au cultivateur américain de l'associer à ces deux messieurs, avec cette différence cependant qu'il l'avait traité comme les grands traitent les petits, comme les forts en usent avec les faibles, et que, par conséquent, trois à quatre pages lui avaient suffi. Il est difficile de plaire à tout le monde. S'il avait quitté le canton de l'État qu'il habitait, et que, comme moi, il eût parcouru les frontières et l'intérieur de ces États, particulièrement ceux du nord, il y aurait cependant vu les scènes que j'ai décrites et que je ne me suis amusé à tracer qu'à cause de la vive impression qu'elles avaient faite sur mon esprit : car auparavant je n'avais jamais pensé à griffonner que quelques mauvaises lettres. Et ne serait-il permis qu'aux grands penseurs, aux beaux diseurs, d'exprimer leurs sentiments ? Au surplus, vous savez, chère comtesse, comment et par quel hasard je suis devenu auteur. Je n'ai jamais eu la vanité de me croire écrivain, et je sais qu'il y a

---

1. Voir pages 51 et 132.

dans ce malheureux livre presque autant de fautes que de lignes ; mais, tel qu'il est, je ne dois ce qu'il contient qu'à l'impulsion instinctive dont je me suis quelquefois senti pénétré...

« Si vous vous rappelez la dernière lettre que j'ai eu l'honneur de vous écrire, vous avez dû voir sous quelles couleurs différentes les Européens voyageurs voyaient ce pays. Et pourquoi me serait-il défendu de le voir à ma manière?... Si le cultivateur américain n'est ni un grand penseur ni un écrivain correct,... il a un avantage bien supérieur à toute la stérile (*en blanc dans la lettre*) du sieur Mazzei, c'est celui d'avoir, dès l'année 1783, prêché dans les gazettes de ce pays sous la signature d'Agricola ; d'avoir fait connaître et enfin d'y avoir introduit le sainfoin, la luzerne, les vêches, le vignon, et depuis deux ans la racine de disette [1], qu'on commence à cultiver dans plusieurs États.

« Quant à ce que M. Mazzei dit de l'histoire du nègre de la Caroline [2], qu'il assure avoir été soustraite de la seconde édition, crainte que l'imposture ne fût découverte, il se trompe grossièrement, très grossièrement même. Je l'ai ôtée non parce qu'elle n'a jamais existé, mais parce que, depuis la Révolution, les chaînes de l'esclavage sont un peu allégées.

« Parcourez, si vous en avez le temps, tous les écrits que

---

1. *Vêches* : forme ancienne du mot vesces ; *Vignon* : ajonc ; *Disette* : betterave.

2. Dans un ouvrage publié à Paris en 1788, sous le titre de : *Recherches historiques et politiques sur les États-Unis de l'Amérique septentrionale, par un citoyen de Virginie*, 4 vol. in-8°, Mazzei s'exprimait ainsi en parlant de Crèvecœur : « Sa simplicité lui a fait croire peut-être trop facilement l'anecdote horrible du nègre de la Caroline (en note : cette fable n'a point reparu dans la nouvelle édition). On n'a pu trouver dans la Caroline un seul habitant qui ne la regardât comme une invention gratuite (tome I, page 101). » L'ouvrage tout entier, du reste, est rempli de remarques malveillantes sur les *Lettres d'un cultivateur*, notamment en ce qui concerne les quakers que Mazzei traite fort mal. Nous avons dans la *Bibliographie* parlé de la méprise étrange dans laquelle est tombé, à propos de Mazzei, un écrivain qui, lui aussi, est assez hostile à Crèvecœur : Bayard, auteur d'un *Voyage dans l'intérieur des États-Unis*.

la Société de Paris pour l'émancipation[1] a dû faire traduire et publier, et vous verrez si cette scène est improbable. Il n'y a pas encore trois ans que Mgr le maréchal de Castries me fit voir une lettre de Saint-Domingue dans laquelle on lui décrivait le supplice affreux auquel un nègre de cette colonie avait été condamné : après avoir fait chauffer un four, le propriétaire de ce malheureux le fit garrotter et jeter au milieu des flammes[2]... »

LIII

Mount-Vernon, 10 avril 1789. — WASHINGTON à Crèvecœur. Signée. En anglais. (A été publiée dans les *Life and Writings of Washington*, tome IX, p. 490.)

C'est une des nombreuses réponses, toutes différentes dans les termes, que Washington écrivit aux personnes qui le félicitaient de sa nomination à la présidence. Nous en donnons la traduction que Crèvecœur a insérée dans son *Voyage en Pensylvanie* (tome I, p. 309, note).

« Monsieur, j'ai eu l'honneur de recevoir par le dernier courrier votre très aimable lettre, et je vous prie de recevoir mes plus chaleureux remerciements pour les félicitations et les bons souhaits que vous m'adressez.

« Une combinaison de circonstances, un enchaînement d'événements que j'étais bien loin de prévoir, ont rendu indispensable la nécessité où je me trouve de m'embarquer une

---

1. La Société des amis des noirs, sœur de celle fondée à Londres par Granville Sharp en 1787, avait été établie en février 1788, par Brissot et Clavière. On y vit figurer Mirabeau, Lafayette, Bergasse, le duc de La Rochefoucauld, Lacépède, Volney, de Tracy, Lavoisier, Pastoret, Condorcet, Sieyès, Grégoire, Péthion, etc. — Crèvecœur n'était pas en France au moment de la fondation de la Société, mais, d'après les *Mémoires de Brissot*, il était inscrit parmi les adhérents. (Édition originale, IV, 88, note.)
2. On trouve ce fait dans les *Mémoires du comte Louis-Philippe de Ségur* (3e édition, I, 467). Ségur était le fils du maréchal de Ségur, ministre de la Guerre, collègue et ami du maréchal de Castries.

seconde fois sur la mer orageuse des affaires publiques. Je n'ai pas besoin de vous dire combien cette résolution contrarie mes désirs et mes inclinations. Tous ceux qui me connaissent en sont, je l'espère, intimement convaincus. Si j'accepte la présidence des États-Unis, c'est avec les intentions les plus pures; j'en appelle au grand scrutateur des cœurs, et, si je me connais bien, je puis affirmer qu'aucune vue d'avenir, si flatteuse qu'elle puisse être, qu'aucun avantage personnel, quelque grand qu'il soit, qu'aucun désir de renommée, si aisément qu'il puisse être satisfait, n'auraient pu me décider, à mon âge et dans ma situation, à renoncer à la tranquillité de la vie privée. Mais si mes efforts et mes services peuvent être utiles à mon pays, je me trouverai plus récompensé des sacrifices que je fais que de toute autre manière. »

(Le paragraphe suivant ne figure pas dans la traduction de Crèvecœur :)

« Je suis vraiment heureux de voir, par les traductions que vous avez la bonté de m'envoyer, qu'il se produit un changement si profond dans les opinions politiques de la nation française. Il semble que la Révolution américaine ou la lumière propre à ce siècle aient ouvert les yeux à presque tous les peuples de l'Europe ; l'esprit de liberté gagne partout du terrain, ce qui est un véritable motif de joie pour tous les amis de l'humanité.

« J'ai l'honneur...

« G. WASHINGTON. »

LIV

Paris, 20 mai 1789. — JEFFERSON à Crèvecœur. Autographe et signée. En anglais. (Publiée dans les *Jefferson's complete Works*.)

Il envoie sa lettre par Londres, car il ne « songe jamais à envoyer des *nouvelles* par la circumnavigation du paquebot de Bordeaux ».

Il parle des États généraux.

« J'étais présent à cette auguste cérémonie ; s'il y avait eu des lampes et des chandelles, ç'aurait été au moins aussi brillant que l'Opéra.

« Jusqu'à présent vos affaires ont marché ici avec un calme et une rapidité sans exemple. Dans ce moment, il y a pourtant un temps d'arrêt. La grande question préliminaire de savoir si le vote aura lieu par ordre ou par tête pourrait amener une scission. Elle n'a pas encore été présentée formellement, mais les votes émis par les Chambres séparées, sur les questions subsidiaires, nous permettent de voir assez clairement la force des partis. »

Ici Jefferson suppute le nombre des voix.

« Tout le monde se demande comment on surmontera cette difficulté. Beaucoup s'effrayent, croient que tout est perdu et que la nation, en présence de l'insuccès de cette tentative, se livrera elle-même à un despotisme dix fois plus fort. — C'est de la lâcheté. — D'autres voudraient que les membres des états retournassent demander de nouvelles instructions à leurs commettants. — Ce serait inutile. — Ils savent qu'ils recevraient encore le même mandat, et puis, quelque événement du dedans ou du dehors ne pourrait-il pas leur ravir cette tâche glorieuse ? Il est une autre hypothèse que je développerai parce que je l'aime et que j'en désire la réalisation. Ce serait qu'aussitôt qu'il sera avéré que les comités de conciliation, maintenant désignés par les trois Chambres, sont dans l'impossibilité de s'entendre, le tiers invite les deux autres ordres à venir prendre leur siège dans la chambre commune. La majorité du clergé et la minorité des nobles se rendra à l'invitation. La Chambre ainsi composée déclarera que les États généraux sont actuellement constitués ; elle le notifiera au Roi et proposera de commencer les délibérations. Il y a lieu d'espérer que le Roi, comprenant les nécessités de la situation, acceptera cette proposition et fera en sorte d'obtenir l'adhésion des membres dissidents de la noblesse et du clergé. Si au contraire il refusait de reconnaître les États généraux ainsi constitués et adoptait les principes de la noblesse, il arriverait peut-être que le tiers proclamerait la suppression des taxes, rédigerait une déclaration des droits et ferait tels autres actes que nécessiteraient les circonstances... La rentrée des impôts pourrait alors éprouver des difficultés et les troupes se trouveraient peut-être en désaccord avec leurs officiers.

« Tout cela pourrait être évité grâce à la combinaison dont il a été question.

« Les essais de conciliation, il est vrai, seront difficiles en ce qui concerne les nobles [1], le tiers paraissant déterminé à briser toutes les barrières de séparation entre les différents ordres pour n'avoir qu'une seule Assemblée.

« J'aurais tardé quelques jours à vous écrire dans l'espoir de vous faire connaître le dénouement... mais j'attends mon congé d'heure en heure... [2] »

LV

Besançon, 1er août 1789. — La comtesse DE DAMAS à Crèvecœur. Autographe, signée : C. D.

« Depuis six mois que je suis à Besançon... j'ai toujours attendu qu'un ordre de choses stable et prospère me permît de vous annoncer le bonheur de la France ; la crise dure encore ; et, quoique tout annonce le règne de la liberté, il faut encore du temps pour consolider le grand édifice qui s'élève...

---

1. Le texte anglais imprimé porte *orders* au lieu de *nobles* qui est dans l'original.
2. Nous avons cru devoir donner d'assez longs extraits de cette lettre, la plus intéressante de toutes celles que Jefferson a écrites à Crèvecœur. Elle montre la liaison intime du ministre d'Amérique avec les libéraux français et sa parfaite connaissance de leurs projets ; mais l'homme qui osait écrire, en 1787 : « L'arbre de la liberté a besoin d'être rafraîchi quelquefois dans le sang des tyrans et des patriotes » (lettre à Madison, du 30 janvier 1787, à propos de l'insurrection du Massachusetts), était certes plus avancé et voyait plus loin que l'immense majorité des réformateurs de 89. M. de Witt, auquel nous empruntons cette citation typique, apprécie d'une façon très intéressante l'ensemble des jugements de Jefferson sur la Révolution française, dans les lettres qu'il adressait à ses nombreux correspondants.

« Ne pouvant vous parler à mon aise des événements publics, je veux vous mettre au courant de ceux de notre province, pour laquelle je vous donnerai de l'intérêt en vous disant que mon père y est adoré [1]...

« Nous avons eu, comme dans presque tout le royaume, une révolte pour les blés... Mon père allait à pied dans les rues où le tumulte était le plus effrayant; je l'y ai suivi plusieurs fois, et j'ai vu avec surprise que les meneurs se calmaient par sa seule présence et suspendaient le pillage pour crier : « Vive « Langeron. » Tout a été apaisé sans une goutte de sang répandu... »

Mme de Damas raconte ensuite la formation à Besançon d'une milice nationale et l'enthousiasme de la population.

« Ces transports ont été obscurcis par les malheurs arrivés dans l'intérieur de la province. Tout à coup, une espèce de fureur s'est emparée des paysans; ils se sont jetés sur les châteaux des seigneurs, les ont dévastés, pillés, ont brisé les portes et les fenêtres et en ont démoli plusieurs, ont ouvert et vidé les caves, et surtout se sont emparés de tous les titres et papiers pour les brûler. On n'a pas l'idée d'une semblable désolation...

« A force de soins et de sages mesures, le calme semble vouloir se rétablir; il est temps, ou nous tomberions tout à fait dans les horreurs d'une guerre civile...

« Je joins ici une cocarde nationale, telle que le Roi la porte, ainsi que tous les individus de son royaume, sans exception et sans distinction de rang, d'âge, de profession, ni d'opinion. Comme Français, j'espère que vous consentirez à la porter et que vous unirez vos vœux aux nôtres pour que ce signe de la confraternité soit bientôt celui de la paix, du bonheur et de la liberté... »

---

1. Le marquis de Langeron était commandant militaire à Besançon. M. Taine cite les rapports adressés par lui au gouvernement à l'occasion des troubles dont il est question ici. (*Origines de la France contemporaine*, I, 520.)

LVI

Philadelphie, 2 septembre 1789. — Fisher (Miers)[1] à Crèvecœur. Autographe, signée. En anglais.

Crèvecœur lui avait écrit au sujet d'une caisse envoyée par Brissot et contenant treize exemplaires de son *Plan de conduite pour les députés du peuple*[2]. Fisher répond qu'il a en effet reçu une lettre de Brissot, du 21 mai, lui annonçant l'envoi de la caisse avec une liste des personnes à qui les livres sont destinés, et en tête desquelles se trouve Crèvecœur[3]; mais la caisse a été égarée. Il donne ensuite de longs détails sur la fabrication du papier. Il a lui-même une usine, et Brissot lui a envoyé de New-York le livre de Delille[4]; mais on est peu disposé à faire des expériences, vu l'abondance des chiffons. Il se félicite d'être en relations avec Crèvecœur et lui promet des détails sur les manufactures américaines.

LVII

Paris, 23 septembre 1789. — W. Short à Crèvecœur. Autographe et signée. En anglais.

---

1. C'était un quaker appartenant à une maison de commerce sous la raison sociale : Thomas Samuel et Miers Fisher. Brissot en parle de la façon la plus favorable. (*Mémoires*, III, 41; et *Voyage.*)
2. *Mémoires de Brissot*, édition Lescure, page 439.
3. N'est-ce pas une preuve de plus des bonnes relations que Brissot entretenait avec Crèvecœur, malgré les prétendus sujets de plaintes dont il parle dans ses mémoires?
4. Delille avait fait des essais de fabrication de papier avec différents végétaux. C'est à lui, dit Brissot, que la manufacture de Montargis est redevable d'une grande partie de sa réputation. (*De la France et des États-Unis*, 1787, page 156, note.) On trouve dans un almanach de 1787, cité par Lefeuve (*Rues de Paris*, II, 330), l'annonce d' « un papier fait avec des plantes, écorces et végétaux, inventé par le sieur Levrier Delisle. Volume in-12, imprimé sur ce papier, prix 7 livres 4 sols, chez le sieur Hardouin, libraire (Palais-Royal, arcade n° 16) ».

Il a vu la veille Mme d'Houdetot, au Salon du Louvre, où elle se trouvait avec les fils de Crèvecœur.

« L'exposition de peinture fait honneur à l'époque et montre qu'un goût plus correct gagne dans l'école française. C'est un repos pour les personnes que l'âge ou le sexe empêchent de prendre une part active à la Révolution ; c'est une diversion aux appréhensions sans fondement que crée trop souvent leur imagination.

« De ce nombre est la bonne et aimable comtesse. Ses désirs pour le succès de la Révolution, pour la paix et la tranquillité sont si ardents qu'ils ressemblent beaucoup à la crainte. Ses alarmes sont une conséquence nécessaire de la bonté de son cœur et de la faiblesse de ses nerfs. »

Short ne croit pas ces alarmes fondées. La guerre civile lui paraît improbable; s'il survient quelques troubles, ils ne se généraliseront pas. Ce qui lui semble le plus dangereux, c'est le manque de pain ; c'est là ce qui pourrait amener l'effusion du sang. A Paris, on n'a pas un jour de pain assuré d'avance.

LVIII

Philadelphie, 17 novembre 1789. — FISHER (Miers) à Crèvecœur. Autographe, signée. En anglais.

Il a reçu un échantillon, envoyé par Crèvecœur, de papier fabriqué dans le Connecticut. C'est un papier grossier qu'il est inutile d'imiter. On ne manque pas de chiffons sans valeur pour fabriquer des qualités équivalentes. Il y a en Pensylvanie plus de quarante moulins à papier qui produisent annuellement environ cent mille rames.

Un certain Reading Howill a entrepris une carte de la Pensylvanie. Elle est presque terminée, et bientôt en état d'être gravée. Ce sera probablement la plus correcte de toutes celles publiées en Amérique. Conformément au désir de Crèvecœur, on l'a inscrit au nombre des souscripteurs. F. Dupont [1], le beau-

---

1. Voir page 181.

frère de Brissot, a procuré à Fisher les *Lettres d'un cultivateur américain*. Il les lit avec un intérêt toujours croissant. Il vient d'écrire à Brissot, l'ami Warville, comme il l'appelle toujours.

LIX

Paris, 4 juillet 1790. — W. SHORT à Crèvecœur. Autographe, signée. En anglais.

Il félicite Crèvecœur (alors à Caen) de son retour en France. Il est très impatient de savoir quelles sont les dispositions du gouvernement américain au sujet de la nomination d'un nouveau ministre des États-Unis à Paris. Sa position personnelle est en jeu.

« Je me considérais comme fixé à Paris pour quelques années, et je le désirais réellement, entre autres raisons, à cause des scènes intéressantes qui chaque jour se passent devant mes yeux... et dont j'espérais voir le dénouement... Je voudrais que vos compatriotes législateurs prissent de vous, qui connaissez l'Amérique, des leçons sur la manière de faire une révolution et de décréter une constitution : car ce sont deux choses qui doivent se faire d'une façon très différente. L'expérience nous l'a montré, et j'espère que ce pays l'apprendra sans que l'expérience lui coûte trop cher. »

LX

Paris, 1er *octobre* 1790. — La comtesse DE DAMAS à Crèvecœur. Autographe, signée. En anglais.

« On n'a ici qu'une seule préoccupation, qu'un seul sujet de conversation... On est toujours sous le coup de la crainte trop bien fondée de quelque nouvelle commotion... Néanmoins, je suis très heureuse que mon père n'ait jamais eu la moindre idée de quitter la France, et je ne l'en admire que plus : car je regarde comme un devoir de suivre le sort de son pays, d'y rester aussi longtemps qu'il y a une bonne action à faire, et de supporter avec la nation entière des peines et des difficultés qui ne peuvent être qu'aggravées par le départ de tant de personnes. D'ailleurs, comment peuvent-ils supporter le dédain que témoignent les étrangers en parlant de nous? Se joignent-ils à ceux qui injurient la France, ou bien cherchent-ils à excuser des faits et des intentions qu'il est impossible d'approuver? Non, Monsieur, je ne pense pas qu'il y ait moyen en ce moment de se conduire avec dignité et sincérité dans un pays étranger. Je ne voudrais donc pas quitter la France pour tout au monde, fussé-je convaincue qu'il y a quelque danger à courir... »

Ici Mme de Damas s'étend longuement sur la situation politique.

« ... Mais comment puis-je parler si longtemps de l'état effrayant des esprits sans mentionner le nom de ce généreux jeune homme[1] qui a réussi à empêcher qu'il ne devînt la cause de notre perte? J'ai passé une agréable soirée avec lui avant-hier et lui ai ouvert mon cœur tout entier... Je lui ai fait connaître tout ce qu'on dit, même les calomnies de ses ennemis. Mais, pour qui n'est ni prévenu ni aveugle, est-il possible de concevoir une prudence aussi consommée, un caractère aussi calme, que les circonstances les plus horribles et les plus difficiles ne peuvent altérer? Quand ce ne serait que pour lui, je désirerais le succès de cette révolution : car le bonheur et la liberté de son pays peuvent seuls le récompenser des difficultés inouïes qu'il a traversées pendant ces quinze mois. Mais quand seront-elles finies? Dieu seul peut le dire...

« J'ose dire que vous êtes probablement effrayé de venir à Paris... Je puis vous donner ma parole qu'aussi longtemps que notre héros commandera ici, les honnêtes gens seront en sûreté...

---

1. Lafayette.

« Je pense qu'il serait utile, même nécessaire pour vous, de voir cet excellent marquis... »

LXI

Eaubonne, 26 août 1794. — M. DE JOGUET à Crèvecœur. Autographe et signée.

Il a reçu une lettre de Crèvecœur en allant dîner chez sa bonne voisine d'Émile [1]. Après quelques réflexions sur l'état d'où l'on vient de sortir, il se réjouit sincèrement de ses souffrances dernières (il sortait de prison), puisqu'il a coopéré « pour son 300,000e à dessiller les yeux sur les excès de la nouvelle tyrannie ». Il parle du neveu de Lavater, etc... (Cette partie de la lettre a été analysée au chap. IX.)

LXII

Pierrepont, 29 juillet 1795. — De CRÈVECŒUR (Guillaume-Augustin) à Crèvecœur son fils. Autographe.

« ... Si vous pouvez me procurer une demi-pièce de vin, il n'y en a point à Caen ni ailleurs dans la province. La vie est très chère ici ; la viande vaut 5 et 6 livres la livre, la chandelle 30 livres, le blé 500 livres le boisseau [2]. »

LXIII

Pierrepont, 23 décembre 1795. — De CRÈVECŒUR (G.-A.) au même.

« La chandelle est plus rare et plus chère, valant 150 livres la livre... Tout le monde meurt de faim... Ma commune

---

[1]. Nom républicain de Montmorency (décret du 7 brumaire an II). Il subsista jusqu'en 1813.

[2]. A cette date, 100 livres assignats ne représentaient, à Caen, que 5 livres 2 sols 6 deniers. (Tables de dépréciation.)

est actuellement sans pain... Je me nourris de pain noir. La viande me coûte 40 livres la livre [1]. »

LXIV

Paris, 18 *décembre* 1796. — Otto à Crèvecœur. Autographe, signée.

« ...Les dépenses deviennent si exorbitantes que nous prenons le parti de nous retirer à Lesches vers le commencement de février... Il faut du temps pour faire sortir de l'administration les hommes auxquels j'ai l'honneur de déplaire; ce temps pourra être employé utilement à la campagne. Mon activité naturelle et un sentiment profond du devoir de contribuer à l'entretien de ma famille suppléeront dans les premiers mois à mon défaut d'expérience... Vos conseils nous guideront et vous devez me considérer dès à présent comme votre premier valet de ferme [2]...

« Je suis chargé de vous remercier du plaisir que nous ont donné vos *Hirondelles*, votre *Château* et votre *Lierre*[3]; quand on joint comme vous l'imagination d'un jeune poète à l'expérience d'un philosophe de soixante ans, on devrait toujours avoir la plume à la main. »

LXV

Lesches, 12 *octobre* 1797. — Otto à Crèvecœur. Autographe et signée.

« J'ai reçu, mon cher patron, la quintessence de la *Maison*

---

1. L'assignat de 100 livres ne valait plus que 10 sols 6 deniers.
2. Nous avons donné, pages 212 et 213, des passages de cette lettre que nous ne reproduirons pas ici.
3. Nous avons parlé des *Hirondelles* page 211. Le *Château* et le *Lierre* ont été, croyons-nous, insérés dans le *Voyage en Pensylvanie*, I, 211 et suiv. C'était probablement, dans l'origine, une description des ruines du château de Creully, près de Pierrepont.

rustique que vous m'avez adressée le 3 en forme de lettre. Que de choses précieuses dans les six pages qu'elle renferme !... »

LXVI

Paris, 19 janvier 1798. — La comtesse Ch. DE DAMAS à Crèvecœur. Autographe et signée.

Il en a été donné des extraits page 214.

« Caroline de La Briche[1] est devenue une aimable personne et va bientôt devenir une respectable femme ; son mariage est arrangé et se fera, l'hiver prochain, avec M. Molé, petit-fils du fameux Mathieu Molé... C'est un jeune homme très distingué par la raison, la douceur ; sa tendresse pour sa mère et ses regrets de la mort de son père (égorgé sur l'échafaud) sont des preuves de son bon cœur. *The bridegroom*[2] est déjà fort amoureux. Il trouve Caroline belle comme le jour, pleine d'esprit, de talents, de grâces, etc... Mme.d'Houdetot est de retour ici depuis peu de jours. M. de Saint-Lambert rajeunit ; il est fort sourd, mais du reste aussi bien de corps et d'esprit qu'il pouvait être à cinquante ans... »

LXVII

Sannois, 10 juin 1798. — La comtesse D'HOUDETOT à Ally de Crèvecœur. Autographe et signée.

« J'avais déjà entendu parler de votre prochain mariage[3], mon cher Ally, mais c'est à votre cœur que je voulais parler. Vous ne pouvez douter que je ne sois heureuse de votre bonheur et que votre mariage ne soit le complément des vœux

---

1. Fille de M. La Live de La Briche (frère de la comtesse d'Houdetot) et d'Adélaïde-Edmée Prévost. — Voir pages 72 et 340.
2. Le fiancé.
3. Ally venait d'épouser une demoiselle Mesnage de Cagny.

que j'ai faits pour vous. Vous pouvez assurer l'estimable famille à laquelle vous allez vous allier que j'ose lui dire qu'elle ne pouvait faire un meilleur choix ; qu'accoutumée à lire dans votre âme depuis votre enfance, je n'y ai rien vu qui n'ait dû faire le bonheur de ce qui vous appartient; qu'enfin, l'heureux établissement que vous allez faire est pour moi la récompense des soins que j'ai pris de votre enfance. Je songe aussi à la joie de votre père et de votre grand-père ; car mon affection a suivi les trois générations.

« A présent, mon cher enfant, vous vous occuperez de mon bon Louis, car il me faut aussi le bonheur de celui-là. Quand vous viendrez dans ce pays-ci, amenez-moi votre compagne, que je vous donne ma bénédiction à tous deux...

« Adieu, mon cher Ally, je vous souhaite toute prospérité, le Ciel a béni votre bon cœur et votre bon sens. Tous vos amis d'ici se réjouissent avec moi, et chacun vient *me* faire son compliment. Je vous embrasse, sans en faire d'autre, et même celle qui sera, je crois, votre femme quand vous recevrez cette lettre.

« S. D'HOUDETOT. »

LXVIII

Berlin, 29 août 1798. — OTTO à Crèvecœur. Autographe, signée.

(Il était alors secrétaire de Sieyès, ambassadeur à Berlin.)

« ... Il peut être agréable de voyager partout, mais, croyez-moi, il ne faut *vivre* qu'en France... Berlin est cependant la ville qui jouit de la plus grande réputation dans le Nord. Il y a ici sans doute des hommes d'un grand mérite, mais trop occupés pour être fréquentés. — Notre vieille France surpasse l'Allemagne en tout : productions naturelles, manufactures, arts agréables et même l'agriculture. Si vous pouviez suivre un instant la chétive charrue d'un Brandebourgeois, traînée par des chevaux presque expirants dans une mer de sable, pour produire une paille mince et légère, qu'au moyen d'un microscope on trouve être du seigle, si vous jetiez vos regards sur les instruments aratoires, les chariots, les bêches de bois, vous conviendriez que nos Normands sont des aigles. Je ne suis pas assez injuste pour comparer toute l'Allemagne au Brandebourg ; j'ai traversé les coteaux ravissants de Heidelberg, les riches et fertiles plaines de la Saxe, mais je n'ai pas trouvé que les cultivateurs soient plus avancés que ceux de la France et, certes, ils ne sont pas si heureux.

« Vous seriez étonné, mon bon ami, de vous trouver ici au milieu d'un cercle de Juifs très instruits et de Juives élégantes et coquettes, vous qui vous fâchiez d'être appelé *mein lieber* à Hambourg ; mais il faut que vous sachiez que la colonie juive qui a produit un Mendelssohn est la plus riche, la plus savante et la plus sociable de Berlin et qu'elle renferme telle femme dont vous seriez très aise d'être *mein lieber*.

« Je me plais à trouver partout et à admirer les traces du grand Frédéric à qui ce pays doit tout, jusqu'au pavé des rues de Berlin. Frédéric, l'unique, comme on l'appelle ici, a cela de particulier parmi les grands hommes, qu'il a inspiré plus de vénération à ceux qui le voyaient de plus près... Il n'y a presque pas ici une famille marquante qui ne possède des lettres de sa main sur des affaires courantes. Cet homme qui voyait tout n'avait pas besoin de ministre et, en effet, il n'en a jamais eu.

« Parmi ses institutions peu connues en France, je vous en citerai une qui vous intéressera, c'est la *Caisse des veuves*. Un particulier quelconque se propose de laisser à sa femme, après sa mort, une pension de 2,000 livres. Il porte 2,000 livres à la Caisse et il paye annuellement les intérêts de cette somme. Mais, après sa mort, sa veuve reçoit durant sa vie la somme de 2,000 livres, qui lui est payée au 1er janvier de chaque année. Si elle se remarie, elle ne reçoit que la moitié... »

LXIX

Berlin, 26 octobre 1798. — Otto à Ally de Crèvecœur. Autographe et signée.

Il énumère sur le ton de la plaisanterie tout ce que l'on peut voir à Berlin.

« Peut-être vous montrerai-je aussi de certaines coteries qu'on appelle *ressources*. Ah! que c'est bien autre chose que chez nous! — Ce n'est pas un sabbat éternel où tout le monde parle sans s'entendre. — Les hommes fument majestueusement dans un coin de la salle, et dans l'autre les femmes tricotent sans dire mot. Cette *ressource* dure jusqu'à dix heures du soir et on s'en retourne avec une conscience nette. J'ai encore à vos ordres cinq ou six cours, où l'on voit de beaux princes et de belles princesses qui sont en droit de vous faire mille questions auxquelles il faut répondre sans être préparé. Après avoir bien tourmenté ma pauvre tête pour découvrir un mot qui puisse répondre à tout, j'ai trouvé celui d'*effectivement*, qui me met très à mon aise. « Ce pays est un peu « froid? — *Effectivement*. — Vous avez trouvé beaucoup de « sable? — *Effectivement*. » Cependant, comme il faut ajouter quelquefois une petite modification, *c'est selon* remplit mon objet. « On s'amuse beaucoup plus à Paris qu'ici? — *C'est « selon*, etc., etc. » Quand le catéchisme est fini, j'ai le droit de rester debout pendant trois heures et de m'ennuyer à mon aise, après quoi je me retire toujours content chez moi [1]... »

LXX

Sannois, 26 juin 1799. — La comtesse D'HOUDETOT à Ally de Crèvecœur. Autographe.

La première partie de cette lettre est relative à des affaires d'intérêt se rattachant à une succession à laquelle Mme de Rohan avait aussi des droits.

---

1. Plaçons ici une anecdote qu'Otto raconta plus tard à son beau-père et que celui-ci a conservée dans ses notes. Lorsque le grand maréchal du palais, qui précède toujours le Roi de Prusse, entre dans la salle d'audience, il tient sa canne haute et dit : *Messieurs, le Roi!* Sieyès, à sa première audience, voyant cette cérémonie, dit assez haut pour être entendu de ses voisins : *Oui, le Roi, c'est le bâton!* — On sait quel rôle jouait alors le bâton dans l'armée prussienne.

« Je suis bien fâchée de ne vous avoir pas vu. M. d'H (ou-'detot) va en Normandie malgré les restes d'un catarrhe qui l'a beaucoup fatigué... Il sera bien triste d'y trouver de manque un bon et ancien ami [1]. Adieu, cher Ally, je vais commencer mes (*illisible*) jusqu'en septembre. Je vous embrasse, et votre jolie femme, et Louis, s'il se souvient encore de moi.

LXXI

Berlin, 17 août 1799. — Otto à Crèvecœur. Autographe, signée.

« ... Je crois le jardinage beaucoup plus avancé dans ce pays-ci qu'à Paris... Les serres chaudes sont de la plus grande beauté; on y trouve en janvier des avenues de pêchers et d'abricotiers plantés en pleine terre et couverts de fruits. On s'y promène et on y prend du café, etc. C'est à Frédéric II que l'on doit ces établissements infiniment agréables. Pour encourager les jardiniers, il payait, malgré son extrême économie, un ducat pour chaque cerise qu'on lui présentait en janvier et février...

« Les Prussiens se sont toujours moqués des économistes, de leur impôt unique, de leur produit net, etc., et ils s'en trouvent fort bien. La terre ne paye rien, les maisons ne payent rien, les personnes ne payent rien. Tous les impôts sont indirects. — La Prusse est le seul pays du monde qui ait un code de lois écrit en langue vulgaire. Ce code, très bien fait, n'a que quatre volumes in-octavo qui sont entre les mains de tout le monde. Personne n'a besoin d'un avocat pour savoir ce qu'il doit faire...

« Les administrations sont remplies de gens très instruits, élevés sous le grand Solon prussien. Tout se fait par écrit, et le talent dangereux de la parole est expressément proscrit par les lois. Les rapports et les plaidoyers doivent être simples et courts; l'éloquence en est formellement bannie. Le plus mince particulier peut écrire au Roi pour se plaindre des administra-

---

1. M. de Crèvecœur le père, qui venait de mourir.

teurs, et le Roi y répond sur-le-champ. Le monarque actuel fait son métier ; il n'aime ni la chasse, ni les femmes, ni le jeu. Sa vie ressemble à celle d'un bourgeois aisé.

LXXII

Londres, 6 octobre 1800. — Mme Otto à Crèvecœur.

Elle parle à son père des démarches qu'elle et son mari ont faites pour vendre à un libraire de Londres la traduction du *Voyage en Pensylvanie*.

« Plusieurs libraires témoignèrent un grand empressement à s'en charger, les uns d'après le simple titre de l'ouvrage avec le nom de l'auteur, d'autres après avoir pris lecture des différentes feuilles que nous leur avions confiées. Mais je suis fâchée de te dire qu'ils n'ont pas tardé à changer d'avis, dès qu'ils ont reconnu que ce n'était pas un véritable voyage, mais un ouvrage purement philosophique qui, quoique parfaitement écrit, n'était pas d'un genre qui réussirait dans ce pays... »

LXXIII

Lagrange (Seine-et-Marne), 15 octobre 1800 (5 frimaire an IX). — Le général Lafayette à Crèvecœur. Autographe et signée.

« C'est avec le plus sensible plaisir que je reçois les nouveaux témoignages de votre amitié, cher citoyen. Ceux que vous aviez donnés à ma femme, lors de son passage à Hambourg, me firent éprouver dans ma captivité une bien vive satisfaction ; non que j'aie jamais douté de la constance de vos sentiments pour moi, mais parce qu'il m'est toujours doux d'en entendre l'expression, et qu'après tant de crimes et de malheurs j'avais besoin de savoir ce que vous étiez devenu pendant les années funestes d'une exécrable tyrannie. Vous me demandez des nouvelles de ma famille : George [1], qui

---

1. Georges-Washington de Lafayette, filleul de Washington, né en 1779. Il était alors sous-lieutenant.

s'est trouvé quelque temps avec vous sur le territoire d'une vraie et pure liberté, combat aujourd'hui pour sa patrie dans l'armée d'Italie. Il est officier de hussards, et se trouve dans ce moment attaché à la division et au quartier général d'un de mes amis, le général Dupont. Ma femme et mes deux filles sont avec moi; ce n'est pas mon gendre Charles [1], mais Victor Maubourg [2], un autre frère de mon compagnon et ami de près de trente ans [3], qui est allé en Égypte, où il sert comme premier aide de camp du général en chef. Anastasie [4] est mère d'une petite fille. Nous sommes fixés dans une habitation solitaire, à quinze lieues de Paris, au milieu d'une ferme, héritage de ma malheureuse belle-mère. C'est là que, loin des affaires publiques, je me livre à des occupations rurales, pour lesquelles j'ai toujours eu du goût et qui m'attachent de plus en plus. — Personne ne connaît mieux que vous les plaisirs de la campagne. Je vous remercie de tout mon cœur pour l'intention que vous avez de m'envoyer votre ouvrage; je l'attends avec impatience. Je n'ai point de logement à Paris, où je n'irai presque jamais, mais tout ce qu'on remet chez le citoyen Beauchet [5], rue de l'Université, en face de la rue de Courty, près de ma ci-devant maison, m'est transmis très promptement. Votre troisième volume ne tardera pas sûrement à suivre les autres, et mon cœur jouit d'avance de la manière dont vous parlerez de mon paternel ami, de notre cher général, si justement regretté dans les deux mondes,

---

1. Charles de Fay, comte de Latour-Maubourg, qui devint général. Il est mort en 1846.
2. Marie-Victor de Latour-Maubourg, alors colonel de cavalerie et aide de camp de Kléber. Il est mort en 1850.
3. Marie-Charles-César de Latour-Maubourg, frère aîné des précédents, colonel au moment de la Révolution, député aux États généraux, servit comme général avec Lafayette à l'armée du Centre; quitta la France avec lui et partagea sa captivité; il est mort en 1831.
4. Mme de Latour-Maubourg. L'autre fille de Lafayette épousa M. de Lasteyrie; c'est elle qui a écrit la vie de sa mère.
5. Commis à la liquidation, mari d'une ancienne femme de chambre de Mme de Lafayette. (*Vie de Mme de Lafayette*, par Mme de Lasteyrie, page 265.)

et de qui je puis dire : *Nulli flebilior quam mihi.* Vous ne me parlez point de votre famille, vous ne me donnez aucun détail sur vous-même; je les mérite cependant par l'intérêt que j'y prends. Ma femme, mes enfants, partagent bien ce sentiment et l'affection que je vous ai vouée pour la vie.

« LAFAYETTE. »

LXXIV

Paris, 22 février. — TROUVÉ[1] à Crèvecœur. Autographe, signée.

Il a vu le rédacteur du *Moniteur* afin d'être sûr qu'on insérera l'extrait du *Voyage en Pensylvanie.* Ses fonctions de secrétaire du Tribunat, qui l'occupent beaucoup, ne lui permettront de faire ce travail qu'un peu plus tard[2].

LXXV

Paris, 16 mars 1801. — TROUVÉ à Crèvecœur. Autographe, signée.

« Je viens à la proposition que vous me faites relativement à Duroc... Duroc est trop occupé auprès de Bonaparte pour lire votre livre... Si j'ose vous dire mon avis, j'aimerais mieux qu'en vous servant de Duroc, ce fût à Bonaparte lui-même que vous adressassiez cet hommage. Comme membre associé de l'Institut, c'est un droit que vous exerceriez envers lui; il

---

1. Trouvé (Charles-Joseph, baron), journaliste, puis secrétaire du Directoire, secrétaire de légation à Naples en 1797, ministre à Milan en 1798, puis à Stuttgard en 1799. Membre du Tribunat la même année. Appelé ensuite à la préfecture de l'Aude, qu'il conserva après le retour des Bourbons; destitué en 1816. Sous le ministère Polignac, chef de la division des beaux-arts au ministère de l'Intérieur. La révolution de 1830 le rendit à la vie privée. (*Biographie Didot.*)
2. Ces extraits ont paru dans le *Moniteur* des 25 et 27 germinal an IX (avril 1801).

ne faudrait qu'une lettre de deux ou trois lignes... où vous pourriez indiquer le nom de Washington... »

LXXVI

Paris, 24 mars 1801. — Trouvé à Crèvecœur. Autographe, signée.

« Pour ce qui est de l'Institut, il y a après-demain une séance des trois classes réunies, et il sera bon que votre hommage arrive dans cette séance. Je remettrai donc l'exemplaire et la lettre au citoyen Lucas, qui est l'agent de l'Institut[1]. »

« J'ai prévenu le citoyen Duroc, Décadi, en dînant avec lui chez Bonaparte. Il m'a dit qu'il lui donnerait l'ouvrage aussitôt que je le lui aurais fait parvenir.

« Il paraît que Mme Bonaparte a fourni au citoyen Otto l'occasion de lui procurer un plaisir; elle désirait avoir une collection d'arbres d'Angleterre; elle a fait écrire à votre gendre, et, d'après ses démarches, la Société royale de Londres envoie à Mme Bonaparte quatre caisses d'arbres qui sont arrivées à Calais. Je n'ai pas négligé de lui dire, en causant avec elle après dîner, tout le bien que je sais et que je pense du citoyen Otto. Cela même m'a donné sujet de parler de sa famille, et d'en parler avec connaissance de cause. »

LXXVII

Londres, 2 juin 1801. — Mme Otto à Crèvecœur. Autographe, signée.

« ... Mon mari vient de recevoir du premier consul un témoignage très flatteur de sa satisfaction. B. M. (Bernard Maret) avait proposé une indemnité de 10,000 francs pour les

---

[1]. *Mémoires de l'Institut,* tome V, fructidor an XII, page 62 : Liste des ouvrages imprimés présentés à la classe. — Six derniers mois de l'an IX.

frais extraordinaires d'Otto ; mais Bonaparte, toujours juste et bon appréciateur, a mis lui-même 30,000 francs, qui ont été payés aussitôt qu'accordés. Je t'avoue que, quoique nous soyons assez pauvres, la manière dont cette gratification a été accordée nous fait autant de plaisir que les fonds... »

LXXVIII

Londres, 9 juin 1801. — ALLY DE CRÈVECŒUR à son père.

« ... Quant à la situation d'Otto dans ce pays-ci, il est impossible de s'en faire une juste idée. Recherché de tous les partis, également estimé et admiré par l'opposition et le ministère, sa réputation le dédommage amplement de son laborieux travail... La considération personnelle dont il jouit est peut-être une chose aussi nouvelle qu'elle est honorable. »

LXXIX

Londres, 13 septembre 1801. — ALLY DE CRÈVECŒUR à son père.

« ... Otto vient de recevoir une lettre très flatteuse de son véritable ami B. M. (Maret). Il lui dit : « Je me suis trouvé
« hier avec le P. C. (premier consul), et, comme s'il eût deviné
« le plaisir que cela me faisait, il a parlé de vous dans les
« termes les plus flatteurs ; — et vous savez qu'il n'est pas
« prodigue d'éloges... »

LXXX

Munich, 7 novembre 1806. — CRÈVECŒUR à sa belle-fille (Mme Ally de Crèvecœur née Mesnage de Cagny). Autographe.

Il commence par donner sur la guerre, l'entrée des Français à Berlin, l'anecdote connue de la princesse d'Hazfeld obtenant de l'Empereur la grâce de son mari, des détails inutiles à reproduire.

« Si S. M. Bavaroise m'a reçu avec autant de bonté, je ne le dois nullement à mon mérite (j'en ai bien peu), mais à la considération qu'il a pour M. Otto. Si ce bon et affable Roi avait reçu une meilleure éducation, j'aimerais à le voir souvent, ce qui n'est pas difficile dans ce pays : pour cela on n'a qu'à assister au concert de la cour ou aller se promener dans l'Élysée-Rumford ; on est sûr de le rencontrer se promenant seul avec la Reine ; alors il parle volontiers à ceux qu'il connaît.

« Il n'en est pas de même de sa femme ; elle s'entretient très rarement avec ses sujets ou des étrangers. Lorsque je dînai à Nymphenbourg, elle ne m'adressa la parole que trois fois ; cette condescendance était probablement une tâche que son mari avait exigée d'elle ; ses paroles furent autant de questions ; elle est extrêmement curieuse, et curieuse de minuties. Elle a fait tant de questions à Fanny (Mme Otto) qu'elle sait parfaitement qui vous êtes, de quelle partie de la France, la terre de Lesches, vos goûts, vos talents, etc. La dernière fois qu'elle vint à Thadkirk[1], tout le monde était allé à la promenade, sauf Mlle Dubois et Sophie (Mlle Otto) ; elle parcourut tous les appartements, examina les ameublements et même l'intérieur du secrétaire de Sophie. Cependant elle est très instruite, et passe une partie de son temps à lire et à écrire ; elle ne lit que des ouvrages français, langue qu'elle parle beaucoup plus volontiers que l'allemand...

« Hier, jour de la naissance de la princesse Charlotte[2], sœur de la vice-reine de Milan, Fanny et Sophie furent la voir et causèrent longtemps avec elle ; cette jeune personne

---

1. C'était, croyons-nous, la maison de campagne du ministre de France, située en face de Munich, sur la rive orientale de l'Isar.

2. Charlotte-Auguste, née en 1792, qui épousa en 1816 François Ier, Empereur d'Autriche. Sa sœur aînée, Auguste-Amélie, née en 1788, venait d'épouser le vice-roi d'Italie, Eugène de Beauharnais. Elles étaient toutes les deux filles de la première femme de Maximilien, une princesse de Hesse-Darmstadt.

est fort avancée pour son âge, et n'aime à apprendre que des choses utiles. Sa première gouvernante, Mme d'Andelot, Parisienne d'un grand mérite, surveille son éducation et lui a donné les meilleurs principes. Il en est de même dans presque toutes les cours du Nord, grandes et petites. L'éducation des enfants est presque toujours confiée à des Françaises. La Lorraine est la grande pépinière de celles qui vont en Russie. »

LXXXI

Munich, 8 décembre 1806. — CRÈVECŒUR à sa belle-fille. Autographe.

« Ici la musique des églises est toujours délicieuse, je veux dire pleine d'onction, de gravité et d'harmonie ; elle m'a souvent rappelé celle des frères moraves de la Pensylvanie... L'un de mes principaux objets de promenades solitaires de l'été dernier était d'entendre chanter les jeunes improvisateurs du village de *Oberseddling* ; on ne peut rien voir de plus intéressant que ces réunions de filles et de garçons au teint fleuri, aux chevelures blondes, ni rien entendre de plus délicieux que le mélange de voix argentines et douces, confondues avec celles de la clarinette, d'un hautbois, d'un demi-cor. Ces petits concerts de village m'ont fait goûter des jouissances exquises et nouvelles et plus d'une fois ont humecté mes vieilles paupières... »

Il parle ensuite d'une jeune musicienne nommée la signora *Blanchini*[1], qui faisait de la musique avec Mlle Otto.

« Cette jeune et jolie personne est attachée à la Reine

---

1. Il faudrait probablement lire *Blangini*. Il y avait alors, en effet, un compositeur de ce nom : Blangini, Marc-Marie-Félix (1781-1841), qui, après avoir passé plusieurs années à Paris, était venu s'établir à Munich en 1805 et avait été nommé maître de chapelle du Roi de Bavière. Il devint ensuite maître de chapelle de la princesse Borghèse, puis du Roi de Westphalie et, après 1814, de retour en France, surintendant honoraire et compositeur de la musique du Roi. — La demoiselle dont il est question n'aurait pu être que sa sœur ou sa cousine, puisqu'à cette époque il n'avait que vingt-cinq ans.

comme musicienne, est logée au palais... elle est remplie de talents, chante avec beaucoup de goût, touche le forté et excelle sur le violon... elle a acquis l'affection particulière de sa froide Majesté... elle est bonne, indulgente, complaisante, charitable et pieuse... »

LXXXII

Munich, 31 décembre 1806. — CRÈVECŒUR à sa belle-fille. Autographe.

« Vous avez donc revu notre bonne et précieuse comtesse [1] qui était si tendrement attachée à celui que nous avons perdu ...elle a donc mêlé ses larmes aux vôtres; elle vous a longtemps entretenue de celui dont elle avait surveillé l'éducation avec tant de soins... elle me parle de vous dans toutes ses lettres...

« Les têtes, les bras et les doigts de toutes les femmes de cette ville sont en mouvement depuis quinze jours pour les parures et les colifichets qu'exige le cérémonial de demain à la cour, où tout l'univers titré, chamarré, toute la gent chambellane (on compte plus de quatre cents de ces derniers [2]) vient saluer le Roi et la Reine, voir dîner LL. MM. et assister à un charivari de concert...

« 1er jour de l'an. Je fus interrompu hier, et ce n'est qu'aujourd'hui, à onze heures du soir, que je puis terminer cette longue lettre après avoir entendu le récit des cérémonies royales... »

Il rapporte fort en détail une très longue conversation du Roi avec les ministres de France et de Saxe sur les ennuis de cette journée de représentation et qui se termine ainsi :

« Messieurs, en vérité, si ce n'était pas pour l'honneur,

---

1. D'Houdetot.
2. C'était une tradition à Munich. L'électeur Charles-Théodore avait, en 1780, 431 chambellans, 149 conseillers intimes, etc., etc., sans compter un grand amiral. (*Lettres sur l'Allemagne*, Vienne 1787, citées dans *l'Art de vérifier les dates.*)

« j'aimerais mieux recevoir cent coups de bâton que de re-
« commencer demain la même cérémonie. »

« Imaginez que vous entendez ces paroles vives, animées, souvent incorrectes, sortir de la bouche d'un grand bel homme, teint frais, yeux bleus, figure souriante et gracieuse, un peu brusque dans sa démarche, marchant toujours très vite... c'est lui qui, sous prétexte de voir les tableaux de son cabinet, engagea un de ses amis à m'y conduire et où, à mon grand étonnement, une personne que je croyais être le concierge me serra la main en me disant les choses les plus aimables. C'est lui qui depuis m'a fait dîner à Nymphenbourg, m'a invité au petit concert de la Reine, que je vais voir dans ce même cabinet deux fois par mois.

« Je sais, Monsieur, que vous avez été un père tendre et
« affectionné, j'ai lu vos lettres en anglais et en français.
« Voilà pourquoi j'ai pour vous beaucoup d'estime. »

« C'est ce qu'il me dit à ma dernière visite. »

« En vous parlant dernièrement du goût inné des Bavarois pour la musique, je me suis rappelé un grand nombre d'idées que j'avais conçues autrefois sur les effets irrésistibles de l'harmonie aérienne. Je me suis occupé à les réunir... »

LXXXIII

Munich, 1er janvier 1807. — CRÈVECŒUR à sa belle-fille. — Minute. (C'est moins une lettre qu'un opuscule. Il est intitulé : *Réflexions sur la puissance et les effets de l'harmonie aérienne adressées à M*me *Narcisse Saint-John...* avec une épigraphe en anglais tirée de Shakespeare (*le Marchand de Venise*). Ce manuscrit ne contient pas moins de quinze pages in-4° d'une écriture très fine.)

Crèvecœur débute par des considérations générales sur le goût et l'aptitude des Allemands pour le chant et l'usage des instruments à vent et rappelle des conversations qu'il a eues à ce sujet avec le Roi de Bavière. Maximilien, parlant de l'excellence des musiques militaires allemandes, lui disait : « C'est une chose bien digne de remarque que dans les guerres de votre ancienne monarchie on n'a jamais connu un trompette français qui sonnât juste. »

Il décrit longuement les concerts champêtres qu'il a entendus près de Munich.

« Jamais, dit-il, je n'oublierai combien de fois ces symphonies, ces chants agréables et flatteurs confiés sans art et sans étude aux oscillations incertaines du vent et aux délicieuses illusions de l'éloignement, ont humecté mes vieilles paupières. Quelle prodigieuse distance entre cette musique aérienne et touchante, et pourtant si active et si pénétrante, et ce que j'ai ressenti en écoutant les grands opéras de Paris !... Ces bruyants orchestres n'ont jamais été pour mes oreilles ignorantes et timides, longtemps accoutumées au majestueux silence des forêts de l'Amérique, que comme les orages de l'Océan : un grand et imposant spectacle, l'image d'une puissance inconnue. Les petits concerts de *** au contraire, dont l'éclat était tempéré et les sons adoucis par la distance, m'ont toujours rappelé le mélodieux ramage du premier réveil des oiseaux, vers l'aube d'une matinée sonore et sereine du mois de mai...

« Voici ce que je ferais si j'étais opulent. Je puiserais dans l'imitation de la nature tout ce qu'elle a de beau, de touchant et de sublime ; j'imiterais la manière dont elle propage les sons à travers les ondulations d'un air agité, les voix mourantes et les soupirs des échos lointains. (L'usage des pédales et des sourdines n'indique-t-il pas que depuis longtemps on a senti la nécessité d'atténuer, d'adoucir les sons ?)

« J'aurais un théâtre ; sous ce théâtre, je placerais mes chœurs et mes symphonistes. — Au moyen d'une mécanique extrêmement simple, les portes de cet orchestre s'ouvriraient avec plus ou moins de lenteur ou de vitesse ; avec une autre machine non moins simple, composée de roues garnies de voiles, j'imiterais les agitations du vent, les oscillations d'une brise légère, ou enfin le souffle du zéphir...

« Quelle variété d'illusions magiques, combien de prestiges jusqu'ici inconnus, combien d'émotions douces ou vives, attendrissantes ou sérieuses, combien d'effets nouveaux ne pourrait-on pas faire naître en combinant avec goût le rapprochement ou l'éloignement, en donnant une teinte aérienne à ce mélange de voix et d'instruments, en introduisant des passages sonores que des bouffées de vent paraîtraient atténuer en les transportant au loin, en faisant usage de pauses légères ou douteuses, de moments suspensifs ou silencieux...

« Je me rappelle encore les effets surprenants que produisirent les songes d'Atys, le grand opéra de Piccini, qui furent chantés à une distance considérable de la scène. C'est la seule fois que j'aie éprouvé à ce théâtre des émotions que l'éponge du temps n'a point effacées...

« Convaincu de la vérité de quelques-unes de mes idées sur l'éloignement des voix et des instruments et l'agitation de l'air..., le célèbre Viotti, dont l'inconcevable délire [1] sur le violon a plusieurs fois élevé mon âme au plus haut degré d'enchantement et de volupté séraphique que j'aie jamais éprouvé, allait faire l'essai d'un concert aérien [2], lorsque les fureurs de la Révolution le forcèrent de se retirer en Angleterre [3]... »

LXXXIV

Munich, 7 février 1807. — Crèvecœur à sa belle-fille. Autographe.

« ... Je vous ai envoyé une lettre de recommandation pour

---

1. Crèvecœur tient à cette expression que nous trouvons dans deux versions différentes du même passage.
2. Voir page 171.
3. Cet extrait est peut-être un peu long, mais il nous a paru intéressant à reproduire. Les idées musicales de Crèvecœur n'ont évidemment rien de bien saillant ni de bien pratique, mais il les rend avec une poésie, une émotion dont les fragments qu'on vient de lire ne peuvent donner qu'une idée imparfaite. On est tout étonné de trouver chez un homme de soixante-huit ans, dont la vie a été si tourmentée, une pareille fraîcheur d'impression, une sensibilité si délicate. C'est, nous semble-t-il, un jour nouveau sur le caractère complexe de cet esprit réellement original, chez lequel l'amour passionné de la nature est après tout la faculté maîtresse.

le frère de Mme Becquet [1] ; elle lui procurera un bon dîner, si elle ne lui obtient pas autre chose. Que suis-je, mon Dieu, pour que ma recommandation ait quelque poids ? Je ne suis plus de l'ancien monde et ne veux pas avoir affaire au nouveau...

« M. de Fontenet [2] est toujours ici. Il dîne à la cour trois fois par semaine... S'il n'était pas obligé d'aller à Paris lors du déménagement de M. de Cetto, à cause du logement qu'il occupe dans cette maison, je crois qu'il finirait volontiers ses jours à Munich. Mme d'Houdetot recevra de lui une très longue lettre par M. Bonne, ingénieur géographe, qui vient de terminer la belle carte de la Bavière... C'est lundi la fête de Fanny (Françoise) ; chacun apporte ses cadeaux. Moi, j'ai fait dessiner et encadrer un sassafras avec sa vigne et les mots suivants inscrits au-dessous : *Sweet and pleasant is the memory of farmer's days. Planted the 3rd April 1777* [3]. »

LXXXV

Au quartier général impérial, 20 avril 1807. — Le maréchal BERTHIER à M. Otto [4]. Copie de la main de Crèvecœur.

« Mon cher Otto, ceux qui savent aimer sentent également les peines. Je suis bien affecté de la mort de mon pauvre frère [5] ; j'éprouve quelque consolation lorsque je trouve les occasions de procurer quelques-uns de ces moments de la vie où l'on éprouve des jouissances agréables.

---

1. Mme Becquet, née Marcotte, sœur de Mme Walkenaër, était une amie de pension de Mme Ally de Crèvecœur. Son mari était employé dans l'administration des forêts. Mlle Becquet, leur fille, épousa son oncle, M. Marcotte d'Argenteuil, qui fut directeur général des forêts.
2. Voir chapitre XI, p. 235.
3. Voir chapitre II, page 25. Ce passage prouve une fois de plus que les récits des *Lettres d'un cultivateur* ne sont pas des œuvres de pure imagination.
4. Cette lettre tout intime de Berthier nous a paru curieuse à publier à cause de l'originalité du style.
5. Victor-Léopold Berthier, général de division, mort à Paris à la fin de mars 1807.

Mais, hélas! pour un de ce genre, nous sommes condamnés à en avoir un grand nombre de pénibles. Enfin, Mme Otto éprouve un de ces moments rares de bonheur en envoyant à son frère[1] la lettre d'avis de sa nomination dans la Légion d'honneur. L'Empereur, en faisant une chose juste à l'égard de votre beau-frère, a été déterminé particulièrement par le désir de vous donner un témoignage de sa satisfaction. Présentez mes respects à Mme Otto. Mille amitiés pour vous.

« M^al Berthier. »

LXXXVI

Munich, octobre 1808. — Crèvecœur à sa belle-fille. Minute.

« ... Le voyage que je viens de faire avec le ministre des finances[2] aux salines de Reichenhall m'a (je ne sais si je dois le dire) rajeuni... La vue de tant d'objets nouveaux a ranimé ma vieille et torpide imagination. Ce bon ministre, charmant et gai, a osé dire au Roi que j'avais été aussi jeune que lui.

« Avec quelle jouissance j'ai vu les machines hydrauliques de Reichenhall... Les unes recueillent et aspirent, les autres dirigent et élèvent les eaux précieuses et salées de vingt-huit sources... dans des canaux et des réservoirs différents... Là tout est vie, mouvement, activité... plus de deux mille personnes y trouvent de l'emploi... En parcourant les longues et nombreuses galeries de la ville souterraine, magnifiquement voûtée et taillée dans le roc, on voit agir, sans que l'on aperçoive la puissance motrice, un grand nombre de batteries de pompes, de pistons, de longs embranchements de ces pompes; on voit mouvoir de grands cylindres à chaînes et les eaux lancées avec rapidité dans des rigoles de bois. L'ordre admirable, la régularité de ces mouvements a quelque chose

---

1. Louis de Crèvecœur, alors employé à l'armée de Naples.
2. Le baron de Hompesch. Voir pages 240 et 251.

de frappant et d'imposant pour l'imagination. Les rues de cette ville souterraine ont été illuminées à cause de la présence du ministre. Chacun de nous, revêtu d'un surtout et d'un chapeau blanc, après avoir écrit nos noms sur un registre, parcourûmes ces longues galeries estimées être à soixante-douze pieds au-dessous du pavé de la ville. Rien de plus beau et de plus imposant que le spectacle de ces souterrains éclairés dans toutes leurs parties, celui de ces galeries-canaux que l'on parcourt avec autant d'aisance que les rues d'une ville...

« La partie la plus remarquable des travaux souterrains de Reichenhall est le bel aqueduc que l'électeur Charles-Théodore y fit construire il y a trente ans, pour servir de conduite aux eaux superflues des sources salées et douces; elles sont si abondantes qu'elles forment un torrent fougueux dont le bruit a quelque chose d'effrayant au milieu des entrailles de la terre. Ce torrent sert à faire tourner une grande roue d'où émane le mouvement des pompes dont on voit partout les batteries, sans pouvoir deviner d'où vient leur régulière et silencieuse oscillation. Cet aqueduc, taillé dans la roche calcaire pendant près d'une demi-lieue, éclairé de distance en distance par des puisards à travers lesquels se répandent quelques faibles rayons de lumière, conduit les eaux dans la Saala, à 37,000 toises de la ville. On y a construit un joli canot dans lequel souvent les voyageurs curieux s'embarquent pour aller jusqu'à cette rivière... Depuis 1616, une conduite de quatorze lieues de longueur amène une partie des eaux salées de Reichenhall à Trauenstein, où elles sont converties en sel. La dernière partie surabondante va être amenée à Rosenheim sur l'Inn à vingt et une lieues de distance. Ces admirables conduites se font au moyen d'un grand nombre de sapins de quinze pieds de longueur, placés à six pieds sous terre. C'est principalement pour suivre les progrès de cette dernière conduite que le ministre avait entrepris le voyage. »

Crèvecœur est tout étonné de trouver que l'ingénieur chargé de ces travaux n'est qu'un simple paysan tyrolien qui ne tient aucune note de ses opérations. Il avait déjà posé ses tuyaux sur une longueur de quatorze lieues. En sept endroits, il avait fallu, pour franchir des escarpements, établir des machines hydrauliques « aussi extraordinaires que puissantes et peu dispendieuses, de l'invention du capitaine Reichenbach ».

« La première que j'ai vue élevait à cent dix-neuf pieds une colonne d'eau salée, et cela par le seul moyen d'un petit filet d'eau. Ces machines n'occupent que quatre pieds carrés sur une hauteur de six pieds. Le même capitaine d'artillerie en fait construire une autre toute semblable, mais d'un calibre plus fort, qui élève une colonne d'eau salée à quatre cents pieds de hauteur. Rien de tout cela n'est connu en France, où l'on croit tout savoir. En France, on aurait prôné les connaissances mécaniques de cet homme ; ici, personne n'en parle. Il ne le désire pas. J'avais fait un joli petit article pour *le Publiciste* ; il m'a prié instamment de n'en rien faire. »

LXXXVII

Munich, 7 octobre 1808. — Crèvecœur à M. Gillet de Laumont[1]. Minute.

« Je reçois, Monsieur, avec autant de reconnaissance que de plaisir votre lettre du 26 septembre. D'après les détails dans lesquels vous avez bien voulu entrer avec moi, je suis convaincu que la machine Donavy, sans être un mouvement perpétuel, est bien réellement une découverte nouvelle et infiniment intéressante. »

Il se demande jusqu'où pourra s'étendre la force de l'esprit humain, aidée de heureux hasards.

« Qui aurait pu prévoir, il y a cinq ans, que le capitaine d'artillerie Reichenbach, né dans cette ville, inventerait une machine à l'aide de laquelle il pourrait diviser un cercle et les autres instruments astronomiques avec une *précision infaillible,*

---

1. Gillet de Laumont (1747-1834), inspecteur des mines en 1784, correspondant de l'Académie des sciences dès l'origine de l'Institut, membre libre en 1816.

ce que l'on n'a point encore pu faire à Paris ni à Londres sans commettre des erreurs depuis cinq jusqu'à douze secondes. Cette perfection mathématique, dans tout ce qui sort des ateliers de cet homme rare, est si bien connue que ses nouveaux instruments ont remplacé les anciens dans les observatoires de Pétersbourg, de Saxe, de Gœttingen, de Palerme, de Hongrie, de Milan, de Gotha, etc.

« Qui aurait pu présumer aussi que ce même ingénieur, à l'aide d'une autre machine, élèverait à une hauteur de deux cent dix-neuf pieds une colonne d'eau salée de trois pouces de diamètre ? C'est cependant ce que j'ai vu la semaine dernière, avec toute l'attention dont je suis capable, dans un voyage que je viens de faire aux salines de Reichenhall avec M. le baron de Hompesch. »

Il parle de la machine qui élèvera l'eau à quatre cents pieds (voir la lettre précédente).

« Ces faits prouvent combien vos réflexions sont vraies et justes, que *les hommes sont encore loin d'avoir épuisé les ressources que leur offre la nature,* et que, bien persuadé de cette vérité, vous avez conçu le projet d'un va-et-vient dont l'emploi est fondé sur l'emploi de la pesanteur des corps. Puissent votre santé et vos loisirs vous permettre d'en hâter l'exécution conformément au désir du ministre de l'intérieur !

« S. M. B. étant partie pour Erfurth, la Reine m'a promis de lui envoyer une copie de votre lettre... Le vif intérêt que Maximilien-Joseph prend à l'avancement des connaissances hydrauliques, déjà si perfectionnées dans ce pays, m'assure de tout le plaisir que lui feront les apparentes probabilités que vous avez bien voulu me donner relativement à l'invention Donavy [1]. Puisse ce bienfaiteur des jardiniers et des cultivateurs venir répéter sous vos yeux ce qu'il a fait, il y a trois ans, à Provins, au vu et au su de tous ses voisins... Vous me permettrez de vous demander quel est le maximum de profon-

---

[1]. Nous ne pouvons donner aucun éclaircissement ni sur l'inventeur, ni sur l'invention ; on trouverait peut-être des renseignements dans les recueils spéciaux du temps.

deur du puits dont la machine peut élever l'eau, ainsi que plusieurs autres questions qui n'auraient aucun rapport à son mécanisme, mais à ses effets... Pourquoi n'a-t-il pas sollicité du gouvernement un brevet d'invention et une somme quelconque qui lui eût permis de divulguer son secret, et enfin pourquoi l'a-t-il vendu à des Provençaux beaucoup plus rusés que lui, et dont il sera probablement la dupe?

« J'ai l'honneur, etc. »

LXXXVIII

Sarcelles, septembre 1809. — Crèvecœur à M. Manlich [1], à Munich. Minute.

« J'ai devant moi vos deux aimables lettres des 20 août et 6 septembre, dans la dernière desquelles était celle pour M. Heurtier [2], l'ami de votre jeunesse. Vous étiez né pour en avoir de tels que ce savant architecte. C'est une chose bien rare, que deux personnes qui se sont connues et aimées à Rome il y a près de quarante ans, se retrouvent sur leurs pieds et la tête sur leurs épaules... »

LXXXIX

Sarcelles, septembre 1809. — Crèvecœur à M. Heurtier, à Paris. Minute.

Il lui transmet la lettre de M. Manlich. Détails sur la situation et la manière de vivre du peintre bavarois.

---

1. Voir pages 243 et 269.
2. Heurtier, ancien architecte du Roi. D'après la biographie Didot, c'est en 1764 qu'il aurait remporté le prix à la suite duquel il fut envoyé à Rome comme pensionnaire de l'Académie. Il construisit le théâtre Favart de 1781 à 1783. — Lorsque Roland ouvrit l'armoire de fer des Tuileries, ce fut en présence du serrurier Gamain, le dénonciateur, et de Heurtier, « l'architecte, homme respectable, qu'il avait fait appeler ». (*Mémoires de M*^me *Roland*, édit. Faugère, I, 302.)

XC

Sarcelles, 23 septembre 1809. — CRÈVECŒUR à M. Gillet de Laumont[1]. Minute.

« Au risque de commettre une indiscrétion, je ne puis m'empêcher de vous parler encore de l'ingénieux Donavy... Fatigué de mes importunes questions, M. Cadet de Vaux a fini par n'y plus répondre... Le sénateur Volney est le seul qui m'ait paru apprécier le mérite de cet inventeur. J'ai un ardent désir de le voir établir sa machine sur le puits de votre hôtel. M. le chambellan marquis de Cramayel m'avait promis d'aller le voir à Provins. Voilà où en sont mes trop faibles espérances. Ne soyez donc pas offensé, Monsieur, qu'en dernier ressort je vous demande s'il faut enfin désespérer du succès. »

XCI

Sarcelles, septembre 1809. — CRÈVECŒUR à sa belle-fille. Minute.

« Ainsi que je vous l'ai annoncé, la famille Cetto[2] vint dîner ici dimanche.

« Je ne sais plus comment, dans le cours d'une conversation assez vague, il fut question des brouilleries, que dis-je ! de la guerre de M. de Rumford[3] avec Mme Lavoisier, son épouse,

---

1. Voir la lettre du 7 octobre 1808.
2. M. de Cetto était ministre de Bavière à Paris. Il était déjà ministre des Deux-Ponts sous la Terreur. Il tenait un fort grand état de maison dans son hôtel de la Chaussée-d'Antin. « Son salon était intéressant et amusant », dit le comte Théobald Walsh. (*Souvenirs de trois quarts de siècle, Revue de France*, 15 novembre 1877.)
3. Benjamin Thompson, comte de Rumford (1753-1814), né en Amérique, dans le New-Hampshire ; il servit dans les rangs anglais pendant la guerre de l'Indépendance et parvint au grade de colonel. Il prit ensuite du service en Bavière, où il fut nommé lieutenant général et se signala surtout par des réformes et des établissements philanthropiques. Il avait quitté la Bavière en 1799, à la mort de l'Électeur Charles-

guerre qui pendant longtemps a été l'inépuisable objet de la curiosité... des salons de Paris. Personne mieux que le ministre de Bavière ne pouvait en parler sciemment, puisque, conjointement avec M. de Marbois, il a été l'arbitre pacificateur des interminables et scandaleuses querelles des deux partiés belligérantes. Enfin la paix est faite... Les voilà séparés, ces deux êtres qui n'auraient jamais dû s'unir... Tout cela a été porté à un tel degré de violence que M. le comte Fouché, grand inquisiteur d'État, s'est cru obligé d'en prendre connaissance, et que, sans l'intervention du ministre de Bavière, peut-être sa verge de fer se fût-elle appesantie sur la tête du mari... Cet Américano-Anglo-Bavarois ne pouvant plus se présenter dans aucune des hautes sociétés de Paris depuis sa séparation... prit sagement le parti de se retirer à Auteuil, où, semblable à un vaisseau battu par les vents qui vient d'entrer dans le port, il jouissait du repos et du calme dont sa faible santé avait le plus pressant besoin; ses amis l'en félicitaient, lorsqu'on a appris que sa ci-devant moitié venait de louer la maison voisine dans l'intention de convertir en paix durable la trêve qui venait d'avoir lieu, demandant que, pour première base de ce grand œuvre, il lui fût permis d'ouvrir une porte de communication entre leurs jardins limitrophes... A ce moment, Mme de Cetto, effrayée de quelques éclairs lointains, résolut de retourner sur-le-champ à Paris. Le reste donc au numéro prochain, ou plutôt au premier dîner que Fanny et moi devons faire à l'hôtel de Bavière [1]. »

XCII.

Paris, fin de décembre 1810. — CRÈVECŒUR à sa petite-fille Sophie Otto, à Vienne. Minute.

« M. de Nerciat est parti d'ici le 20 décembre. Je lui sou-

Théodore. C'est en 1804 qu'il épousa Mme Lavoisier, la veuve du célèbre chimiste.
1. Nous n'avons pas retrouvé la lettre qui faisait suite à celle-ci ; l'histoire est du reste fort connue, et nous n'avons donné cet extrait que parce qu'il nous a paru contenir quelques détails nouveaux.

haite, à ce bon, à cet excellent jeune homme, beaucoup de santé et de bonheur [1]. J'ignore où il va, probablement dans des pays peu civilisés où le caractère d'Européen et celui de chrétien sont loin de promettre sûreté et protection. Son camarade Jouannin [2], que nous connaissons plus particulièrement, et qui gagne tant à être connu, est en ce moment en Bretagne, chez ses parents, après dix années d'absence... »

Il fait un grand éloge de M. Jouannin et parle du mariage de Volney [3].

XCIII

Janvier, 1811. — Crèvecœur à M. Turpin de Crissé [4]. Minute.

Il a appris que M. Turpin était chambellan de l'Impératrice Joséphine, et se trouvait actuellement au château de Navarre [5]. Il lui demande des nouvelles de sa mère, de sa sœur et de sa

---

1. C'était le fils d'un certain Andrea de Nerciat, auteur pornograghique et personnage singulier qui pendant la Révolution avait été attaché aux affaires étrangères, et en 1797 avait été chargé de surveiller la conduite de Mme Bonaparte à Milan. (Masson, *le Département des Affaires étrangères*, 275, 392, et *Mémoires de Bourrienne*, I, 145.) Ses fils furent désignés, au commencement de 1797, pour faire partie de l'école *des jeunes de langues*. (Masson, 413.)

2. M. Jouannin fut, au commencement de 1811, nommé secrétaire d'ambassade à Vienne auprès de M. Otto. (Voir 11 février 1811.) Il avait été employé à Constantinople. On trouve dans la *Biographie générale* un article sur un nommé Jouannin, orientaliste, né à Saint-Brieuc, qui s'applique probablement à lui.

3. Voir chapitre XII.

4. Voici ce qu'on lit dans le *Dictionnaire historique des peintres*, par Adolphe Siret (1866) : Turpin de Crissé (Lancelot-Théodore, comte), 1781-1859. Paysage et architecture. Les adieux de René à sa sœur. Ruines du château de Croyland. — Après le divorce, il avait été nommé chambellan de Joséphine avec MM. de Viel-Castel, de Montholon et de Lastic. Voir lettre du 11 février 1811.

5. Le château de Navarre, près Evreux, que Joséphine habita après le divorce, avant de revenir à la Malmaison.

tante, Mme du Chilleau, qu'il n'a pu revoir depuis son retour d'Allemagne, et lui rappelle les anciennes relations d'amitié qu'il entretient avec sa famille [1].

XCIV

Janvier 1811. — Crèvecœur à sa belle-fille. Minute.

« Mme Visconti vient de mourir, victime d'un accident bien extraordinaire ; elle s'était fait faire, non un serre-tête, mais un serre-corps, avec lequel elle s'était tellement comprimée qu'elle était parvenue... à se rendre une espèce de taille. La première chose que dit le médecin fut : *Qu'on déficelle madame le plus promptement possible !* Il était trop tard... Sa belle constitution, son âge encore peu avancé, lui promettaient de longues années de vie [2]... »

XCV

Paris, 11 février 1811. — Crèvecœur à sa belle-fille. Autographe.

Il est allé voir M. Yvart [3] à Charenton pour le consulter sur des questions agricoles.

---

1. Crèvecœur, dans les lettres écrites pendant la Révolution, mentionne souvent un M. Turpin qui était probablement le père de celui-ci.

2. « Mme Visconti avec sa majestueuse beauté et son tour d'épaules éblouissant », disait Chênedollé en 1802. (Sainte-Beuve, *Chateaubriand*, I, 183, note.) Pourtant, s'il faut en croire Mme d'Abrantès (*Mémoires*, II, 55), qui, tout en lui prodiguant les éloges, fait des réserves peu bienveillantes, elle avait, en 1802, au moins cinquante ans. Mme Vigée-Lebrun (*Souvenirs*, I, 106) est plus franchement enthousiaste. Le général Berthier fut passionnément épris de Mme Visconti.

3. Yvart (J.-A.-V.), membre de l'Académie des sciences, professeur d'économie rurale à l'école d'Alfort. Il exploitait à Maisons-Alfort une ferme de 300 hectares.

« M. Jouannin [1] a reçu du ministre l'ordre de se tenir prêt à partir pour Vienne au premier instant. Il dîna hier ici avec son ami Guérard [2].

« J'ai eu une visite de M. de Gouves [3]; c'est une nuance de caractère, de manière d'être, très extraordinaire que celle de cet ancien juge au Châtelet, toujours gai, même dans l'indigence, toujours spirituel et drôle à sa manière. C'est un original très amusant, plein de talents aimables, poète, musicien, traducteur de plusieurs ouvrages anglais. Il passe ses étés dans la famille d'un ancien notaire de Paris qui a dans la commune une très belle maison de campagne... Sa probité, ses lumières, son expérience dans les affaires, un assez grand nombre de petits services qu'il a rendus au Roi de Hollande, lui ont mérité l'estime et la confiance de ce prince. Voilà ce qu'il m'a raconté du bien qu'il fait dans cette partie de la vallée de Montmorency. L'Empereur lui a concédé cinq cents arpents de la forêt du même nom attenant à son beau parc (créé par M. de Laborde)... Dans cette concession, le prince a fait élever un édifice massif de trente pieds de haut et de vingt en largeur sur tous les sens, qui contient les cendres de son père mort à Marseille et est destiné au repos des siens. Cette chapelle, ces tombeaux, ont été consacrés par l'évêque de Versailles...

« Il fait une pension annuelle aux cinq curés de son arrondissement, de 500 francs chaque; 3,000 francs aux cinq communes pour subvenir aux besoins de leurs indigents et au salaire des maîtres d'école; il a donné des ornements décents aux églises qui en manquaient et des cloches à celles qui les avaient perdues. Il a fixé dans cet heureux canton deux chirurgiens, à chacun desquels il donne tous les ans 1,500 francs.

---

1. Voir lettre de décembre 1810.
2. Vraisemblablement Guérard (François-Marie), qui, nommé commis aux Affaires étrangères en 1799, devint plus tard sous-chef aux archives, puis chef de la première division. (Masson, pages 437 et 470.) Ce fut lui qui rédigea, en 1806, la note sur le cardinal de Bernis, note dont Sainte-Beuve fait l'éloge dans ses Causeries du Lundi. (VIII, 65.)
3. Voir pages 192, 215 et 268.

Il fait des pensions à plusieurs familles jadis opulentes.... A tant de générosité, le prince unit une affabilité, une simplicité bien rares. Il est accessible à toute heure du jour. Son curé de Saint-Leu-Taverny est spécialement chargé de l'instruire des malheurs particuliers imprévus qui arrivent dans le canton et plus loin encore.

« Il est maintenant près de Gratz [1], dans les montagnes de la Styrie, où il prend des bains chauds. On l'attend au printemps. La douceur, l'amabilité constante que le prince déploie envers ses voisins forme un contraste un peu extraordinaire avec la dureté et le peu de complaisance qu'il a montrées dans l'intérieur de son ménage. Tout ce que vous en avez entendu dire est très vrai...

« Je savais que de Gouves connaissait notre ci-devant abbé Salgues [2], que j'ai perdu de vue depuis cinq ou six ans. Il m'a très heureusement indiqué son logement, presque en face de votre sombre hôtel de la Michodière. Le plaisir de nous revoir a été mutuel. Pour comble de bonheur, il déjeunait avec un ci-devant consul de France à la Canée, M. Pellevé [3]... M. Pellevé et moi, nous nous sommes réciproquement demandé la permission d'aller nous voir. Je vous parlerai dans ma première lettre de la rencontre inopinée de notre ancien ami Deforgues, qui arrive de la Nouvelle-Orléans, où depuis quatre années il était établi comme consul de France...

« Je viens de recevoir du jeune Turpin [4] une très aimable réponse. Il me mande que leur bien-être est à peu de chose

---

1. C'est à la suite de son abdication que le Roi Louis s'était retiré à Gratz, et, presque au moment où Crèvecœur écrivait ces lignes, M. Otto adressait de Vienne au prince une lettre dont l'Empereur avait dicté les termes, et qui lui enjoignait de rentrer en France. (*Mémoires de Bourrienne*, VIII, 156, et Pelet de La Lozère : *Opinions de Napoléon*.)

2. Nous n'avons pas trouvé d'autres indices des relations de Crèvecœur avec ce personnage qui, après s'être activement occupé de politique au commencement de la Révolution, s'était, depuis 1797, voué exclusivement au journalisme et à la littérature.

3. Ce consul fournit de nombreux détails sur l'Orient à Crèvecœur, qui les consigna dans ses notes.

4. Voir lettre de janvier 1811, n° XCIII.

près le même ; qu'il doit à la protection de S. M. l'Impératrice Joséphine l'aisance et les agréments dont il jouit; que près de Sa Majesté il mène une vie douce et tranquille, parce qu'elle a la bonté de lui laisser tout le temps nécessaire pour suivre ses goûts et cultiver l'art de peindre ; qu'ayant suivi Sa Majesté dans son dernier voyage en Suisse, il avait rapporté un journal *au pinceau* de cette longue et agréable tournée,... que, lorsqu'il n'est pas de service, il demeure toujours chez sa bonne mère, dont il préfère le modeste ménage à la brillante cour de Navarre... »

XCVI

Leipzig, 10 mars 1813. — Louis de Crèvecœur à son père. En anglais. Autographe.

« ... Je suis tout à fait bien, et toutes mes plaies sont cicatrisées. Je ne puis que remercier le Tout-Puissant pour avoir échappé si heureusement au terrible sort qui semblait m'attendre, surtout lorsque j'ai été dépouillé à Wilna par les Cosaques. Vous pouvez facilement vous figurer quelles étaient mes pensées dans un pareil moment. J'étais dans un tel état de misère et d'affaiblissement que je ne pouvais ni fuir ni résister, et que j'étais incapable de supporter les mauvais traitements dont j'aurais été accablé, si j'étais resté au pouvoir de ces sauvages. Il n'était pas étonnant que je fusse si abattu ; je venais de passer en plein air bien des nuits glaciales, sans me reposer ni dormir, dans la crainte d'être gelé. Si je fermais les yeux un instant, je les rouvrais sans être reposé, et j'étais généralement réveillé par la faim. Vous savez, cher père, que la faim, comme le sommeil, est irrésistible ; vous avez eu l'occasion de l'éprouver dans les déserts de l'Amérique. J'étais si horriblement misérable, si couvert de vermine, ma barbe était tellement longue que je n'avais plus qu'une ressemblance éloignée avec un être humain, comme quelques-uns de mes camarades me l'ont dit depuis. Malgré cela, je n'ai jamais été si heureux de ma vie qu'au moment où je m'échappai de Wilna. Je me traînais presque gelé, n'ayant pas de gants, les mains enfoncées dans mes culottes, seule place où elles pussent se réchauffer un peu. Dans un pareil désastre, chacun ne pensait qu'à soi. Je serais tombé sur la grande route que personne ne se fût baissé pour me relever, et probablement je me suis montré tout aussi indifférent pour plus d'un qui aurait eu besoin de mon aide... Sur la route et au bivouac, nous étions tellement exaspérés par la souffrance que tout le monde se fuyait pour cacher une mauvaise croûte de pain que l'on dévorait en cachette [1]. »

XCVII

Paris, 18 mars 1813. — La baronne PELET DE LA LOZÈRE (Sophie Otto) à Crèvecœur, au château d'Argeronne, par Elbeuf. Autographe.

« ... Je suis allée hier soir à la Malmaison. J'ai bien des reproches à me faire d'être restée si longtemps sans y aller. Ma chère Impératrice m'a reçue à merveille, s'est rappelé sur-

---

1. Cette lettre avait été précédée d'une autre qui devait être plus curieuse et contenait probablement un récit de la retraite de Russie, mais elle n'a pas été retrouvée. Nous avons, tout enfant, entendu raconter à notre aïeul différents épisodes de cette malheureuse campagne, entre autres le passage de la Bérésina. Il peignait d'une façon énergique l'horreur de cette foule affolée s'étouffant sur le pont de la Bérésina et labourée par les boulets russes. Il se frayait péniblement un passage, ayant auprès de lui un général avec lequel il était fort lié, lorsqu'un boulet vint emporter la tête de son malheureux voisin dont les débris couvrirent son visage.
Le rude apprentissage qu'il avait fait vingt ans auparavant dans les forêts d'Amérique lui avait heureusement donné une grande force de résistance. Nous citerons, pour exemple, ce fait qu'en Pologne, lorsque la grande armée se dirigeait vers la Russie, il ne cessa de passer les nuits en plein air, plutôt que de coucher dans les cabanes des paysans, où il craignait non seulement d'être dévoré par la vermine, mais aussi de contracter la hideuse maladie de la *plique*.

le-champ mon nom de famille, m'a parlé de mes chers parents. Elle m'a prise par le bras et s'est promenée avec moi de long en large; en un mot, elle a été excessivement aimable. Cela n'est pas étonnant; elle ne pourrait être autrement. L'amabilité est l'essence de son caractère [1]... »

---

1. Mme Otto, lorsqu'elle habitait Sarcelles, à la fin de 1809, était allé eprésenter sa fille à Joséphine. Le divorce était déjà annoncé; mais on sait que Napoléon encouragea toujours les personnes de son entourage à montrer la plus grande déférence à l'Impératrice déchue.

INDEX GÉNÉRAL

DES NOMS

Aboville (Chevalier d'). 312, 314.
Adam (S.). 358.
Adams. 291.
Affry (Comte d'). 336.
Alembert (d'). 71, 259, 329.
Alexander (Mme Livingston, née). 163.
Alisson (John). 24.
Allen (Ethan). 139, 160, 361, 369.
Amelot de Chaillou. 77.
Andelot (Mme d'). 402.
Andréossy (Général). 228.
Andrieux. 225, 308.
Arco (Mme de Montgelas, née Comtesse d'). 239, 250.
Arnault. 193, 197.
Asbec (d'). 251.
Auge (Famille d'). 289.
Ayscough (Samuel). 32, 300.

Baader (Les frères). 244.
Barbazan (John). 178.
Barbé de Marbois. 96, 98, 107, 144, 153, 163, 251, 352, 415.
Barclay. 358.
Barère. 169.
Barlow (Joël). 188 et s., 271, 272.
Barrett (Nathaniel). 135, 357, 373.

Bavière (Maximilien-Joseph, Roi de). 234 et s., 402, 404, 405, 412.
Bavière (La Reine de). 233, 238, 402, 404, 412.
Bavière (Charles-Théodore, électeur de). 410.
Bavière (Auguste-Amélie, Princesse de). 402.
Bavière (Charlotte, Princesse de). 402.
Bavillon. 270.
Beauchet. 398.
Beauharnais (Eugène de). 234, 402.
Beaumarchais (Caron de). 113, 120.
Beaumont (Vicomte de). 367.
Beauvau (Le Prince de). 71, 72, 78, 80, 83, 100, 112, 131, 170.
Beauvau (La Princesse de). 73, 78, 80, 83, 100, 112, 123, 128, 342, 355.
Beauvau (Comte de). 123.
Beauvilliers (de), duc de Saint-Aignan. 68.
Beauvilliers (Duchesse de). Voir Turgot.
Becquet (M. et Mme). 407.
Bergasse. 381.
Bernery (Capitaine). 200.

Berthier (Maréchal). 247, 253, 351, 408, 417.
Bertholon (L'abbé). 72.
Bertrand de Molleville. 168.
Bièvre (Marquis de). 197.
Bingham. 199.
Blanchini ou Blangini (Mlle). 403.
Blewer (Lieutenant John). 58.
Blouet (Mme de Crèvecœur, née). 3, 55, 284.
Blouet de Cahagnolles. 67, 284.
Bodin (J.-F.). 263.
Bonaparte. Voyez Napoléon.
Bonaparte (Louis). 268, 418.
Bonaparte (Jérôme). 403.
Bonfils (M. et Mme). 230.
Bonne. 408.
Borghèse (Princesse). 403.
Bougainville (L.-A. de). 13, 14.
Bourbon (Duchesse de). 123.
Bourges (Mme Blouet, née de). 284.
Bouvard de Fourqueux. 334.
Bowdoin (James). 351.
Boyd (Walter). 177, 205 s.
Bréhan (Marquise de). 144.
Brejet (Mme de). 341.
Breteuil (Baron de). 12, 71, 77, 103, 134, 140, 141, 170, 352.
Breteuil (Abbé de). 13.
Briche (La Live de La). 72, 392.
Briche (Mme de La). Voir Prévost.
Brienne (de Loménie de). 140, 143, 337, 369.
Brissot de Warville. 72, 120 à 122, 130, 133, 160 s., 171, 183, 373, 381, 386, 388.
Broue de Vareilles (Mgr de La). 244.
Broutin (Mme). 217.
Brown (Capitaine). 58.
Buchot. 202.
Buffon. 68, 69, 70, 82, 375.

Cadet de Vaux. 81, 125, 216, 217, 250, 368, 414.
Cairon de La Varende. 202, 206, 288, 289.
Calonne (de). 140, 370.

Carrol (Mgr). 110.
Castries (Maréchal de). 77, 78, 82, 94, 95, 100, 103, 108, 118, 123, 131, 140, 141, 143, 158, 170, 368, 369, 381.
Céré (Constance-Joséphine de). Vicomtesse d'Houdetot. 329.
Cetto (de). 235, 408, 414.
Chabeaussière (La). 193, 194.
Chalut (de). 361.
Charles (Le physicien). 221.
Charost (Duc de). 363.
Chartier. Voir Lotbinière.
Chassebœuf (Mme de Volney, née). 262, 263.
Chastellux (Marquis de). 130, 131, 133.
Chaumette. 218.
Cherubini. 172.
Chevalier. 315.
Chilleau (Mme du). 417.
Choiseul (Duc de). 96, 237.
Cicé (Mgr de). 110.
Clary. 254.
Clavière. 121 381.
Clinton (Sir Henry). 56.
Coetnempren (de). 312.
Coigny (Duc de). 369.
Colchen (Comte). 174, 202.
Collins (John). 66.
Collins. 358.
Condorcet. 112, 132, 381.
Corbineau (Général). 230.
Cornic du Moulin. 85, 312.
Cramayel (Marquis de). 414.
Creig. 148.
Crèvecœur (Jacques de). 6, 288.
Crèvecœur (G.-Augustin de). 3, 5, 55, 201, 221, 288, 390.
Crèvecœur (G.-Alexandre dit Ally de). 26, 56 s., 61, 64, 82, 136, 177, 204 s., 221, 227, 231, 288, 291, 353, 354, 355, 356, 357, 392, 401.
Crèvecœur (Philippe-Louis de). 25, 26, 86, 88, 136, 177 s., 194 s., 209 s., 254, 275, 288, 291, 351, 393, 394, 408, 420.

INDEX DES NOMS

Crèvecœur (Mme Otto, née de).
26, 86, 88, 162 s., 192, 200,
212, 221 s., 288, 291, 351, 397,
400, 402, 408.
Crèvecœur (Famille de). 2 s.,
287 s.
Crillon (Mme de). 123.

Dallard. 178.
Damas (La Comtesse Charles de).
128, 160, 183 s., 214 s., 362,
369, 370, 375, 384, 388, 392.
Dannery, 182.
Danton. 174, 202.
Davies (Thomas et Lockie). 64.
Deforgues. 173, 182, 202 s.,
260, 268, 419.
Degrand. 270.
Delacroix de Constant. 203.
Delille (Jacques). 71, 332, 348.
Delille (*Papier*). 386.
Denniée. 231.
Donavy. 270, 412, 414.
Drake. 233.
Dubois (Mme). 265.
Dubois (Benjamin). 317.
Dubreuil (Docteur). 81.
Ducher. 169.
Dundonald (Archibald Cochrane, Lord). 158.
Dupaty (Mercier). 366.
Duperré-Delisle (Lebourguignon). 358.
Dupetit-Thouars (Amiral). 226.
Dupin (Mme). 237.
Dupont de Nemours. 105, 181.
Dupont (F.). 181, 387.
Dupont (Victor). 181.
Dupont (Général). 398.
Duroc. 399, 400.
Duroutois (Capitaine). 317.

Ellis. 270.
Elsworth. 24, 286.
Enghien (Duc d'). 236.
Esmangard (M. et Mme). 220, 230.
Estissac (d'). 71.

Everett (Daniel). 24.

Fabre d'Églantine. 174.
Fellowes (Georges). 66, 86, 87, 88, 119, 137, 352, 355.
Feydeau de Brou. 172.
Fisher (Miers). 162, 386, 387.
Fitch (John). 149 s., 318 s.
Fitz Randolph (Nathaniel). 58.
Fleurieu (Comte de). 305.
Florian. 330.
Fontenet ou Fontenay (de). 235, 244, 408.
Fouché. 415.
Fournier Sarlovèse (Général). 254.
François de Neufchâteau. 127.
Franklin (B.). 27, 73, 94, 106, 110, 153, 156, 160, 320, 327, 346, 347, 348, 371.
Frédéric de Prusse (Le grand). 394, 396.
Fulton. 271 s.

Gale (Samuel). 24.
Gall (Le docteur). 256.
Gamain, serrurier. 413.
Garnerin, aéronaute. 251.
Genest. 181, 199.
Genlis (Comtesse de). 69.
Geoffrin (Mme). 335.
Ghove (Baron et Baronne de). 242, 250.
Gillet de Laumont. 270, 411, 414.
Ginguené, 308.
Girard (Secrétaire de Mme d'Houdetot). 71, 77, 190 s., 328, 329, 332.
Glebestable (Baron de). 244.
Goujon de Gasville. 13.
Gouves de Vitry (de). 192, 215, 216, 268, 418.
Greene (Général). 130, 358.
Greene (Georges-Washington). 130, 189.
Grégoire (L'abbé). 183, 188, 263 s., 381.

Grenville (Lord). 222.
Grimm (Baron de). 71, 108.
Grimod de La Reynière. 313.
Guenet (Marquise de). Voyez Mesnage de Cagny.
Guérard. 269, 418.
Guibert (de). 123.

Hallet. 58.
Harcourt (Les ducs d'). 68, 77, 99, 112, 151, 160, 291, 294, 319 s., 353, 364, 366.
Hazfeld (Princesse d'). 401.
Henry (William). 159.
Herbert (Mme). 341.
Hérouval (Guillaume de). 289.
Heurtier. 269, 413.
Hompesch (Baron de). 240, 251, 409, 412.
Houdetot (Marquis d'). 13, 14.
Houdetot (Comte d'). 13, 69, 74, 76, 78, 128, 135, 189 s., 331, 338.
Houdetot (Comtesse d'). 70 s., 73, 76, 83, 112, 116, 117, 122, 123, 128, 131, 135, 142, 160, 189 s., 207, 235, 259, 265 s., 291, 325 à 349, 354, 355, 356, 357, 360, 362, 372, 374, 378, 387, 392, 394, 408.
Houdetot (Vicomtesse d'). Voyez Perrinet de Faugues.
Houdetot (Vicomtesse d'). Voyez Céré.
Houdetot (Frédéric d'). 130, 328.
Howell (Ezéchias). 24.
Howill (Reading). 387.
Hulcoq (Capitaine). 312.
Humfort. 135.
Hunts. 247.

Jackson (Major). 199.
Jacobi. 235, 243.
Jarnac (Comte de). 112.
Jaubert (Chevalier de). 312.
Jefferson (Thomas). 118, 129, 131, 132, 133, 135, 136, 160, 163, 188, 199, 291, 324, 357, 358, 359, 360, 361, 366, 374, 377, 382.
Jerphanion (L'abbé). 329.
Joguet (de). 197 s., 220, 390.
Jones (Paul). 139, 160, 364.
Joséphine (L'Impératrice). 416, 420, 421.
Jouannin. 269, 416, 418.
Joubert (Mme). 222.
Jouffroy (Marquis de). 157.
Julien (de Toulouse). 193.

Ker. 177.
Kirschbaum. 244.
Kobell. 246.

Laborde (de). 72, 206, 418.
Lacépède (de). 70, 381.
Lacretelle aîné. 84, 112, 302.
Lacretelle jeune (Charles). 362.
Lacroix (J.-P. de). 174.
Lafayette (Général). 81, 108, 111, 114, 124, 138, 142, 161, 168, 170, 188, 189, 208, 363, 364, 370, 381, 388, 390, 397.
Lafayette (La Marquise de). 81, 208, 397.
Lafayette (Georges de). 114, 397.
Laforest (de). 153, 155, 164, 181 s., 316, 322 s.
Laharpe. 71, 330.
Lamoignon (de). 140.
Langeron (Marquis de). 126, 184, 362, 363, 385.
Lapérouse (de). 239.
Laplace (de). 271.
La Rochefoucauld (Duc de). 71, 72, 80, 102, 103, 112, 117, 122, 129, 131, 160, 170, 291, 375, 381.
La Rochefoucauld Liancourt (Duc de). 71, 80, 112, 122, 125, 129, 131, 170, 353, 356.
La Rochefoucauld d'Enville (Duchesse de). 291, 375.

INDEX DES NOMS

Laskenfelds (Comtesse de). 242.
Lasteyrie (de). 398.
Lastic (de). 416.
Latour-Maubourg. 398.
Laurens. 104.
Lauriston (de). 227.
Lavater. 198, 390.
Lavoisier. 381.
Lebrun-Tondu. 169, 173.
Lavoisier (Mme). 414.
Lecoulteux de La Norraye. 123, 311, 312, 313, 373.
Leddet de Segray. 210.
Legendre. 174, 192.
Léglise (Casimir de). 226.
Legrand (Capitaine). 317.
Ledyard (John). 107, 108.
Lemaître. 72.
Lemon (Lieutenant Clément). 66.
Lemoyne. 130, 167, 189.
Lenormant d'Etioles. 80.
Leray de Chaumont. 113, 164, 187.
Leray de Chaumont (Jacques-Donatien). 164, 187 s.
Léonard, coiffeur. 171.
Leroi. 375.
Létombe (de). 88, 104, 182, 352.
Lézay-Marnésia (Marquis de). 304 s.
Lieber. 246.
Limon (Geoffroy de). 289.
Little (Lieutenant Georges). 66.
Livingston. 163, 209, 271 s., 285.
Longpré (de). 130.
Lotbinière (Chartier, marquis de). 12, 17.
Louis XVI. 99, 237.
Luzerne (Comte de La). 142, 151, 161, 369.
Luzerne (Chevalier de La). 98, 107, 142, 144, 163, 352.

Macdonald (Le maréchal). 223.
Mac-Dougal (Major général). 56, 358.

Madison. 160, 376.
Maleyssie (Mme de). 193.
Malouet. 176.
Malouin (Famille). 2.
Malouin (Le docteur). 2.
Manlich. 243, 246, 250, 269, 413.
Marbeuf (Marquise de). 218.
Marbois. Voir Barbé.
Marcotte. 407.
Maret, duc de Bassano. 277, 400, 401.
Marie-Antoinette (La Reine). 141.
Marmontel. 71, 132, 259, 329, 360.
Martin, consul. 255.
Martroy (Mme du). 230, 257.
Masséna (Maréchal). 254.
Mather (Révérend John). 58.
Maximilien-Joseph. Voir Bavière.
Mazzei (Ph.). 132, 307, 379, 380.
Méloizes (Nicolas-Renaud d'Avène des). 12.
Merlin de Douai. 203.
Mesnage de Cagny (Mme A. de Crèvecœur, née). 221, 401, 403, 404, 405, 407, 409, 414, 417.
Mesnage de Cagny (Marquise de Guenet, née). 277.
Mirabeau. 381.
Miot de Melito. 173 s.
Moffat (Thomas). 24.
Molé. 340, 392.
Monroë (James). 118, 191, 199 s.
Montagu (Mme de). 208.
Montbarey (Prince de). 184.
Montcalm (Marquis de). 11, 13, 14.
Montgelas (Comte de). 239, 250.
Montholon (Comte de). 222, 416.
Montmorin (Comte de). 140, 143, 175.
Montyon (de). 113.
Morellet (L'abbé). 184, 259.
Morris (Gouverneur). 129, 184 s., 199, 205.

Morris (Richard). 164.
Moustier (Comte de). 97, 98, 141, 143, 161, 163, 174, 368.
Mur (de). 256.
Mutel (Mme Jacques de Crèvecœur, née). 6.

Napoléon. 226, 227, 231, 258, 399, 400, 401, 402.
Narbonne (Comte Louis de). 277.
Necker (Le baron). 71, 78, 140, 363, 372.
Necker (La baronne). 69, 71.
Nerciat (Andrea de). 269, 415, 416.
Neuilly d'Eberstein (de). 80.
Nolin (L'abbé). 129.

Ogny (Baron d'). 106, 313.
Otto (Louis-Guillaume). 26, 98, 144, 162 s., 169, 173 s., 182, 200, 202 s., 211 s., 218 s., 221 s., 227 s., 233 s., 253, 258, 274, 277, 291, 391, 393, 394, 396, 400, 401, 402, 408.

Otto (Mme). Voir Crèvecœur.
Otto (Jacques-Guillaume, père). 163.
Otto (Baronne Pelet de La Lozère, née Sophie). 203, 255, 273 s., 291, 402, 403, 415, 421.

Paine (Thomas). 191, 375.
Panckoucke, 132.
Parker (Dan). 316.
Paris de Montmartel, Marquis de Brunoy. 289.
Parmentier. 2, 81, 125, 126.
Pastoret. 381.
Peck. 103, 159, 367.
Pecmeja. 81.
Pelet de La Lozère (Baron). 275.
Pelet de La Lozère (Baronne). Voir Otto.
Pellevé, 419.
Perrinet du Pezeau (Marquise de Langeron, née). 362.

Perrinet de Faugues (Vicomtesse d'Houdetot, née). 130, 337, 362.
Perry (Henry). 58, 60.
Péthion. 381.
Pétry (J.-B.). 182.
Pickering (John). 60.
Pinckney. 199.
Pocchy (Comte de). 254.
Poix (Mme de). 342.
Porte (Mme de La). 341.
Poultier. 198.
Prévost (Mme de La Briche, née). 72, 340, 362, 392.
Pully (Général Randon de). 253.

Rach. 246.
Randolph. 148.
Raynal (L'abbé). 174 s.
Rayneval (Gérard de). 197.
Reichenbach, 246, 270, 271, 411.
Reinhard (Comte). 202, 255.
Rémusat (Mme de). 215.
Rittenhouse (David). 154, 320.
Robespierre, 174.
Rohan-Chabot (de). 71.
Rohan-Chabot (Duchesse de). 266, 394.
Roland. 413.
Rostaing (Mme de Sémonville, née de). 222.
Rousseau (J.-J.). 330.
Rucker. 316.
Rulhière. 71.
Rumford (Comte de). 414.
Rumsey (James). 147 s. 318 s.

Saint-Claire (Général). 364.
Sainte-Amaranthe (Mme de). 185.
Saint-Lambert. 112, 128, 131, 190, 291, 330, 331, 346, 349, 354, 356.
Saint-Mauris (Prince et Princesse de). 184 s.
Salabert (Commandeur). 240, 253.
Salgues (L'abbé), 268, 419.
Salicetti. 231.
Sanlot de Bospin. 230.

INDEX DES NOMS

Saussaye (de La). 254.
Schœne (Mme Otto, née). 163, 212.
Ségur (Le maréchal de). 123, 369, 381.
Ségur (L.-P., comte de). 381.
Seligman. 241;
Sémonville (Huguet de). 222, 223.
Sénac de Meillan. 373.
Senefelder. 249.
Seton (William). 55, 58, 86, 164, 296.
Seton (Élisabeth). 59.
Seyfer. 244.
Sharp (Granville). 381.
Sherman (Roger). 378.
Shippen (Famille). 21.
Shirley (Capitaine). 223.
Short (William). 135, 160, 360, 366, 372, 373, 374, 386, 388.
Sieyès (L'abbé). 218, 219, 221, 381, 393, 395.
Siouville (de). 312.
Smith (Colonel Josiah). 58.
Sombreuil (de). 185.
Somma-Riva (de). 266 s., 327, 328, 329, 344, 346.
Sparre (Le général de). 223.
Spurzheim. 256.
Staël (Baronne de). 123.
Stanhope (Lord). 291.
Story (Lieutenant Alexandre). 66.
Suard. 71.
Suède (Gustave III, Roi de). 233, 234, 236. 247.
Sullivan (Général). 358.
Swan (J.). 179.

Talleyrand (Prince de). 227.
Tardiveau. 377.
Target (Augustin). 112, 120, 128, 160, 170, 193, 196, 354, 359, 370, 378.
Tascher (Le président). 132.
Teissier (L'abbé). 376.
Tessé (Mme de). 206, 208.
Têtard (Révérend J.-P.). 23, 26, 285, 286.

Thévenard (Amiral). 314.
Thomas, 333.
Thorn (J.). 24.
Tilly (Marquis de). 78.
Tippet (Mme de Crèvecœur, née). 23, 87, 285, 287,
Townsend (Roger). 24.
Tracy (de). 381.
Trémouille (Prince de La). 185.
Tressan (de). 341, 342,
Trouvé (Baron). 225, 308, 399, 400.
Trumbull, peintre. 203,
Trumbull (Jonathan). 164.
Turgot, marquis de Soumont, 67, 68.
Turgot (Mme Blouet, née). 67.
Turgot (Duchesse de Beauvilliers, née). 68.
Turpin de Crissé. 268, 416, 419.
Tuvache (Capitaine). 312.

Utzschneider. 245, 251.

Vallière (Duchesse de La). 338.
Vaudreuil (Marquis de). 13, 14.
Verdun (de). 356.
Vergennes (Comte de). 85, 94, 95, 110, 134.
Viel-Castel (de). 416.
Villedeuil (Laurent de). 84.
Viotti. 171 s., 407.
Visconti (Mme). 417.
Vogué (Mme de). 215, 363.
Volney. 220, 259 s., 373, 381, 414.
Voltaire. 344.

Wadsworth (Colonel). 114, 163.
Wagner. 172.
Wales (Lieutenant Samuel). 66.
Walker. 305.
Walkenaër (Mme). 407.
Washington (Général). 56, 57, 132, 138, 148, 160, 186, 199, 260, 291, 320, 363, 365, 373, 374. 376, 381, 398.
Watelet. 336.

Wegierski (Comte). 352.
White (*Machine*). 270.
Willet (Isaac et Marguerite). 285.
Williams (Charles). 88, 353.
Williamson (Général). 358.
Wood (Général). 148.

Woodhull (Jessé). 24, 87.

Yvart. 417.

Zaag (de). 244.

TABLE DES MATIÈRES

INTRODUCTION . . . . ɪ

Chap. Iᵉʳ. — La famille. Souvenirs d'enfance. Le collège du Mont. Premiers essais littéraires. Voyage en Angleterre. Départ pour le Canada. Excursion dans l'intérieur. Services militaires et travaux topographiques. Bougainville présente au Roi une carte dressée par Crèvecœur. La perte du Canada . . . . ɪ

Chap. II. — Crèvecœur passe dans les colonies anglaises. Ses travaux d'arpentage. Le nom de Saint-John. Il se rapproche des habitations. Shippenburg. Apprentissage agricole. Sa naturalisation. Son mariage. Le révérend Têtard. Greycourt et Pine-hill. Naissance des enfants. Vie du cultivateur américain. L'établissement. La *Frolick*. Tableaux divers : la chute de neige, l'hiver, l'hospitalité. 17

Chap. III. — Voyages et excursions. Naufrage sur le Saint-Laurent. Un hiver chez les Mohawks. Empire de la musique. La Jamaïque et les Bermudes. L'île de Nantucket et les titres de pâturage. Excursion sur la Susquehannah et la Delaware. Les squatters. Les terres noires. Charlestown Un nègre dévoré par les vautours 38

Chap. IV. — Situation de Crèvecœur au moment de la guerre de l'Indépendance. Ses plantations. Funestes effets de la lutte dans les cantons éloignés. Les incursions des sauvages. Greycourt est incendié. Crèvecœur veut partir pour l'Europe. Il arrive à New-York. Son arrestation. Triste sort des prisonniers américains. William Seton obtient son élargissement. Misère profonde. Le tailleur quaker. Départ pour l'Irlande. 52

Chap. V. — Débarquement à Dublin. Séjour en Irlande et en Angleterre. Publication à Londres du premier volume des *Lettres d'un cultivateur américain*. Retour sous le toit paternel. Les prisonniers américains échappés des pontons anglais. Le marquis Turgot. Départ pour Paris. Buffon. La comtesse d'Houdetot. Fin de la guerre d'Amérique. Le maréchal de Castries. La princesse de Beauvau. Crèvecœur est nommé consul à New-York. Lacretelle et les *Lettres d'un cultivateur*. Arrivée de Crèvecœur à New-York. Il retrouve ses enfants à Boston 63

Chap. VI. — Services consulaires de Crèvecœur. Considérations générales. Le commerce américain à la paix. Difficultés que présentait l'établissement des relations commerciales avec les autres peuples. Le rôle de Crèvecœur. Les paquebots. Les bois de marine. Les produits français aux États-Unis. Convention postale. Le voyageur Ledyard. L'église catholique de New-York. Voyage de Lafayette. Les lettres de bourgeoisie. Crèvecœur prend un congé. 89

Chap. VII. — Séjour à Caen. Départ pour Paris. La comtesse d'Houdetot. Le duc de La Rochefoucauld. Target. Brissot. Le duc de Liancourt. La Société royale d'agriculture. Parmentier. Le mémoire sur l'acacia et François de Neufchâteau. Pamphlet de Brissot contre M. de Chastellux. Mazzei et Jefferson. Les roues américaines. Un projet d'exposition. La deuxième édition des *Lettres d'un cultivateur*. Départ pour New-York. Incendie à Boston. 116

Chap. VIII. — Bon accueil que reçoit Crèvecœur aux États-

Unis. Washington. Paul Jones. La Société philosophique américaine. Ethan Allen et le Vermont. Saint-John's-bury. Le ministère en France. Inquiétudes de Crèvecœur. Démarches de Lafayette. La navigation à vapeur. Rumsey et Fitch ; documents inédits. Lettre de Franklin. Le mémoire sur l'État de New-York. Aperçu de la correspondance. Brissot aux États-Unis. La fille de Crèvecœur épouse M. Otto. Retour en France 138

CHAP. IX. — Les débuts de la Révolution. Crèvecœur se tient à l'écart. Séjour en Normandie. Retour à Paris. Il est révoqué. Ce qu'étaient devenus ses amis. Viotti. Retour de M. Otto. Le ministre Deforgues. L'abbé Raynal. L'expulsion des Anglais. Ally à Hambourg. La correspondance de Crèvecœur. M. de Laforest à Paris. L'abbé Grégoire. La comtesse de Damas ; son arrestation. Gouverneur Morris. James Leray de Chaumont. Joël Barlow. M. et Mme d'Houdetot. Le prisonnier anonyme. La famille de Gouves. La Chabeaussière et le drame de Margency. Louis de Crèvecœur en Amérique. Le neveu de Lavater et l'amante de la mort. Monroë, ministre des Etats-Unis. Les drapeaux. Crèvecœur en Normandie. Arrestation d'Otto. 165

CHAP. X. — Séjour à Altona. Les négociants. Les émigrés. Mme de Lafayette. Retour en France. L'Institut. L'établissement de Louis de Crèvecœur aux États-Unis. Crèvecœur et Otto achètent Lesches. La vie de campagne sous la Révolution. Mme de Damas à Livry. La famille de Gouves à Taverny. Mme Cadet de Vaux à Franconville. Otto part avec Sieyès pour Berlin. Volney revient d'Amérique. Le physicien Charles. Otto est envoyé à Londres. Sémonville. Mme Joubert. Le *Voyage dans la haute Pensylvanie*. Trouvé. Un condisciple de Bonaparte. Les préliminaires de la paix d'Amiens. Crèvecœur à Londres. Retour à Lesches. Le voisinage. Mort d'Ally 204

CHAP. XI. — Crèvecœur rejoint M. Otto à Munich.

Grande situation du ministre de France. Visite au Roi de Bavière. Dîner à Nymphenbourg. Caractère et habitudes du Roi. La Reine. Le Roi de Suède. M. de Montgelas. Le baron de Hompesch. Le commandeur Salabert. L'aristocratie et la bourgeoisie bavaroises. Les savants et les artistes. Jacobi, Manlich, les Baader, Utzschneider, Reichenbach. La lessive à vapeur. Les paratonnerres. Voyage aux salines de Reichenhall. La campagne de 1806. Personnages divers . 232

Chap. XII. — La guerre éclate de nouveau. Crèvecœur quitte la Bavière. Retour à Lesches. Sarcelles. Il y retrouve Volney. Détails sur la vie de campagne de Volney. Son mariage. L'abbé Grégoire. Mme Dubois. La comtesse d'Houdetot et M. de Somma-Riva. M. de Gouves. Deforgues. Gillet de Laumont, Reichenbach et l'Observatoire de Paris. Joël Barlow et Fulton. Sophie Otto. Elle épouse M. Pelet de La Lozère. Louis de Crèvecœur à la retraite de Russie. Mort de Mme d'Houdetot. Mort de Crèvecœur 257

NOTES ET PIÈCES JUSTIFICATIVES :

État civil et famille 283

Éloge funèbre de Crèvecœur. 290

Bibliographie des ouvrages de Crèvecœur. Articles de journaux et appréciations. 293

Note sur le service des paquebots entre la France et les États-Unis depuis leur création jusqu'a la Révolution 310

Navigation a vapeur. Fitch et Rumsey. Pièces justificatives. 318

La Comtesse d'Houdetot :

  Souvenirs consacrés à la mémoire de Mme la comtesse d'Houdetot 326

  Poésies de Mme d'Houdetot. 332

CORRESPONDANCE :

    Note préliminaire 350
    Liste alphabétique des signataires des lettres . . 351
    Correspondance. 352
INDEX GÉNÉRAL DES NOMS 423

ERRATA

Page 1, ligne 10, supprimez le trait d'union entre Guillaume et Jean.

Page 26, ligne 1, et page 28, titre, au lieu de *Logg-house,* lisez : Log-house.

Page 55, ligne 21, au lieu de 1773, lisez : 1778.

Page 89, sommaire, ligne 6 ; page 107, ligne 3 ; page 108, ligne 2 et note 1, au lieu de *Ledyart,* lisez : Ledyard.

Page 94, à la fin de la note 2, au lieu de 1797, lisez : 1787.

A PARIS

DES PRESSES DE D JOUAUST

RUE SAINT-HONORÉ, 338

1883